Bᵒⁿ DE BOYER DE SAINTE-SUZANNE

NOTES

D'UN

CURIEUX

MONACO
IMPRIMERIE DU JOURNAL DE MONACO
Rue de Lorraine, 13

1878

1

NOTES D'UN CURIEUX

Tiré à 300 Exemplaires numérotés.

Exemplaire N° *238*

Bᵒⁿ DE BOYER DE SAINTE-SUZANNE

NOTES

D'UN

CURIEUX

MONACO
IMPRIMERIE DU JOURNAL DE MONACO
Rue de Lorraine, 13

1878

Étudions avec soin l'histoire de notre pays ; appliquons-nous à le bien connaître : plus nous le connaîtrons, plus nous l'aimerons, et l'amour donne tout : il donne la foi et l'espérance ; il tourne en joie les sacrifices ; il enseigne la constance et la modération ; il engendre l'union ; il prépare la force.

(Victor Cousin. *La Société Française au XVIIe siècle*).

LETTRE

A

UN CURIEUX DE CURIOSITÉS

Amicitiæ et Arti.

Mon Cher Ami,

Vous voulez rédiger un catalogue raisonné de votre cabinet et vous m'avez demandé une introduction à ce catalogue; il suffirait, pour vous satisfaire, de résumer nos entretiens sur la curiosité, et certes vous seriez plus apte que moi à traiter un pareil sujet. Je défère cependant à votre désir, je serai votre secrétaire, car je trouve l'occasion, toujours cherchée, de me rappeler les bons moments passés au milieu de votre charmante famille, faite pour aimer et être aimée, dans cette élégante demeure située au beau pays normand et où j'ai admiré si souvent ces magnifiques spécimens de l'art céramique, ces délicieuses miniatures qui, au milieu de tant d'objets divers, paraissent avoir vos préférences.

Avant d'entrer en matière, laissez-moi vous répéter une vérité banale, car vous pensez comme moi qu'il n'y a pas de redites pour le cœur : si l'amitié et la contemplation du beau complètent le bonheur, elles consolent de toutes les amertumes de la vie. Grâce à vous et aux vôtres j'en ai fait l'expérience et c'est à bon escient que je prends pour épigraphe la devise : AMICITIÆ ET ARTI. Ceci dit, pénétrons dans le temple et faisons nos dévotions à la curiosité.

La curiosité? au dix-septième siècle, tout galant homme adonné aux raffinements intellectuels était un disciple de la curiosité et se faisait honneur du titre de curieux. Le mot s'est maintenu avec sa signification spéciale jusqu'à la fin du dix-huitième siècle, époque à laquelle il est remplacé par des expressions boîteuses, vides, insignifiantes, car amateur et collectionneur sont dignes d'accompagner « bric-à-brac et bibelot » (*) dans le vocabulaire du monde interlope. Mais en France, grâce à Dieu, nous avons le repentir facile, nous adorons

---

(*) Le bimbelotier était le fabricant des enseignes ou petites images de plomb à l'usage des pèlerins; suivant M. Feuillet de Conches, de bimbelotier on a fait bibelotier ; de bimblot, bibelot.

volontiers ce que nous avons brûlé et, n'en déplaise au dictionnaire de l'Académie, la curiosité a reconquis triomphalement sa place dans la langue française, fêtant par son retour la renaissance du goût.

Quelle définition lui donner?

La curiosité n'est pas seulement l'art s'exprimant sur des objets d'un petit volume, comme le dit M. Clément de Ris (*); ce serait la réduire à des proportions indignes d'elle. La curiosité est la pratique de l'archéologie et de l'esthétique : de l'archéologie qui fait l'histoire par les monuments, de l'esthétique qui formule les règles du beau ; c'est la recherche et l'étude des œuvres marquées au sceau de l'intelligence ou de l'âme humaine, de toutes les interprétations poétiques de la nature, car l'art c'est l'homme ajouté à la nature; il faut, en un mot, être curieux de tout ce qui charme les yeux et l'esprit. La curiosité ainsi comprise établit un commerce intime et cordial entre ceux qui créent et ceux qui savent voir et sentir; le curieux, pris d'une passion platonique pour les manifestations artistiques, ne produit pas les œuvres, il se contente de les conserver, de les admirer, de les faire valoir, parfois il s'élève jusqu'à la critique qui stimule et féconde le génie. Voilà la curiosité prise dans sa plus haute et plus

---

(*) *La Curiosité*. Collections françaises et étrangères, cabinets d'amateurs, biographies, par M. L. Clément de Ris, attaché à la conservation des Musées impériaux. — Volume in-12. Paris, J. Renard. 1864.

noble acception, voilà, mon cher ami, la curiosité telle que nous la comprenons.

Il est des natures ingrates qui restent rebelles à la curiosité. Plusieurs, très braves gens, **du reste**, dit Topffer, voient la nature comme l'arbre voit le ciel, comme le mouton voit le pré; ils n'ont pas conscience de ce qui leur manque et se moquent ingénument de jouissances qu'ils ne peuvent comprendre.

On ne devient pas curieux ; on naît curieux comme on naît poète, mais la contemplation raisonnée des belles choses développe et élève particulièrement cette aptitude intuitive; au début, le curieux est comme l'adolescent qui sent les premières atteintes de l'amour ; pris de vagues désirs, il admire tout, achète tout, puis sa vue s'éclaircit, il remarque quelques objets de choix qui lui servent de point de comparaison, il distingue le laid du médiocre, le médiocre du beau, il apprend à se modérer et à se contenir : à chaque nouvelle étape, son goût s'épure, il ne veut plus que des objets parfaits, typiques, intacts, il préfère la qualité à la quantité et, révisant sans cesse sa collection, il en chasse sans pitié tout ce qui est douteux ou incomplet. Arrivé ainsi à une appréciation prompte et sûre des belles choses, il n'achète plus qu'avec mesure et discernement, se rappelant que le médiocre est toujours cher et que le vrai beau n'a pas de prix.

Il ne suffit donc pas de sentir le beau, il faut l'analyser pour en comprendre toute la perfection, il faut avoir la pratique et la connaissance du mécanisme de l'art. Aussi le véritable curieux cherche-t-il sans cesse à agrandir le cercle de ses connaissances. Un numismate, par exemple, qui ne sait pas faire valoir la beauté plastique des médailles grecques et romaines, qui ne sait pas raconter leur histoire, expliquer les figures qu'elles représentent, faire parler leurs contemporains, établir des analogies entre le passé et le présent, n'est pas digne du titre de curieux. Que d'études pour arriver à cette intelligence complète de la médaille! L'histoire politique, l'histoire privée, l'histoire artistique des peuples, la géographie, la linguistique, la pratique des auteurs classiques, tout doit être mis à contribution pour le plus grand honneur de la médaille qui est la représentation vivante de toute une civilisation et de plusieurs générations d'hommes disparus dans l'éternité! Aussi que de services rendus à la science! Que d'éclaircissements, que de découvertes historiques nées de la curiosité!

La curiosité se modifie et se transforme suivant les aptitudes morales et intellectuelles de chaque curieux, elle comporte donc des nuances infinies. Celui-ci met généreusement ses trésors à la disposition des artistes et des savants qui y puisent des renseignements précieux ; celui-là, au contraire, jouit de sa collection en avare, en jaloux, et la cache à tous les yeux. Voici le curieux qui dissimule le prix des objets pour en exagérer la valeur à côté de celui qui veut faire croire qu'il a acheté à vil prix des chefs-d'œuvre ; l'un a le goût mobile et passe sa vie à brocanter, l'autre croirait faire affront à son goût s'il reconnaissait qu'il a pu se tromper et s'acharne à faire admirer les choses médiocres. Il y a le spécialiste, le micrologue, suivant l'expression de Lessing, qui cantonne ses études et ses recherches sur un fait, sur un personnage ou une œuvre favorite et témoigne pour le reste un profond dédain ; il y a encore le monomane à idée fixe, collectionnant des choses infimes, sans intérêt historique ou artistique et qui a toute la suffisance et l'insuffisance d'un ignorant. Faisons mention, pour mémoire, de ces prétendus curieux qui achètent avec l'intention de revendre et spéculent ainsi sur la confiance des vendeurs et des acquéreurs ; ce ne sont pas des curieux, ce ne sont pas des marchands, me disiez-vous, mon cher ami, ce sont les proxénètes de la curiosité.

Saint Bernard, le grand saint Bernard, a daigné foudroyer ces petites gens :

Ouvrez SERMO XXXVI IN CANTICO et vous trouverez :

« *Sunt qui scire volunt eo fine tantum, ut sciant; et curiositas* « *est. Sunt item qui scire volunt, ut scientiam suam vendant, verbi* « *causa vero pecunia, pro honoribus; et turpis quæstus est.* »

Soyons plus indulgent que cet impitoyable La Bruyère pour les gens du bel air, pour les raffinés qui, voulant compléter leur bien-être par des dehors intellectuels et artistiques, considèrent la curiosité comme un accessoire obligé de la vie élégante. Un jour de satiété ou de chagrin les convertira peut-être à la curiosité sérieuse qui est un remède infaillible contre la maladie des riches, contre le spleen, contre cette infirmité morale qui entraîne à sa suite l'anémie physique et parfois conduit au suicide.

Il me tarde, mon cher ami, d'arriver enfin aux véritables curieux que nous divisons en deux grandes classes, les savants et les artistes.

Le curieux savant s'attachera à la partie archéologique des choses, il cherchera les preuves ; ce sera le pionnier de l'histoire. Le curieux artiste sera particulièrement séduit par le côté plastique ; il cherchera des modèles, soit dans les arts libéraux, soit dans les arts industriels, dont le point de départ commun est le dessin.

L'homme qui se sent porté vers la curiosité, tendances qui se révèlent ordinairement à l'âge mûr, va tout d'abord dans les musées étudier et comparer les monuments historiques ou les chefs-d'œuvre artistiques, mais bientôt cette vue banale ne lui suffit plus : il fréquente alors les collections particulières et son rêve est d'avoir à lui, sous la main, à tous moments, les objets qui le charment ; il lui faut cette jouissance intime, cette familiarité du beau que procure la possession.

S'il a les connaissances, la fortune et le temps nécessaires, car il faut tout cela pour être un curieux, le débutant se lancera dans la carrière, mais avant de franchir le seuil, il se recueille et se demande s'il organisera un musée, une collection ou un cabinet.

Le musée est plus particulièrement un établissement public destiné à l'instruction des masses et qui contient des chefs-d'œuvre de tous les genres, de tous les temps, de tous les pays.

La collection est une réunion d'objets se rattachant à une spécialité artistique et scientifique.

Le cabinet est une sorte de musée privé concourant à l'ornementation de la demeure.

L'ensemble des objets dont sera formé le musée, la collection ou le cabinet se décompose en trois grandes divisions : les arts libéraux, — les dérivés des arts libéraux et les arts industriels, — les curiosités proprement dites.

Nous laisserons de côté les collections qui relèvent des sciences naturelles, qui n'ont aucun rapport avec l'art, l'histoire ou l'ethnographie, telles que les collections d'insectes, de coquillages, d'œufs, d'oiseaux, de minéraux, de plantes, etc.

Les arts libéraux revendiquent :

1º Les tableaux ;

2º Les dessins, aquarelles, gouaches, miniatures ;

3º Les gravures, lithographies ;

4º Les statues et bas-reliefs ;

5º Les plans et modèles d'architecture.

Ils peuvent être groupés au point de vue de l'art ancien, de l'art moderne, des écoles, des nationalités et des localités.

A titre d'indication des grandes époques de l'histoire de l'art, voici le classement proposé par le comte de la Borde, pour la collection de moulage de l'école des Beaux-Arts :

1º Les nations primitives : les Egyptiens, les Hindous, les Persans, les Indiens, les Japonais, les Péruviens, les Mexicains, les peuples du nord ;

2° Les Grecs ;
3° Les Romains et les Grecs pendant l'empire de Rome ;
4° Les Byzantins ;
5° Les Arabes ;
6° Le Roman et le Gothique ;
7° La Renaissance ;
8° Le XVII° siècle ;
9° Le XVIII° siècle ;
10° Le XIX° siècle.

Cette division, vous le voyez, mon cher ami, résume toute l'histoire du genre humain.

Les dérivés des arts libéraux comprennent :

1° Les dérivés de la peinture : vitraux, émaux, mosaïques, tapisseries, toiles peintes ;

2° Les applications familières de la sculpture : sur bois, sur ivoire, en or, argent, bronze, cuivre, étain, albâtre ;

3° La gravure en creux ou en relief des métaux ou autres corps, les médailles, sceaux, camées, intailles, nielles ;

4° La céramique qui comprend la poterie, les faïences, les porcelaines et biscuits ;

5° Le mobilier proprement dit : les bahuts, tables, bureaux, lits, siéges sculptés ou incrustés, les miroirs, cadres, pendules, tapis, laques, vernis, boîtes, tissus, broderies, dentelles, les objets de dinanderie, ferronnerie et gaînerie ;

6° Les armes et ustensiles.

Cette branche de la curiosité peut offrir un intérêt

tout particulier au point de vue de l'histoire industrielle lorsqu'elle a pour objet les collections d'échantillons, de dessins, de modèles et de chefs-d'œuvre de maîtrise. Rien n'est plus éphémère que certaines productions de l'industrie ; où chercher les spécimens des étoffes que portaient nos pères il y a deux siècles ? ce qui se trouvait entre les mains de tous est devenu introuvable.

7° Les produits de l'art graphique et typographique, manuscrits, livres rares et précieux, reliures.

Les curiosités proprement dites sont :

1° Les objets rares et curieux en raison de leur intérêt historique : autographes, chartes, inscriptions, etc. ;

2° Les objets intéressants au point de vue anthropologique ou ethnographique : œuvres des temps antéhistoriques, armes, ustensiles, costumes de sauvages.

M. H. Berthoud, ce savant écrivain qui sait rendre la science facile et aimable, collectionne les faux-dieux ! rien d'étrange comme l'aspect de son cabinet rempli de statuettes extravagantes, monstrueuses, qui vous menacent de l'œil, du pied, du poing, en faisant d'horribles contorsions et grimaces. Ces affreux manitous, images de la laideur et de la méchanceté, inspirent cependant l'amour et le respect à nos frères les sauvages !

Il y a encore une série trop considérable, hélas ! qui comprend les excentricités et les futilités recherchées par de prétendus curieux qui sont de véritables monomames, telles que les timbres-poste, papiers peints, affiches, complaintes, menus de dîners, cartes de visite, cannes, pipes, boutons, allumettes, marrons sculptés, chaussures, bas, jarretières, gants, cordes de pendus, etc. Il faut tout l'esprit de M. Feuillet de Conches pour donner à de pareilles collections un semblant d'utilité et d'intérêt (*).

Tous ces objets, pour être dignes d'être mis en évidence, doivent être intacts, parfaits, avoir la fraîcheur, l'éclat des premiers jours, avoir tous les signes distinctifs de leur origine, non qu'il faille accorder trop d'importance à une marque, à une signature, car ce qu'il faut rechercher avant tout c'est le caractère général de l'époque, le style de l'école, la manière du maître. Telle pièce signée peut être médiocre et telle autre non signée chante bien haut le nom du grand artiste qui l'a produite dans un moment d'heureuse inspiration. La contrefaçon, si répandue de nos jours, par suite des prix élevés de toutes les curiosités, imitera les marques, les signatures, de manière à tromper le prétendu connais-

---

(*) *Causeries d'un Curieux*. Variétés d'histoire et d'art tirées d'un cabinet d'autographies et de dessins; par F. Feuillet de Conches. Paris, Plon, 4 vol. in-8°.

Que diriez-vous, mon cher ami, d'une collection de jouets? Ce serait une collection originale bien difficile à recueillir, car les enfants sont curieux à leur manière et nullement conservateurs. A l'exposition universelle de 1867, histoire du travail, les Pays-Bas avaient exposé une collection de 60 jouets, en argent, comme toutes les familles riches de Hollande en possédaient au siècle passé et qui étaient la reproduction en miniature du mobilier de l'époque.

seur qui s'attachera exclusivement à ces preuves matérielles, elle ne trompera jamais le véritable curieux.

Nous nous garderons, mon cher ami, de faire restaurer les pièces incomplètes ou détériorées que nous consentons à conserver, en raison de leur extrême rareté; les restaurations, en dissimulant l'état véritable d'un chef-d'œuvre, le déprécient et lui enlèvent tout son charme.

Le milieu dans lequel sont disposés les objets, leur arrangement, exigent une étude spéciale et attentive: les tentures et tapis doivent être d'une teinte calme et unie; les meubles, peu nombreux, d'un style simple et sévère, afin que l'ensemble du local serve de cadre aux objets d'art et de curiosité qui s'y trouvent. La lumière doit être distribuée avec ménagement, éclairant ce qui est sombre, laissant dans l'ombre ce qui est éclatant. A moins qu'on ne cherche et qu'on n'obtienne un contraste savant, — parfois un beau désordre est un effet de l'art, — il faut éviter l'entassement, le pêle-mêle, le contact de choses aux formes, aux couleurs disparates et qui hurlent de se trouver côte-à-côte. Il y a même des curiosités absorbantes qui ne souffrent aucun voisinage; je vous citerai les tapisseries qui n'admettent ni tableaux ni gravures et ne comportent qu'un ameublement assorti; d'autres objets demandent à être isolés, placés sur des fonds et dans une perspective qui leur conviennent en faisant valoir le dessin, le coloris, la composition, le style; tout, en un mot, doit concourir à donner aux curiosités le relief, la couleur, le caractère nécessaire, en maintenant l'aspect général qui convient à un musée, à une collection ou à un cabinet.

Le musée est surtout disposé au point de vue de l'étude ; la méthode et la logique doivent présider à l'arrangement afin de permettre au public de voir et de saisir rapidement.

Dans une collection où les objets ont de grandes analogies, l'ordre chronologique sera préférable à tout autre. On classera ensemble les productions du même art et de la même industrie.

Le cabinet se prête plus facilement à un arrangement artistique et pittoresque. Il faut qu'il ait un accent personnel et dise les aptitudes du maître ; de même qu'en parcourant le front d'une bibliothèque on lit les tendances littéraires de celui qui l'a formée, on doit voir la physionomie du curieux rayonner sur tout son cabinet.

A côté des objets exposés devra se trouver une bibliothèque spéciale comprenant tous les livres qui traitent des sciences ou des arts auxquels ils se rattachent ; il est même prudent de commencer par la formation de cette bibliothèque, car les livres peuvent donner de sages conseils, prémunir contre des erreurs coûteuses et, dès le début, donner une bonne direction au goût.

Si la bibliothèque spéciale est utile, le catalogue est le complément nécessaire, obligatoire, de tout musée, de toute collection, de tout cabinet, à ce point qu'il en est pour ainsi dire la clef ; il donne au propriétaire conscience de ce qu'il possède, rappelle au savant ce qu'il peut avoir oublié et initie le profane à des beautés qu'il ignore.

En ce qui concerne les objets appartenant aux arts libéraux, le catalogue doit indiquer :

1º La nationalité et l'école ;
2º Les nom, prénoms et surnoms de l'auteur ;
3º Le lieu et la date de la naissance et de la mort de l'auteur ;
4º Le sujet ;
5º La matière, le genre et le procédé ;
6º Les dimensions ;
7º Les signatures, monogrammes et dates ;
8º La provenance ; les ventes ou collections célèbres par lesquelles l'objet a passé. Faisons observer ici qu'il faut conserver pieusement les traces des anciens propriétaires ; témoignons pour nos ancêtres en curiosité le respect qui nous sera rendu plus tard (*).

Les notices relatives aux produits des arts industriels indiqueront :

1º Le sujet ;
2º La matière du travail ;
3º La date certaine ou approximative ;
4º Le nom de l'auteur ;
5º La provenance ou le pays ;
6º Les détails historiques.

Dans les musées publics, comme corollaire du catalo-

(*) *La Gazette des Beaux-Arts*, *Le Cabinet de l'Amateur*, *Le Bibliophile Français*, donnent les marques, monogrammes, ex libris et devises des principaux curieux.

gue, des étiquettes fixées sur chaque objet devraient rappeler les indications principales du catalogue.

Vous savez, mon cher ami, que le premier catalogue français est celui que M. de Marolles, abbé de Villeloin, publia en 1666; antérieurement à cette époque, on trouve, il est vrai, quelques inventaires qui suppléent aux catalogues pour la description et la valeur des objets, tels que ceux de Clémence de Hongrie, de Louis de France au XIVe siècle, de Jean duc de Berry, du duc de Guyenne et d'Isabeau de Bavière au XVe siècle, de Philippe-le-Bon, en 1420, et de son fils Charles-le-Téméraire, en 1469, de Robertet, du duc Charles de Bourbon, de Georges d'Amboise, de Catherine de Médicis, de Marguerite d'Autriche au XVIe siècle, Gabrielle d'Estrée et Louise de Vaudemont au XVIIe siècle.

Le XVIIe siècle est la belle époque des brocanteurs et des experts ; les principaux rédacteurs de catalogues étaient Mariette, Gersaint, Joullain père et fils, Remy, Boileau, Julliot, Paillet, Regnault, Delalande, Lebrun, Bazan. Leurs catalogues, d'une rédaction littéraire très satisfaisante, contenaient des appréciations pleines de goût et d'érudition sur les objets dont ils annonçaient la vente, aussi sont-ils très recherchés des curieux.

Pour donner une idée de la composition de ces catalogues, je copie le titre suivant :

« Catalogue raisonné des diverses curiosités de feu
« M. Quentin de Lorangère, composé de tableaux ori-
« ginaux des meilleurs maîtres de Flandres ; d'une très
« nombreuse collection de desseins et d'estampes de
« toutes les écoles ; de plusieurs atlas et suite de cartes ;

« de quantité de morceaux de topographie et d'un
« coquillier fait avec choix. On a donné à la fin une
« table alphabétique de noms des peintres et graveurs,
« etc., dont les ouvrages sont répandus dans ce catalo-
« gue, avec quelques courtes notes sur les principaux
« maîtres anciens et modernes dont on n'avait rien dit
« dans le courant du catalogue, ainsi que sur leurs
« ouvrages, par E.-F. Gersaint, à Paris, chez Jacques
« Barois, quai des Augustins, à la ville de Nevers,
« 1744. »

Voilà, selon nous, mon cher ami, les principes qu'il faut appliquer pour avoir le droit de figurer dans les rangs des véritables curieux que l'on retrouve à toutes les époques de civilisation avancée. Les Chinois, qui ont tout inventé et ne perfectionnent rien, collectionnent de tout temps les porcelaines qu'ils fabriquaient 4,000 ans avant nous, les jades, les bronzes, les autographes, etc.; le peuple Grec était un peuple de curieux dont les places et les monuments publics étaient de véritables musées ; les Romains ornaient leurs demeures de tableaux, de statues, de tapisseries, de vases précieux, entre autres ces fameux vases murrhins, qu'ils exposaient sur le proscenium du théâtre le jour de grandes représentations. Cicéron, Hortensius, les deux avocats, et Verrès, l'accusé, le préteur prévaricateur, étaient des curieux aussi passionnés les uns que les autres; la fameuse harange, DE SIGNIS, en fait foi. Clovis pourfendit un de ses capitaines qui lui disputait le vase de Soissons; saint Eloi était un grand artiste et un grand curieux ; le testament du Comte Evrard, Marquis de Frioul, beaufrère de Charles le Chauve, mort en 870, est un véritable inventaire d'objets d'art et de curiosité. Charlemagne aima les curiosités puisqu'il avait pour sceau une pierre gravée antique; au Moyen-Age, les églises, les couvents, les corporations religieuses où s'étaient réfugiés les sciences et les arts, possédaient tous des trésors où resplendissaient les croix de procession, les crosses, les ostensoirs, les monstrances, les encensoirs, les reliquaires, les vases en or, argent, ivoire, émail, cristal de roche, agate, bronze, ambre, électre, térébinthe, etc.

La Renaissance arrive et l'Italie se remplit de curieux et d'artistes; la France suit le mouvement, dirigée par cette dynastie des Valois qui aimait et protégeait les arts. Le savant numismate Hubert Goltz qui parcourut l'Europe, de 1558 à 1560, à la recherche des antiquités, dressa une liste de curieux qui comprend plus de 2,000 noms; il signale, en France, 200 collections de médailles dont 28 à Paris.

Les agitations des guerres civiles et religieuses, puis les conquêtes, les magnifiques créations, les grands hommes du règne de Louis XIV, absorbent toute l'attention des contemporains; la curiosité sommeille pour se réveiller dans toute sa force sous Louis XV, puis retomber sous la Révolution et l'Empire et remporter une victoire définitive vers la fin du règne de Louis-Philippe.

Passons la revue des principaux curieux de l'époque moderne; vous verrez, mon cher ami, que ce sont des gens de bonne compagnie avec lesquels on peut frayer sans déchoir.

Voici les curieux du XVIe siècle, avec la date de leur naissance et de leur mort :

Eléonore et Marie d'Autriche (1558)
le Cardinal Granvelle (1586)
Ferdinand de Gonzague (1587)
l'Empereur d'Autriche Ferdinand Ier (1564)
Philippe II (1598)
les Archiducs Ferdinand et Charles
le Doge Lorenzo Prioli
Torquato Bembo (1547)
le Duc de Ferrare
Cosme et Laurent de Médicis (1492-1574)
Nicolo Nicoli
Fusconi
Leone Leoni
Jacques-Auguste de Thou (1553-1617)
le Pape Pie IV (1565)
Alexandre et Octave Farnèse (1585-1592)
le Duc d'Albe (1582)
Ferdinand de Tolède (1581)
Jules Romain (1546)
Scaliger (1558)
Vasari (1574)
Antoine de Navarre et Jeanne d'Albret (1562-1572)
Jean Grolier (1479-1565)
Michel L'Hôpital (1573)
Cardinal de Lorraine (1563)
Charles de Bourbon (1590)
Coligny (1572)
Boyer d'Aguilles (1571)

Puis viennent les curieux du XVII⁰ siècle :

Comte Arundel (1646)
Rascas de Bagarris (1567-1628)
Nicolas Fouquet
Mazarin (1602-1661)
Pieresc (1637)
Toussaint
Claude Maugis (1658)
Lauthier
Duc de Buckingham (1688)
Marolles (Michel de) abbé de Villeloin (1600-1681)
les Maréchaux d'Estrées et de Noailles (1678-1769)
de Réaumur (1683-1757)
Christine de Suède (1626-1689)
de Pontcarré
Le François
Crozat, marquis du Châtel (1696-1744)
Boyer de Fonscolombe
Favereau (1655)
Lambert de Thorigny (1692)
Quinot
Lastanosa (1606)
Carpzavius
John Evelyn (1620-1705)
Obreht (1646-1701)
Fabretti, Raphaël (1618-1700)
Grevius d'Utrecht
Ashmole (1617-1692)
de Fontpertuis

de Montfaucon (1655-1741)
de Montarcet
Royer de Piles (1635-1709)
Harley, Comte d'Oxford (1661-1724)
C. A. Boule (1642-1732)
l'Abbé Boule
A. Agar (1540-1615)
Sir Robert Bruce-Cotton (1570-1631)
Charles Ier d'Angleterre (1649)
Th. Howard, Comte d'Arundel (1580-1666)
Frédéric Borromée (1564-1631)
l'Abbé Strozzi (1660)
l'Intendant Foucault (1643-1721)
Occo, Ado (1524-1665)
Sirmond (1554-1665)
Chancelier P. Seguier (1588-1672)
Everard Jabach (1660-1695)
J.-J. Chiflet (1588-1660)
A. Kircher (1602-1689)
Monconys Bal. (1611-1665)
Bignon J. (1589-1656)
C. du Fresne du Cange (1610-1688)
And. Félibien (1619-1695)
l'Abbé J.-B. Boisot (1638-1694)
Emery Bigot (1626-1689)
Le Notre
du Viviers.

Le LIVRE COMMODE contenant les adresses pour la ville de Paris, édition 1692, donne une liste des fameux

CURIEUX DES OUVRAGES MAGNIFIQUES ; la liste des curieux est complétée par la liste des Dames curieuses ; saluons respectueusement Mesdames :

Duchesse du Lude, près St-Eustache
Duchesse d'Orvalle, rue St-Dominique
Maréchale de Humières, près l'Arsenal
Maréchale d'Estrées, rue des Trois Pavillons
Duchesse de Sully, devant St-Paul
Princesse de Meklebourg, près St-Roch
Duchesse Porsmeuch
Duchesse de Bouillon, sur le quai Malaquet
Présidente du Tillet, rue de la Planche
de Coulange, dans le Temple
Marquise de Richelieu, isle Notre-Dame
De Boufflers, rue de Bourbon
Marquise de Quentin, rue Bourbon
de Chavigny, à l'hôtel St-Paul
Marquise de Mallet, rue St-Louis du Marais
Marquise d'Allouy, rue du Bac
Marquise de Mouchal, rue Bellechasse
De Custigny, rue des Rosiers St-Germain
de Mailliet, rue St-Anastase
la Présidente de Lièvre, rue de Braque
Marquise de Polignac, près la Charité
de Sauvebœuf, rue de Grenelle
de Verderonne, rue St-Antoine
de Chevry et Mme de Clapisson, près les Enfants rouges
de Lamée, rue St-Antoine.

Au XVIIIe siècle, les rangs des curieux, loin de s'éclaircir, deviennent de plus en plus nombreux ; la bourgeoisie, les financiers, les artistes, font concurrence à la noblesse :

Comtesse de Verrue (1670-1736)
Duc et Duchesse de Mortemart
Pierre-Jean Mariette (1694-1774)
Gersaint
Antoine de la Roque (1672-1744)
Baudelot
A. de Sully, Sr de la Briche
de Gaignières, F. Roger (1638-1715)
Comte de Caylus (1692-1765)
Comte de Choiseul Gouffier (1719-1785)
Blondel de Cagny (1695-1776)
Rendon de Boisette (1708-1775)
Jean de Julienne (1686-1767)
Gaignat (1768)
de Nagaret
Léon de Madaillan, Comte de Lassay (1685-1730)
F. Le Blanc (1698)
Ch. d'Orléans de Rotelin (1691-1744)
Joly de Fleury (1675-1756)
Fauvel
Quentin de Lorangère (1744)
Horatio Walpole (1717-1777)
Winkelman (1717-1768)
Prince de Conti (1777)
La Beaume le Blanc, Duc de la Vallière (1708-1780)
Correr

Président J. Bouhier (1673-1746)
Mahudel (1673-1746)
Billor
Marquise de Pompadour (1722-1764)
Duc des Deux-Ponts, Chrétien II (1722-1775)
l'Infant Don Philippe de Parme (1748-1765)
Prince de Monaco Antoine Ier et Duc de Valentinois (1701-1731)
Clément-Auguste de Bavière, Archevêque de Cologne
Frédéric II de Prusse (1712-1786)
Comte d'Argenson (1696-1764)
Comte de Bernis (1715-1794)
Berryer, Lieutenant de Police (1762)
de Machault, garde des Sceaux
Marquis de Beringhen, 1er écuyer du Roi (1651-1723)
Bertrand René Pallu, Intendant à Moulins et Lyon
Michel Begon (1710)
Ch. Blaise Meliand, Intendant à Soissons (1703-1768)
Feydeau, Marquis de Brou, Intendant à Rouen (1731-1762)
Duc de Chevreuse
Angran de Fonspertuis (1748)
Marquis de Thibouville
Duc de Sully (1762)
la Présidente de Baudeville (1783)
Gabriel de Boisjourdain (1766)
de Bourlamaque (1770)
Marquis de Calvières (1779)
de Damery (1774)
d'Ennery (1730-1786)

Marquis de Gouvernet (1775)
le Duc de Saint-Aignan (1776)
de Selle (1761)
Charles de Valois (1641-1747)
Comte de Watteville (1779)
Maréchal Duc de Duras (1789)
Nicolas Boucot (1699)
Logé
Duc du Maine (1670-1736)
P. d'Aix de la Chaise (1624-1709)
de la Chaussée (1710)
N. Clément (1647-1712)
des Allier d'Argenville
Le Riche
Vaillant (1632-1706)
Bourdaloue (1632-1705)
Vivant
l'abbé J.-J. Barthélemy (1716-1792)
N. Gualtieri (1747)
Setelli
Crescent
de Girardon (1630-1715)
Dosembray
Comte de Marsigny (1658-1730)
J. Spon (1647-1685)
Cl. Gros de Boze (1680-1753)
l'abbé Zani
Fleutelot
Delamarre
Diderot (1718-1784)
L. Marie de Roche-Baron, Duc d'Aumont (1632-1704)

Blondel d'Azincourt
Anne, Philippe, Comte de Caylus (1692-1765)
le Duc de Choiseul-Praslin (1632-1711)
Marquis de Chabanon (1720-1792)
Chevalier d'Hénin (1768)
le Comte du Luc (1645-1740)
Duchesse de Mazarin
Abel-François Poisson, Marquis de Marigny (1727)
Duc de Tallard (1652-1728)
Daniel Charles Trudaine (1703-1769) et Trudaine de Montigny (1733-1775)
de Villeneuve, Comte de Vence (1676-1749)
Ch. F. de Lamoignon (1644-1709)
Président Hénault (1665-1720)
Jean-Achille Bellanger
F. Sevin (1682-1741)
l'abbé Demée
Lavalette de Buchelay
Laurent de la Live de Sully (1725-1779)
Grimod de la Reynière (1758-1838)
de Meulan
Anisson-du-Perron (1748-1794)
Nau (1631-1683)
Bonnemet
J. Sylvain Baily (1736-1793)
Brochard (1729)
Nourry
Paignon-Dijonval
Potier (1757)
Charles Coypel (1694-1752)

Comte d'Hoym
François Boucher (1704-1770)
Nattier, J.-M. (1685-1766)
Benoît Audran (1661-1721)
Claude Drevet (1664-1729)
Lempereur (1728-1808)
De Marcenay de Guy
Ch. de Wailly (1729-1798)
Claire Legris de la Tude, dit Hippolyte Clairon (1723-1803)
A. de Strogonoff (1750-1811)
Baron de Heineken (1706-1792)
Menabuoni
Gérard Hoëst (1734-1792)
de Chevanes
Lacoste du Filliot (1688-1750)
de la Monnoye (1641-1728)
Johannin de Chamblanc
Calvet, Esprit Cl. F. (1728-1810)
J.-B. Antoine Visconti (1722-1784) et ses deux fils Andrea et Alessandro (1751-1818)
Fauris de St-Vincent (1718-1798)
Baron Vivant-Denon (1747-1825)
Cousiniery (1747-1823)
l'abbé Pouillard (1751-1823)
Gœthe (1749-1832)
J.-B. Emeric David (1755-1839)

Pour de plus amples renseignements sur le mouvement de la curiosité au XVIIIe siècle, lisez, mon cher ami, un excellent livre de Courajod, intitulé :

Livre-Journal de Lazare Duvaux, marchand bijoutier ordinaire du Roy, 1748-1758, précédé d'une étude sur le goût et le commerce des objets d'art au milieu du XVIIIe siècle et accompagné d'une table alphabétique des noms d'hommes, de lieux et d'objets mentionnés dans le journal et l'introduction — à Paris pour la Société des Bibliophiles Français, 1873. 2 vol. in-8°.

La liste des contemporains fermera la marche.

Albin (de Saint)
Armaillé (Comte de)
Aumale (Duc d')
Borde (Comte de la)
Blacas (Duc de)
Blanc (Ch.)
Baudot
Barry (E.)
Barthélemy (de)
Barbet de Jouy
Burty
Baudry
Basilewski
Beaufremont (Prince de)
Beaussier (de)
Beauvillé (de)
Blaizel (Marquis du)
Bellegarde (A. de)
Beraudière (de la)
Broc de Seganges (du)
Bonnardot
Bouvier
Broët
Bürger
Cambacérès (Duc de)
Capmas
Caumont (de)
Charles XV de Suède
Chabouillet
Champdieu
Champfleury
Chenevières (Marquis de)
Chevrier
Chimay (Prince de)
Clapisson
Clerc (Vicomte)
Clément de Ris
Cochet (l'abbé)
Courval (Baron de)
Corblet (l'abbé)

Coussemaker (de)
Cottier (Maurice)
Czartoriski (Prince)
Dablin
Darcel
Davillier (le Baron)
Davin
Debruge-Dumesnil
Delange
Delasalle
Demmin
Dècle
Delattre
Delessert (F.)
Deschamps de Pas
Desmottes
Deville
Destailleurs
Didot
Doazan
Double
Dreyfus
Duchâtel
Dutuit
Dupré
Duplessis (G.)
Escudero
Espagnac (Comte d')
Faulotte (La)
Feuillet de Conches

Fillon
Fizelière (de la)
Fontenay (de)
Fould (L.)
Gaillard
Galichon
Galliera (Duc de)
Gariel
Gatteaux
Gauthier (T.)
Gentil-Decamp
Gosselin
Goupy
Goldsmith
Gouellain (Gustave)
Grange (Marquis de la)
Greau
Grillon (Marquise de)
Guichard
Harcourt (Marquis d')
Hennin
Herche (de la)
Héron de Villefosse
Houdoy
Hucher
Jacquemart
Janzé (Vicomte de)
Jubinal
Labarthe (J.)
Lacaze

Lartet
Lacroix (Paul)
Lavalette (Comte de)
Leblanc (Ch.)
Lebrun-Dalbane
Leconte (J.)
Lecointe-Dupont
Linas (de)
Lenoir (A.)
Leroux de Lincy
Le Sergeant de Monnecove (Félix)
Liesville (de)
Longperrier (de)
Luynes (Duc de)
Maillot de Boulay
Maison
Mame (E.)
Mantz (Paul)
Dr L. Marchant
Marcille
Mathilde (Princesse)
Mérimée
Michel (Baron)
Montaiglon (de)
Montilla
Morny (Duc de)
Naylies
Napoléon (Prince)
Nieuwerkerke (Comte E. de)
Nodier (Charles)
Norzy
Oppman
Paturle
Pereire
Pic (Le)
Pichon (Baron J.)
Piot
Pinguilly l'Haridon
Ponton d'Amécourt (Vte)
Panckouke
Portalis-Gergier (Cte de)
Pottier (A.)
Prarond
Rathier
Revoil
Reynard (E.)
Riocreux
Rieux
Reiset (de)
Rillé (Laurent de)
Rougé (de)
Roucy (de)
Rothschild (Les)
Sayette (de la)
Salzmann
Sauvageot
Saulcy (de)
Seine (de Saint)
Sellières (Baron)

Schuter (Baron)	Thibeaudeau
Schneider	Thiers
Sicotière (de la)	Van Drival (Chanoine E.)
Sommerard (du)	Victor (de Saint)
Spitzer	Villot
Taylor (Baron)	Vibraye (de)
Thëis (Baron de)	Viollet le Duc
Thibon (Baron)	Yvon (d')

Je glane quelques noms de curieux étrangers dans le catalogue de l'histoire du travail à l'Exposition de 1867:

Anglais: Bernal, W. Wilson, capitaine Leyland, Howard de Corby, Comte Spencer, Duc de Manchester, Comte de Chesterfield, Hunt, Roskell, Richard Wallace.

Russes: Comte Moussine, Pouckine, de Boutowsky, Kotschoubey, Sowkine.

Italiens: A. Castellani, Zucchi, Gentili, Gamurrini, Lapino-Lapini, Pompeo Aria, Paolozzi, Farabulini.

Portugais: Marquis de Souza, Palha de Lacerda, Comte d'Avila, Comte de Penafiel, Baron d'Alcochete.

Belges: Prince de Ligne, de Croî, d'Ursel, Regnier-Chalon.

Hollandais: Six, Kellen, Coster, J. Litta, Euschede, Scharspkens, Cuypers, Bogaerden, Hermans, Belfort, Kellen, West, Willer, Becker, Francken, Trideman, Von Loon, Dusseldorf.

Voici, mon cher ami, une liste bien longue et cependant encore très-incomplète; pour vous édifier complètement sur nos forces, consultez la liste des collectionneurs Français, insérée dans l'annuaire 1868 de la Société française de numismatique et d'archéologie; elle contient plus de 2,300 noms dont 530 sont deParis.

Si vous voulez faire des recherches particulières sur le personnel des curieux, vous trouverez des renseignements généraux ou biographiques dans les ouvrages dont je vous donne le titre :

Histoire des plus célèbres amateurs italiens, français, etc., par J. Dumesnil, Paris, J. Renouard. 1858.

Les collectionneurs de l'ancienne Rome. Les collectionneurs de l'ancienne France, notes d'un amateur, par Edouard Bonaffé, 2 vol. petit in-8°, papier vergé. Paris. A. Aubry. 1873.

Noms des curieux de Paris en 1673, publiée par l'académie des Bibliophiles. 1864.

Voyage littéraire de deux Bénédictins de la confrérie de Saint-Maur en 1708.

La Gazette des Beaux-Arts.

Les Amateurs d'autrefois, par L. Clément de Ris, conservateur du Musée de Versailles, Paris, Plon, 1877; un beau volume in-8°, orné de huit portraits gravés à l'eau-forte, qui contient la biographie des amateurs Jean Grolier, J. A. de Thou, Claude Maugis, Mazarin, Michel de Marolles, Evrard Jabach, la comtesse de Verrue, Pierre Crozat, Antoine de la Roque, comte de Lassay, Jean de Julliennes, P. J. Mariette, Blondel de Gagny, Paul Raudon de Boisset, La Live de Jully et Vivan-Denon. Je vous recommande particulièrement l'introduction, écrite « con amore » par un curieux spirituel et savant.

Voulez-vous connaître maintenant le nombre des artistes, des artisans, des commerçants qui, dans la seule ville de Paris, sont voués aux arts libéraux ou aux arts industriels ; voici cette statistique pour 1862 :

1600 peintres
  25 peintres verriers
 220 graveurs sur acier et en taille-douce
  80 graveurs sur bois
  32 graveurs en architecture
  40 graveurs en médailles
 206 sculpteurs statuaires
1160 architectes
 106 marchands de tableaux
  12 experts en tableaux
  37 restaurateurs de tableaux
 127 éditeurs et marchands d'estampes
   5 restaurateurs d'estampes
 160 marchands de curiosités, objets d'art, médailles
  35 antiquaires
  64 encadreurs d'estampes, tableaux et pastels
  48 mouleurs figuristes.

A la même époque, les sociétés qui s'occupaient de beaux-arts et de curiosités étaient :

l'Association des artistes peintres, sculpteurs, architectes, graveurs, dessinateurs ;

la Société libre des Beaux-Arts ;

la Société des amis des arts pour encourager la sculpture, la peinture et la gravure ;

l'Institut historique de France ;

l'Académie universelle des Arts et Manufactures, Sciences, Musique, Belles-Lettres et Beaux-Arts de Paris ;

la Société centrale des Architectes ;

l'Association des Inventeurs et Artistes industriels ;

la Société du progrès de l'art industriel ;

la Société des Antiquaires de France ;

la Société française d'Archéologie pour la conservation des monuments ;

l'Athénée des Arts, Sciences et Belles-Lettres de Paris ;

l'Académie des Arts et Métiers, Sciences, Belles-Lettres de Paris ;

le Comité central des Artistes ;

la Société française de Photographie ;

la Société française d'Archéologie et de Numismatique ;

l'Union centrale des Arts appliqués à l'industrie.

Le sentiment du bien est-il inné chez l'homme? Question redoutable! en tous cas, on peut affirmer que le sentiment du beau ne l'est pas; en matière de Beaux-Arts, le peuple, dit Diderot à Grimm, regarde tout et ne s'entend à rien ; l'art est essentiellement aristocrate, il ne fait que végéter dans les sociétés démocratiques absorbées par la passion de l'égalité, par les jouissances matérielles et les dissensions civiles. Voyez la Suisse et l'Amérique : leurs produits artistiques manquent d'invention et de style propre; les artistes sont réduits à l'imitation; les artisans, fiers de leur profession, sont remplacés par les ouvriers dédaigneux de leur métier, et les curieux, lorsqu'il y en a, réservent leur admiration et leur argent pour les chefs-d'œuvre du passé ou des nations étrangères.

Notre époque est, il faut l'avouer, une époque d'imitation, de compilation et de collection; jamais, chez aucun peuple, le goût de la curiosité n'a été plus développé qu'il ne l'est de nos jours, en France. Toutes les curiosités sont recherchées avec fureur, et atteignent des prix exagérés. Une faïence Henri II, baptisée faïence d'Oiron par M. Fillon, vaut en moyenne 15,000 francs; un émail, un vase de porcelaine tendre d'ancien Sèvres, se vendront 20,000 francs; un verre de Murano atteindra de 2 à 3,000 francs, mais la valeur marchande des objets de curiosité subit de nombreuses fluctuations suivant les caprices de la mode qui s'éprend ou se dégoûte, sans raison, de telle ou telle série d'objets.

Jusqu'au commencement du siècle on ne prisait que les antiquités grecques et romaines dont on admirait, avec raison, la beauté et la simplicité, la proportion et l'harmonie, ou les objets exotiques; les œuvres du Moyen-Age, si vivantes, si pleines d'inspiration, de sentiment et d'originalité, les œuvres gothiques, suivant l'expression impropre de l'époque, étaient honnies et repoussées; la littérature romantique, la recherche des documents historiques originaux, ont remis en honneur le Moyen-Age; puis est venu le tour de la Renaissance, dont le génie, mélange de l'antique et du gothique, est le type de la grâce et de la suprême élégance; dans ces derniers temps, le style Louis XVI, imitation de la Renaissance dont il remplace la grâce par la gracilité de la forme et le fini de la main d'œuvre, avait la vogue; quant aux vrais curieux, comme vous, mon cher ami, ils font profession d'éclectisme et admirent, sans réserve, les belles choses de toutes les époques.

En France, les cabinets de médailles furent les premières collections à la mode, puis vinrent les cabinets d'histoire naturelle qui cédèrent la place aux estampes remplacées depuis par toute la gamme de la curiosité.

Il est à remarquer que les curieux sont en plus grand nombre dans le Nord que dans le Midi. La raison en est simple: l'homme du Midi vit sur la place publique et la vue de la nature ensoleillée lui suffit; l'homme du Nord, au contraire, condamné par les frimas à rester enfermé, menant une vie retirée et sédentaire, veut avoir autour de lui des objets qui réjouissent son regard, qui éclairent et réchauffent sa demeure.

Quand les femmes daignent s'occuper de la curiosité, elles le font avec passion et avec un tact, un discernement, un goût presque infaillibles; mais le plus souvent elles l'ont en aversion et il semble qu'elles soient jalouses du temps, de l'argent et des études que les hommes lui consacrent. Cela est si vrai que les mots curieux: amateurs, collectionneurs, n'ont pas de féminin. Je suis, vous le savez, mon cher ami, de ceux qui proclament la supériorité morale et intellectuelle de la femme, mais, que voulez-vous, la perfection n'est pas de ce monde ! Et cependant la curiosité est une passion honnête, tempérée, une passion casanière ; le curieux se plaît dans son cabinet où chaque objet lui rappelle une impression, un souvenir, où son œil se repose sans cesse sur un ensemble agréable, où son âme se dégage des misères de la vie pratique : « Les livres que je reveoy me rient toujours d'une fresche nouvelleté, » dit Montaigne.

Il y a des professions qui prédisposent, paraît-il, à la curiosité. Les médecins, les magistrats et les prêtres sont en grand nombre dans nos rangs ; le médecin a l'œil observateur, le magistrat mène une vie sédentaire et recueillie, le prêtre n'a point les distractions de la vie de famille.

Dans notre pays, où le code civil, seul et vrai soutien de la démocratie, morcèle sans cesse les fortunes, sacrifiant la liberté à l'égalité, les collections particulières n'ont qu'une existence éphémère ; on en connaît à peine quelques-unes qui aient survécu à trois générations. En Angleterre, en Russie et, il y a quelques années, dans les Etats-Romains, dit M. Dumesnil, (*) la législation immobilisait à titre de majorats substitués, les galeries de statues et de tableaux entre les mains des grandes familles, dont les chefs devaient les conserver et les rendre à

(*) *Histoire des plus célèbres amateurs français*, t. III, p. 45.

leurs successeurs ; ils ne pouvaient pas en disposer soit à titre de donation ou legs, soit à titre de vente. Les familles aristocratiques conservaient ainsi précieusement les trésors de curiosité légués par leurs ancêtres. A Paris, les ventes se renouvellent sans cesse, aussi est-il le premier marché du monde pour les objets d'art et les curiosités.

Les ventes qui sont de vraies solennités artistiques, dit M. Horsin Léon, sont celles des cabinets et des galeries connus et anciennement formés. Le jour de leur enchère, l'exaltation des amateurs accourus de tous les points de France et de l'Etranger ne connaît plus de bornes; les surenchères sont frénétiques et les prix atteints dépassent souvent toute prévision, toute raison ; d'autres ventes d'un ordre secondaire sont aussi suivies avec non moins d'empressement, mais avec des dispositions beaucoup plus calmes; aussi, ce sont les prix de ces ventes qui servent de base à l'expertise ; nous entendons parler des petites collections vendues après décès ou pour toutes autres causes majeures, car d'ordinaire elles sont peu soutenues par les vendeurs et presque toujours suivies par un public plus éclairé que celui qui, dans les ventes célèbres, se laisse entraîner à des surenchères exorbitantes. Il y a encore une autre espèce de ventes que les amateurs abordent avec une extrême défiance et qui offre cependant presque constamment les chances les plus favorables : ce sont celles que l'on nomme composées. En effet, les collections sont réunies par les experts qui recueillent les ouvrages de l'un, de l'autre, qui ne les leur confient souvent que pour être baptisées des noms les plus illustres que le pauvre diable d'expert doit porter au catalogue. Mais, mêlés au chef-d'œuvre de ces rêveurs, se rencontrent presque toujours quelques bons tableaux que la misère a forcé de vendre ; ils sont fournis par des marchands qui attendent avec terreur la fin du mois ou par un artiste qui doit payer son boulanger ou son terme, ou par une veuve qui se défait de ses derniers objets de luxe, souvenirs quelquefois bien précieux.

En province, les objets médiocres sont plus chers qu'à l'hôtel des commissaires-priseurs, en raison du petit nombre d'occasions et du grand nombre de curieux qui veulent entretenir leur passion à peu de frais ; les objets de valeur y sont à meilleur marché par suite du défaut de concurrence.

Il faut renoncer à faire des trouvailles, des découvertes ; tous les coins et recoins des villes, des villages, des châteaux, ont été explorés, fouillés dans tous les sens ; la chasse à la curiosité qui avait tant d'attraits n'existe plus qu'à l'état de rêve.

Nous n'avons plus l'embarras des cas de conscience : est-il permis de spéculer sur l'ignorance d'autrui et d'acheter à vil prix des objets précieux ? Nos pères, les scrupuleux, tranchaient la difficulté suivant l'alternative de l'offre ou de la demande ; en cas d'offre, l'acquéreur avait toute liberté d'estimation. Ces heureux temps d'innocence sont passés et le paysan vous demande dix fois la valeur des objets dédaignés par le commis-voyageur en curiosité qui a pris un malin plaisir à monter l'imagination du pauvre hère.

Il y a, en Europe, un certain nombre de Musées plus spécialement consacrés aux arts industriels et aux curiosités. En France, tout le monde connaît les galeries et la collection Sauvageot du Louvre, le Musée de Cluny (3,770 numéros), le cabinet des Antiques et le cabinet des Estampes de la Bibliothèque nationale, les Musées d'Artillerie, de Marine, du Conservatoire de musique, du Conservatoire des Arts et Métiers, de la Monnaie, de Sèvres et des Gobelins ; le Garde-Meuble et les Archives nationales. (*) A l'étranger on cite South Kensington-Museum et Bethnal Green de Londres, le cabinet des Antiques et le Trésor impérial de Vienne, le Musée historique et les collections réunies de Munich, le Musée chinois de la Haye, le palais Japonais de Dresde, contenant plus de 60,000 objets de céramique de l'extrême Orient ; le Trésor royal de Dresde, rempli de bronzes, d'ivoires, d'émaux, de pièces d'orfèvrerie ; le Musée Correr à Venise dont le catalogue porte 1,600 objets appartenant aux arts libéraux et industriels ; le Cabinet des gemmes de Florence, remarquable au point de vue de la numismatique et de l'orfèvrerie.

Ici, j'ouvre encore une parenthèse : les Musées de Londres, fermés le dimanche, sont ouverts tous les soirs de la semaine, excellente mesure qui permet aux artistes et aux artisans de voir et d'étudier les collections après les journées de travail.

En 1874, le nombre des visiteurs de Kensington-

(*) Le nombre des musées de province est d'environ 150.

Museum s'est élevé à plus d'un million, dont le tiers était composé de visiteurs du soir. Les salles sont éclairées à giorno avec des appareils au gaz dont la disposition varie suivant la nature des objets exposés.

Les tableaux à l'huile et les aquarelles sont placés sous verre, quelquefois sous un verre double, ce qui nuit peut-être à l'effet de la peinture et empêche le contact intime entre l'œuvre du maître et le curieux, mais il faut tenir compte des nécessités du climat : les salles sont chauffées à l'aide du charbon de terre qui développe une poussière impalpable dont le dépôt incessant sur les tableaux serait très préjudiciable à leur conservation ; dans les galeries de tableaux, la lumière du soleil est ménagée et atténuée à l'aide de stores que l'on fait mouvoir selon les heures du jour.

Autre remarque pratique en ce qui concerne les camées et les intailles : ces pièces sont serties dans des cadres mobiles placés devant des glaces qui, réflétant la lumière, permettent de voir la transparence, la couleur de la pierre en même temps que les finesses de la gravure ; les médailles sont incrustées dans des cartons qui tournent autour d'un pivot, système bien préférable à nos médailliers où sont enfouis des trésors invisibles.

Au South Kensington-Museum de Londres, ce magnifique musée presque l'égal du Musée de Cluny de Paris, quoique d'une origine relativement récente (1857), chaque objet exposé porte sur une carte imprimée l'indication de sa date, le nom de l'auteur, le nom de la collection d'où il sort, et enfin, renseignement très utile pour les curieux, le prix payé par le Musée.

Au centre du Musée se trouve une bibliothèque spéciale qui est très fréquentée ; un guide général avec plan des salles, vendu à très bas prix (50 centimes), donne un aperçu des richesses du Musée, rend les recherches faciles et complètes ; des catalogues spéciaux, très-développés, édités avec luxe, traitent compendieusement de chaque nature de curiosité, ivoires, étoffes, majoliques, armes, instruments de musique, broderies et dentelles, objets espagnols, chinois, etc. Les pièces hors ligne sont photographiées et les photographies mises à la disposition du public.

Les administrateurs de Kensington-Museum, toujours à la recherche du mieux, changent parfois l'exposition de certaines séries et même l'aménagement général du Musée, avec l'intention très sincère de profiter des conseils de la critique ; au lieu de s'en tenir exclusivement aux objets anciens, ils achètent et exposent les œuvres d'arts industriels qui leur semblent le mieux caractériser l'époque contemporaine ; il y a là une préoccupation d'avenir qui paraît échapper aux administrateurs de nos Musées. Pourquoi donc les Français s'obstinent-ils à immobiliser leurs Musées, me disait un honorable directeur de Kensington ? Réflexion faite, le reproche est fondé et il faut attribuer cette erreur à la vanité de nos conservateurs et à la malveillance du public ; nos administrateurs ne veulent pas courir la chance de se tromper dans leurs attributions ou innovations et recevoir des leçons d'un public toujours enchanté de les trouver en défaut.

Les exhibitions permanentes ne suffisent plus à satisfaire nos appétits de curiosité; depuis quinze ans, en France, on organise des expositions temporaires dites rétrospectives où les curieux sont appelés à montrer leurs trésors au public.

C'est la Province qui a eu l'honneur de l'initiative et la commission chargée d'organiser à l'exposition universelle de 1867 les galeries de l'histoire du travail, n'a eu qu'à imiter pour arriver à un succès relatif, car bien des choses faisaient défaut. Le catalogue de cette exposition spéciale comptait plus de 7,000 numéros dont 5,110 pour la section française; 3 archives, 6 bibliothèques, 10 cathédrales, 2 colléges, 10 communautés, 40 églises, 6 Hôtels-Dieu, 40 musées, 5 séminaires, 10 Sociétés savantes et près de 300 curieux avaient envoyé la fleur de leurs collections. L'Angleterre, les Pays-Bas, le Portugal, l'Autriche, l'Egypte surtout, avaient fait preuve de bon vouloir et exposé des séries intéressantes; la Belgique, l'Allemagne, l'Italie, l'Espagne s'étaient abstenues d'une manière complète, par suite de sentiments et de circonstances qu'il serait facile d'analyser, s'il était permis à un curieux de se perdre dans la politique.

Je le répète, l'exemple est venu d'Amiens, Dijon, Chartres, Evreux, Niort, Angers, Bordeaux, Alençon, Orléans, Toulouse, Limoges, Avignon, Nevers, Valenciennes, Marseille, Rouen, Troyes, Nîmes, le Hâvre, Tours. A l'étranger, Anvers, Malines, Manchester, Vienne, Bruxelles, Amsterdam ont organisé des expositions analogues. L'exposition anglaise de Kensington-Museum en 1862, les expositions rétrospectives françaises de l'Union des Beaux-Arts à Paris, ont été particulièrement remarquables et ont révélé d'immenses richesses jusqu'alors inconnues.

Notre Société française d'Archéologie, vous le savez, mon cher ami, avait eu le projet d'organiser une exposition permanente qui aurait été renouvelée d'une manière périodique et méthodique: on aurait eu successivement des expositions de céramique, de miniatures, de bijoux, d'ivoires, de médailles, etc.; des conférences spéciales auraient eu lieu en même temps que ces expositions et on aurait pu faire des cours pièces en mains. Ce projet a eu un commencement d'exécution mais il n'a pas eu tout le développement qu'il comporte. Il y a là une idée pratique qui sera réalisée un jour.

Je vous répéterai, mon cher ami, ce que je disais en 1860 à l'occasion de l'exposition rétrospective d'Amiens, qui a obtenu un si grand et si légitime succès : ces exhibitions contribuent à préserver du vandalisme des objets précieux, elles facilitent les études historiques, font connaître le génie artistique d'une province, permettent de faire l'inventaire de ses richesses. Elles initient aux mœurs, aux usages de nos pères, en montrant les monuments artistiques ou les objets familiers qui faisaient le charme et le bien-être de leur existence; elles exercent parfois une influence marquée sur l'art et l'industrie ; l'exposition Campana a été une véritable révélation pour les bijoutiers et orfèvres qui ont imité aussitôt les bijoux grecs, romains, étrusques.

La curiosité établit un courant sympathique entre tous ceux qui lui rendent hommage, elle rapproche souvent des hommes séparés par les opinions politiques ou la condition sociale; toutes les sociétés de curieux devraient adopter la devise de la Société d'Amsterdam : ARTI ET AMICITIÆ dont j'ai transposé les termes, pour en faire l'épigraphe de cette lettre.

Oui, mon cher ami, la curiosité procure un délassement de l'esprit après les travaux professionnels, elle est pour les hommes de loisirs une occupation utile et agréable; elle console souvent des déceptions de la vie et inspire cette philosophie calme et sereine à laquelle les Chinois rendent hommage en élevant des autels au dieu du Contentement.

Lorsque la vieillesse arrive et que les passions disparaissent, la curiosité, défiant les années, conserve tous ses avantages; écoutez M. de Blois, un curieux émérite du XVIIIe siècle, mort octogénaire :

« La vieillesse, disait-il, a souvent de certains défauts, compagnons incommodes à soi et aux autres; elle est ordinairement mêlée d'infirmités qui font que nous sommes abandonnés d'un chacun; notre indolence et notre indifférence nous empêchent d'aller chercher ailleurs à nous délasser. Alors plus de société; tout finit et nous restons seuls, vis-à-vis de nous-mêmes. Quels avantages ne tiré-je pas des ressources que me fournit mon cabinet?

« Les curieux viennent de tous côtés me consulter et voir mes estampes: les marchands me font journellement leur cour et m'apportent des nouveautés qui m'amusent; je me trouve toujours ainsi occupé. Si par hasard je suis seul et mélancolique, j'appelle à mon secours un portefeuille de gravures dont la variété des sujets et la beauté du travail dissipent totalement mon ennui. »

Mais l'initiation est longue et difficile ; les esprits d'élite chez lesquels l'amour du beau est inné, qui veulent développer cette faculté par l'étude, qui veulent ajouter la science au sentiment, éprouvent de grandes difficultés, cherchant de tous côtés un guide, une direction ; ils ne doivent compter que sur eux-mêmes ; c'est à force de vouloir et de voir qu'ils arriveront à posséder le goût si bien défini : la conscience de l'imagination.

Nous avons souvent reconnu, mon cher ami, qu'un catalogue modèle d'une bibliothèque spéciale, comprenant la nomenclature des ouvrages à consulter, rendrait des services réels aux curieux.

Indocti discant et ament meminisse periti.

Mais la rédaction de ce catalogue type serait nécessairement incomplète, car si les monographies sont nombreuses, les ouvrages traitant d'une manière générale des curiosités font défaut. Un seul ouvrage remplit les conditions voulues, et c'est lui-même un catalogue ! DESCRIPTION DES OBJETS D'ART QUI COMPOSENT LA COLLECTION DEBRUGE-DUMENIL, PRÉCÉDÉE D'UNE INTRODUCTION HISTORIQUE par Jules Labarte (Paris, à la librairie archéologique de Victor Dideron, 1847, in-8º de 858 pages). Sous ce titre modeste, M. J. Labarte, savant et curieux de premier ordre, a publié sur la plupart des curiosités un travail historique et critique remarquable qui, malgré sa date déjà éloignée, est encore le meilleur ouvrage à consulter. Quoiqu'il en soit, le Dictionnaire ou le Manuel du curieux, l'Encyclopédie de la curiosité est encore à faire. Cet ouvrage devrait, selon nous, mon cher ami, se composer de notices abrégées sur toutes les espèces de curiosités, les notices étant conçues d'après un plan uniforme qui rendrait les recherches sûres et faciles, chaque notice comprenant l'historique, la critique artistique, la technologie, la bibliographie spéciale et une série de prix indiquant la valeur des objets à différentes époques.

Voilà, mon cher ami, l'introduction que vous me demandiez; j'ai rempli ma tâche d'une manière sans doute bien incomplète, mais la première qualité du véritable curieux, nécessairement un homme intelligent, est l'indulgence; je compte sur la vôtre.

Recevez, mon cher ami, la nouvelle assurance de mon sincère attachement.

Bon de B. de S^{te}-S.

P.-S. — Au moment de fermer ma lettre, je trouve dans le *Mercure de France*, juin 1727, page 1295 à 1338, un article dont le titre alléchant est plein de promesses.

« Lettre sur le choix et l'arrangement d'un cabinet curieux,
« écrite par M. Dezallier d'Argenville, secrétaire du Roi en la
« grande chancellerie, à M. de Fougeroux, trésorier-payeur de
« ventes à l'Hôtel-de-Ville. »

L'auteur consacre un paragraphe à chacune des curiosités suivantes : tableaux, estampes, dessins, livres, médailles, pierres gravées, pierres précieuses, minéraux, métaux, pétrifications, croissances de mer, bois rares, ouvrages de Tours, armures, habillements étrangers, animaux, plantes et fruits rares, coquilles, bronzes, pièces antiques, droguier, herbiers, momies, embrions, porcelaines, cabinets de la Chine, faïences émaillées, tableaux, pièces de rapport.

Voilà un mélange de choses bien disparates, et une classification peu méthodique ! Que dites-vous, mon cher ami, des embrions placés à côté des porcelaines, des cabinets de la Chine, etc., etc.? M. d'Argenville est surtout un curieux d'estampes ; aussi la partie relative aux estampes est-elle la seule qui soit traitée d'une manière convenable quoique très sommaire. Le reste est insignifiant.

A Monsieur,

    Monsieur Alphonse Maze,

        Château de Bosctheroulde,

            par Monville (Seine-Inférieure).

LE THÉATRE ET LES ACTEURS

CHEZ

LES ROMAINS

L'ART dramatique fut en grand honneur chez les Grecs ; ce peuple de poëtes et d'artistes décorait les acteurs du titre de prêtres dyonisiarques, prêtres consacrés au culte de Bacchus, le dieu protecteur des jeux scéniques. Les acteurs rappelaient avec orgueil que leur origine était des plus relevées, que les poëtes eux-mêmes avaient créé l'art dramatique et inauguré la scène. Ils citaient, comme leurs premiers maîtres, Sophocle, Eschyle, Aristophane, qui furent directeurs de troupe théâtrale et jouèrent les principaux rôles de leurs pièces.

Hommes libres et citoyens, ils pouvaient être appelés aux fonctions publiques. Plusieurs d'entre eux furent nommés ambassadeurs; on leur dressait parfois des statues pour récompenser le talent et encourager l'art dramatique.

Il était loin d'en être de même à Rome. Les acteurs, les musiciens, les danseurs étaient recrutés d'ordinaire dans les rangs des esclaves, et leur métier fut toujours singulièrement décrié et honni. — Le citoyen qui montait sur les planches perdait immédiatement ses droits civiques, le censeur le chassait de sa tribu, et, ce qui pour un Romain était le dernier degré d'infamie, il était privé du droit d'aller à la guerre et de porter les armes. Le légionnaire qui, entraîné par la vocation, se faisait acteur, était passible de la peine de mort ; la citoyenne romaine pouvait épouser un affranchi, et même un esclave, lorsqu'elle avait dansé au théâtre.

On se relâcha de cette sévérité sous les empereurs ; Suétone rapporte qu'Auguste autorisa les chevaliers à jouer la comédie, mais on s'aperçut bientôt des abus qu'entraînait une pareille tolérance, et l'on fit de nouveaux règlements sur les acteurs.

En effet, l'engouement pour les comédiens devint tellement exagéré, que les magistrats s'en émurent et défendirent par un édit, aux dames romaines, de donner le pas aux pantomimes; aux sénateurs de rendre visite aux acteurs, et aux chevaliers de leur faire cortége.

Le Sénat, allant plus loin dans les lois de répression,

voulut accorder au préteur le droit de faire châtier les acteurs à coups de verge ; mais le tribun Notérius Agrippa opposa son veto au sénatus-consulte, se fondant sur ce qu'Auguste avait exempté du fouet les acteurs, musiciens et danseurs. Bien que sous la République les spectateurs eussent le droit de faire démasquer un acteur qui avait mal rempli son rôle et de le faire fouetter, Tibère ne voulut pas ou n'osa pas revenir sur la décision d'Auguste.

Les représentations théâtrales devant toujours être surveillées par la censure représentée par les édiles, il fut signifié aux acteurs qu'ils ne pourraient jouer que sur les théâtres publics ; néanmoins la comédie de société continua à être tolérée, et ceux qui la jouaient ne furent pas assimilés aux acteurs. Parmi ces artistes amateurs nous citerons l'empereur Néron qui, moyennant une forte rétribution, allait jouer sur les scènes privées.

La profession d'acteur devint héréditaire et obligatoire. Pour se soustraire à la nécessité de suivre une carrière qui leur était antipathique, un grand nombre d'acteurs embrassaient le christianisme. L'Eglise, qui repoussait les acteurs de son sein en leur interdisant la communion et en ne les admettant au baptême qu'à l'article de la mort, leur tendait les bras et les prenait sous sa protection dès qu'ils avaient renoncé au théâtre. En l'an 399, le concile d'Afrique ordonna que tout acteur païen qui aurait embrassé le christianisme serait dispensé pour toujours de remonter sur la scène.

Les acteurs étaient rétribués à proportion de leur talent, de l'importance des rôles et du nombre de représentations. Leur salaire était payé par les trésoriers du fisc et prélevé sur une caisse spéciale, alimentée par une subvention annuelle du Sénat, par le produit des ventes de bois de l'Etat, de certaines amendes, d'une taxe prélevée sur les marchands d'esclaves et les femmes de mauvaise vie.

Le métier d'acteur était très lucratif; Antonin le philosophe, effrayé des sommes énormes que l'on donnait aux acteurs, décida qu'à l'avenir ils ne pourraient recevoir par représentation, au delà de DECEM AUREOS (180 à 200 francs).

Les villes leur donnaient des couronnes ou des gratifications en argent, pour les représentations extraordinaires; ces couronnes qui, dans le principe, étaient de feuilles et de fleurs entrelacées avec des rubans, furent bientôt remplacées par des couronnes d'or et d'argent.

L'entrée du théâtre était gratuite, mais il arrivait souvent que les spectateurs, enchantés du jeu d'un acteur favori, jetaient sur la scène de l'or, de l'argent, des bijoux.

Les acteurs avaient droit à des congés dont ils profitaient dans l'intervalle des différentes fêtes de Bacchus; les premiers rôles organisaient des troupes ambulantes et parcouraient la province; ils étaient engagés, pour un certain nombre de représentations, par les édiles qui les mettaient ensuite à la disposition des poètes dont les pièces avaient été reçues; les acteurs supportaient de fortes amendes lorsqu'ils ne se conformaient pas scrupuleusement à leur programme; mais ils faisaient généralement de fructueuses recettes, car la province ne le cédait pas à Rome, pour le goût du théâtre. La ville de Trèves ayant été pillée trois fois, les habitants qui avaient échappé à la colère des Francs, demandèrent à l'Empereur le rétablissement des spectacles, comme le seul remède à leurs maux.

Les acteurs formaient à Rome une vaste corporation subdivisée en plusieurs classes et à laquelle se rattachaient tous ceux qui étaient employés au théâtre.

Les artistes dramatiques étaient répartis en trois groupes : les tragiques, les comiques et les satiriques. Une troupe complète se composait, pour chaque genre, de quatre personnages. — Les autres artistes ne remplissaient que les rôles subalternes.

Si les premiers rôles trouvaient des satisfactions dans l'exercice de leur art, les seconds rôles n'y trouvaient que misères et déboires : c'étaient eux qui remplissaient ordinairement les rôles des dieux, et, dit Lucien, lorsqu'ils avaient mal rendu le rôle de Jupiter, de Minerve ou de Neptune, ils étaient, malgré leur divinité, fouettés comme de simples mortels.

Après les acteurs tragiques et comiques, chargés de jouer la tragédie et la comédie, venaient les acteurs satiriques ou mimes, sortes de bouffons qui jouaient des parodies ou improvisaient des farces sans suite ni dénouement, véritables parades de saltimbanques. Pour se tirer d'embarras et lorsque les préparatifs d'une nouvelle décoration étaient terminés, un d'entre eux prenait la fuite, les autres le poursuivaient, la symphonie se faisait entendre et la grande pièce commençait.

Les parodies piquaient au vif la curiosité du public

romain. — Les acteurs se laissaient aller parfois à critiquer et tourner en ridicule les hommes et les choses du temps ; il en coûta la vie au mime Helvidius, pour avoir fait allusion au divorce de Domitien, dans une parodie intitulée : ŒNONE ET PARIS.

Les mimes jouaient sans chaussures, ce qui faisait donner au genre de pièces qu'ils représentaient le nom de comédie déchaussée ; ils avaient la tête rasée et paraissaient parfois, sur la scène, vêtus d'habits magnifiques et de robes de pourpre, pour exciter l'hilarité du public par le contraste grotesque que présentaient la somptuosité de leur costume et le ridicule de leur tournure.

Un de ces mimes, Mimus Albus, né à Nella, ville du pays des Osques, a créé un type qui est arrivé jusqu'à nous et qui, depuis 2,000 ans, fait le bonheur des enfants, le Polichinelle. On a trouvé sa figurine en bronze, dans les fouilles faites près le Mont Esquilin, ainsi que sa silhouette, sur les fresques de Pompeï. La ressemblance avec notre Polichinelle est frappante.

Les PARISITI, parasites, jouaient les seconds rôles dans les mimiques. Personnages plats et bouffons, toujours prêts à recevoir les coups et les dîners qu'on voulait bien leur donner, ils étaient vêtus d'un costume bigarré et portaient pour attributs une bouteille et une houlette. — L'Arlequin du théâtre espagnol et italien ne serait-il pas le descendant du Parasite ?

A leur suite venaient le RIDICULUS, sorte de niais, d'imbécile, c'est le Jocrisse moderne, et les PLANIPEDES, acteurs subalternes chargés de remplir ce que nous appelons les utilités.

L'acteur se faisait accompagner sur la scène d'un comparse qui paraissait être son confident ou son domestique, et qui lui soufflait le rôle lorsque sa mémoire venait à faire défaut. Il y avait des comparses, personnages muets, nommés Lydii; c'étaient des jeunes gens imberbes, portant casques et épées, vêtus de robes longues à ceinture. Il ne faut pas les confondre avec cet être collectif qui remplissait un si grand rôle dans les pièces des anciens : je veux parler du chœur.

Avant Eschyle, le chœur composait à lui seul toute la troupe, et les représentations scéniques ne consistaient alors qu'en danses et hymnes en l'honneur de Bacchus. Thespis introduisit un personnage, Eschyle en ajouta un second, et bientôt Sophocle et Euripide y mirent un nombre suffisant de personnages pour donner à la tragédie le mouvement et l'intrigue.

Le chœur devient alors un personnage secondaire et ne chante plus que dans les intervalles; il reste cependant toujours intéressé à l'action, spectateur attentif de ce qui se passe ; tantôt nymphe, tantôt furie, quelquefois courtisan, peuple la plupart du temps. Son caractère est le plus souvent moral; il prend le parti de l'innocence, de la vertu; donne d'utiles conseils, de salutaires instructions, défend énergiquement la religion et les dieux attaqués. En un mot, il est le père noble de la pièce, l'avocat des bonnes causes, la morale personnifiée. Outre la part que le chœur avait dans l'action, il chantait, dans les intervalles, des vers qui exprimaient ses sentiments ou ceux des spectateurs, il manifestait ses désirs et ses craintes sur les événements à venir et le dénouement. Ces chants étaient accompagnés de marches graves et cadencées.

Le chœur se composait d'abord de 50 personnes, mais ce nombre fut réduit à 15, puis à 12. Les choristes arrivaient sur la scène précédés d'un joueur de flûte qui réglait le pas. — Un personnage principal nommé Coryphée en était le chef, il dirigeait les marches et prenait la parole au nom du chœur entier.

Le chœur faisait sur la scène diverses évolutions en prenant des attitudes de joie ou de tristesse suivant la direction que leur donnait le Coryphée. Ces évolutions avaient un sens mystérieux ; elles consistaient à imiter les mouvements du ciel et des astres ; le chœur allait de droite à gauche pour rendre le cours journalier du firmament d'Orient en Occident. Cette manœuvre s'appelait strophe ; il revenait sur lui-même, de gauche à droite, pour reproduire le mouvement des planètes qui, outre leur mouvement commun, avaient leur mouvement particulier d'Occident vers l'Orient ; c'était l'antistrophe, ou le retour. Enfin, le chœur s'arrêtait au centre du théâtre, marquant ainsi la stabilité de la terre, et chantait l'épode.

A en croire certains auteurs, l'action dramatique était partagée en deux parties : la récitation et le geste. Dans le principe, le même acteur chantait et dansait ; mais on remarqua bientôt que les mouvements de la danse nuisaient à la voix et gênaient la respiration ; on jugea plus convenable de confier le chant et la danse à deux acteurs différents ; la difficulté était alors de faire tomber en mesure celui qui chantait et celui qui faisait les gestes.

L'application de la musique au débit de l'acteur a donné lieu à plusieurs versions; d'après celle qui nous paraît la plus spécieuse, les flûtes qui suivaient la voix devaient faire un accompagnement en sourdine, et le débit de l'acteur, dans les dialogues, ressembler au récitatif de nos opéras.

Cette déclamation psalmodiée était une nécessité ; car, ainsi que nous l'avons déjà dit, à Rome, les acteurs étaient ordinairement des esclaves étrangers ou des latins nés dans l'esclavage. La langue latine était pour les premiers une langue étrangère, et ceux qui étaient nés à Rome ne devaient parler que le latin corrompu et altéré en usage parmi les dernières classes du peuple. Les maîtres qui les dressaient pour le théâtre devaient donc commencer par leur donner la vraie prononciation, soit par rapport à la durée des mesures, soit par rapport à l'intonation des accents, et il est probable que dans les leçons qu'ils leur donnaient à étudier, ils se servaient des notes dont les grammairiens ont parlé, notes qui devaient indiquer les intonations et marquer les passages où il convenait, soit de presser, soit de ralentir le débit.

Les flûtes rappelaient ces notes à l'acteur et l'empêchaient de sortir du ton. La lyre remplaçait quelquefois la flûte pour l'accompagnement des vers ïambiques et des monologues.

L'art de composer la déclamation théâtrale constituait une profession particulière : on avait soin d'indiquer sur les affiches le nom du poète, celui du chef de la troupe et du musicien qui avait composé la déclamation, QUI FECERAT MODOS.

L'absence des rôles écrits mettait le poète dans la nécessité d'apprendre aux acteurs leurs rôles de vive voix. Plusieurs bas-reliefs antiques nous représentent le poète entouré de toute la troupe, lisant ou récitant la pièce. Chaque comédien répétait ensuite son rôle en cherchant à se pénétrer des intentions de l'auteur.

Quelques jours avant la représentation, les acteurs se renfermaient chez eux pour se livrer au régime hygiénique le plus sévère. Ils prenaient fréquemment des breuvages composés de plantes auxquelles les anciens attribuaient la propriété d'éclaircir la voix, ne se nourrissaient plus que de légumes et déclamaient des heures entières couchés sur le dos, la poitrine couverte de lames de plomb. Ils subissaient, en un mot, un véritable entraînement au moins aussi sévère que celui de nos jockeys modernes.

Parmi les acteurs qui furent le plus en vogue, nous citerons Livius Andronicus, Roscius et Œsopus.

Livius Andronicus, né en Grèce, précepteur des enfants de Livius Salinator, écrivit la première tragédie latine. C'était en l'an 512 de Rome, 50 ans avant la naissance de Menandre, 160 ans après la mort de Sophocle et d'Euripide.

Ce poète, de même que ses devanciers, les poètes grecs, jouait lui-même ses pièces qui étaient fort médiocres, au dire d'Horace et de Cicéron.

Roscius (Quintus), né à Lanuvium, jouait la comédie. — Cicéron disait, en parlant de lui, qu'il plaisait tant sur la scène, qu'il n'aurait jamais dû en descendre, et qu'il avait tant de vertu et de probité, qu'il n'aurait jamais dû y monter. — Prenez Roscius pour modèle, dit-il encore dans son art oratoire, remarquez que tout ce qui part de sa personne est parfait. Rien qui ne soit accompagné de grâces, qui ne soit ménagé avec art, pour être séant, pour remuer et pour plaire; aussi dit-on, lorsqu'un citoyen est arrivé à l'apogée de son art, qu'il en est le Roscius.

C'est pour Roscius l'acteur qu'il fit cette fameuse plaidoirie contre Fannius, à l'occasion de l'esclave Panurgius, mis en pension chez l'acteur pour apprendre l'art dramatique.

Le jeu de Roscius était plein de feu — il brûlait les planches. — CITATIOR ROSCIUS, dit Quintillien. Le fameux acteur daignait descendre quelquefois à la pantomime. Macrobe, dans son III⁰ livre des SATURNALES, rappelle qu'il se faisait entre Cicéron et Roscius un défi qui donne la plus haute idée du talent de ce dernier. Le comédien rendait, par son jeu muet, le sens d'une période que l'orateur venait de déclamer ; Cicéron changeait ensuite les mots et la composition de cette période de manière que les idées restaient les mêmes et que le sens n'en était pas changé. Roscius s'exprimait par de nouveaux gestes et faisait saisir les nuances littéraires qui distinguaient cette nouvelle improvisation de la première. Roscius était en outre aussi bon professeur que bon camarade. L'acteur Eros, chassé du théâtre par les sifflets du public, vint se réfugier auprès de Roscius, il lui demanda des leçons, son appui, et bientôt, du rang des plus misérables histrions, Eros s'éleva au rang des meilleurs acteurs.

La République faisait à Roscius une pension considérable qu'on pouvait évaluer à plus de 60,000 fr. de notre monnaie, et quoiqu'il fût dix ans sans être payé, par suite de la pénurie des finances, il ne cessa de mettre son talent au service de l'Etat. Il dut faire une fortune considérable ; Cicéron nous dit encore, dans sa plaidoirie, qu'il pouvait gagner, par an, plus d'un million de sesterces.

Roscius était l'ami de Sylla et de Pison ; il mourut l'an 61 avant J.-C.

Œsopus jouait la tragédie vers l'an 84 avant J.-C. Il était tellement dans son rôle, qu'il tua un acteur qui représentait Atrée méditant la mort de son frère. Un autre acteur tragique, Polos d'Egine, qui était en représentation avec Œsopus et devait jouer le rôle d'Electre, voulant rendre la douleur au véritable, entra en scène portant dans ses bras l'urne renfermant les cendres de son fils, mort depuis peu de jours, à la place de l'urne qui était censée renfermer les cendres d'Oreste.

Œsopus contribua à faire revenir Cicéron de l'exil, au moyen de certaines allégories qu'il sut glisser à propos dans une ancienne pièce d'Accius, intitulée TALEMON EXILÉ. Ce comédien menait une vie des plus fastueuses ; Pline raconte de lui qu'il fit, dans un festin, une dépense si excessive, qu'un seul plat, composé de langues d'oiseaux qui imitaient la voix de l'homme, fut payé plus de 450,000 sesterces.

Les pantomimes disputaient aux acteurs scéniques les faveurs du public. Le pantomime parle la bouche fermée et fait comprendre par gestes ce que la langue est impuissante à exprimer, dit Cassiodore. — Il faut encore, ajoute Lucien, que le pantomime sache parfaitement la poésie et la musique ; qu'il connaisse la géométrie et même la philosophie ; qu'il emprunte à la rhétorique le secret d'exprimer les passions et les divers mouvements de l'âme ; qu'il emprunte aux chefs-d'œuvre de la sculpture et de la peinture les gestes et les attitudes ; il lui faut enfin de la mémoire pour se rappeler les principaux événements de la Fable et de l'histoire ancienne.

Nos danseurs de l'Opéra seraient sans doute bien étonnés d'apprendre que jadis, pour figurer convenablement dans un ballet, il fallait être un savant versé dans la philosophie, la géométrie, la littérature. Ces raffinements nous paraissent inutiles, ridicules même ; faut-il en conclure que, sous le rapport dramatique, nous soyons supérieurs aux Romains ?

On raconte qu'un prince barbare étant venu faire visite à Néron, vit le fameux pantomime Pâris danser avec tant d'expression, que, quoiqu'il n'entendit rien de ce qu'on chantait, il n'en saisissait pas moins toutes les intentions du danseur, si bien qu'il finit par demander ce pantomime à l'Empereur. Néron s'étonnant de cette demande : « C'est que j'ai pour voisins, dit-il, des peuples dont personne n'entend la langue, et celui-ci leur fera comprendre par gestes tout ce que nous voudrons leur dire. »

Les pantomimes formaient une corporation séparée ; ce ne fut que sous Auguste, époque à laquelle les pantomimes Bathyle et Pylade créèrent la danse italique, que leur art fut apprécié du public.

Bathyle d'Alexandrie, affranchi de Mécène, qui l'aimait avec passion, se chargea de représenter par la danse les actions gaies, vives et badines; Pylade, né en Cilicie, représentait les actions fortes et pathétiques. Les deux rivaux ne tardèrent pas à se brouiller, ils avaient chacun un théâtre, et Rome fut divisée en deux fractions qui en venaient souvent aux mains.

Les pantomimes, étant devenus une cause permanente de désordre, furent chassés de Rome, sous Tibère. Ils le furent sous Néron et quelques autres empereurs; mais leur exil était de courte durée. La politique qui les avait éloignés les rappelait bientôt pour distraire le peuple et l'enlever à des préoccupations plus sérieuses. — On connaît cette réponse de Pylade à Auguste, qui l'exhortait à se réconcilier avec Bathyle : Ce qui peut arriver de plus heureux à l'Empereur, c'est que le peuple s'occupe de Bathyle et de Pylade.

Pendant la représentation, le PULPITUM n'était jamais vide. Les mimes jouaient dans les entr'actes; à leur défaut, les acrobates exécutaient leurs tours de force. Ils venaient presque tous d'Orient et étaient beaucoup plus vigoureux et adroits que ceux des temps modernes. Les auteurs anciens nous en racontent des choses merveilleuses. Les peintures d'Herculanum nous représentent des funambules déguisés en faunes, dansant sur la corde tendue. Dans cette position périlleuse, l'un joue de la flûte, l'autre de la lyre; l'un se verse à boire, l'autre se promène un thyrse à la main.

Aux deux premières représentations d'HECYRA, de Plaute, les comédiens furent obligés de quitter la scène pour faire place aux danseurs de corde, appelés à grands cris par les spectateurs, ce qui faisait dire à Horace, dans un mouvement d'indignation, que le public romain n'était composé que de sots et d'ignorants.

Il y avait encore les bateleurs, dompteurs d'animaux féroces, qui paraissaient avec leurs bêtes et jouaient avec elles sur la scène. Enfin, quand le théâtre n'était pas occupé par les grands spectacles, les joueurs de marionnettes y donnaient des représentations.

A la fin de chaque pièce, le public applaudissait pour marquer sa satisfaction; il sifflait et trépignait en cas de mécontentement.

Les acclamations constituaient la plus haute expression du contentement des spectateurs; dans l'origine, l'acclamation n'avait point de règles fixes, mais sous les empereurs elle devint presque un art; un musicien donnait le ton, et les spectateurs, divisés en deux chœurs, répétaient alternativement la formule d'acclamation; à la fin de la pièce, l'acteur qui se trouvait le dernier en scène ne manquait pas de solliciter les applaudissements du public en prononçant la formule d'usage : VALETE ET PLAUDITE.

Néron inventa la claque; mécontent de la froideur du public qui, pour se venger du tyran, affectait de garder le silence lorsque l'empereur comédien montait sur la scène, il fit remplir le théâtre de sa garde prétorienne et de chevaliers romains qui devaient applaudir à certains passages de la pièce, désignés d'avance. Serait-ce par une sorte de réminiscence que nous appelons encore ROMAINS les chevaliers du lustre?

On commença à siffler sous Auguste. Le public romain était très difficile et ne laissait pas échapper la moindre imperfection aux artistes en représentation. La cabale arrivait au théâtre armée de sifflets, de flûtes de Pan, et faisait parfois un tel vacarme, que l'édile était obligé de recourir à l'intervention de la force armée pour rétablir l'ordre et le silence.

Les spectacles que la société moderne considère comme un délassement de l'esprit, plus ou moins moral, occupent une grande place dans l'histoire de la société antique. Chez les Grecs et les Romains, ils figuraient au nombre des cérémonies les plus sérieuses et les plus solennelles, voire même les plus saintes. Les spectacles faisaient partie du culte; on les célébrait pour apaiser le courroux des dieux ou mériter leurs faveurs. Si la patrie était en danger, on ordonnait des jeux pour calmer les colères divines; s'il survenait un événement heureux, si les armées victorieuses rentraient à Rome, chargées des dépouilles des vaincus, le peuple tout entier courait au Capitole rendre grâces aux dieux, et l'on donnait des spectacles : pour en perpétuer le souvenir, la description de la cérémonie, ainsi que l'énumération des dépenses qu'elle avait entraînées, étaient enregistrées dans les actes publics.

Les spectacles eurent donc pour les anciens un double but : rendre hommage aux dieux, servir de divertissement au peuple.

Dans le principe, Rome ne voulut admettre que les jeux du Cirque; les exercices du corps devaient convenir, à l'exclusion de tous les autres, à un peuple de soldats et d'agriculteurs dont les mœurs simples et primitives n'avaient pas encore été entamées par la civilisation. Les magistrats de la République, qui cultivaient leurs champs et dirigeaient la charrue du même bras qui avait dompté l'ennemi et soutenu l'État, étaient les premiers à encourager des divertissements qui donnaient le goût des armes et stimulaient l'amour-propre de la jeunesse.

Puis vinrent les amphithéâtres avec les combats sanglants de gladiateurs. Ces scènes, qui font horreur à nos mœurs et à nos principes, surexcitaient au dernier point l'intérêt et la curiosité des Romains.

Le théâtre fit son apparition en dernier lieu. Les hommes sages et prudents de la République, Caton et Scipion à leur tête, éprouvaient une répugnance instinctive contre les jeux scéniques; ils s'opposèrent énergiquement à la construction de théâtres. Leurs craintes n'étaient pas imaginaires; tout ce qu'ils avaient prévu ne tarda pas à se réaliser; la vogue des jeux scéniques augmenta avec la corruption et le théâtre devint une école publique d'immoralité. Les acteurs jouaient les pièces les plus obscènes, les pantomimes les plus cyniques, et l'on ne se souvenait plus que pour s'en moquer, de cette loi de Romulus, rapportée par Varon et Festus, qui ordonnait qu'on se retirerait à distance respectueuse pour laisser passer les dames romaines; qu'on ne ferait ni ne dirait rien d'indécent devant elles, le tout sous peine de mort.

Le luxe et la débauche avaient porté leurs fruits. L'heure de la décadence avait sonné. Bientôt, le peuple romain, qui, pendant trois siècles, avait mis la main sur le Monde et le conduisait à sa fantaisie, le Peuple-Roi n'était plus.

Le théâtre occupait ainsi une place importante dans la vie publique et privée des Romains. Les citoyens se réunissaient journellement au théâtre pour discuter les intérêts généraux de la cité, ou traiter de leurs affaires privées; ils s'y rendaient pour assister aux spectacles donnés par les édiles, à l'occasion des fêtes politiques et religieuses.

Les spectacles étaient composés, suivant les circonstances, des jeux physiques (LUDI EQUESTRES, GYMNICI), ou des jeux de l'esprit (LUDI SCENINI, POETICI, MUSICI).

Le théâtre, spécialement consacré aux jeux de l'esprit, était, après le temple, les thermes et la basilique, l'édifice le plus considérable de la cité; de tous les monuments antiques, c'est celui qui nous donne l'idée la plus exacte des mœurs romaines et fait le plus ressortir les différences qui séparent la civilisation des anciens de la nôtre.

L'intérieur du théâtre romain se composait de deux parties principales : le lieu affecté aux acteurs et la place occupée par les spectateurs. On appelait SCÈNE la première de ces deux parties : hâtons-nous d'ajouter, pour éviter toute confusion, que ce mot avait deux significations: dans le sens le plus étendu, il représentait, comme il vient d'être dit, le département des acteurs; dans un sens plus restreint, il ne désignait qu'une partie de ce tout.

En effet, la scène ou le théâtre proprement dit se composait de quatre parties: 1º le PULPITUM, 2º le PROSCENIUM, 3º la SCÈNE, 4º le POSTCENIUM.

PULPITUM. — Les monuments qui nous restent ne peuvent donner aucun éclaircissement sur l'existence et l'emplacement du PULPITUM; on retrouve, il est vrai, en quelques endroits, la SCÈNE et le POSTCENIUM dans un état plus ou moins satisfaisant de conservation; mais on n'aperçoit plus nulle part la moindre trace du PROSCENIUM et du PULPITUM; la raison en est simple: le PROSCENIUM, bâti en bois, ne pouvait résister aux injures du temps comme les autres parties qui étaient construites en briques, en pierre et en marbre.

Quant au PULPITUM, Perrault, dans ses COMMENTAIRES SUR VITRUVE, prétend que les mots PULPITUM et PROSCENIUM ne désignent qu'une seule et même chose: l'espace compris entre la scène ou mur du fond et l'orchestre. Selon plusieurs archéologues, le PULPITUM serait le PROSCENIUM considéré, non plus dans son rapport avec la scène qu'il précédait, mais comme l'échafaudage en bois formant le sol, le plancher destiné à la représentation théâtrale.

Barbaro affirme que le PULPITUM était une partie distincte, réelle, de la scène, le mot SCÈNE désignant l'ensemble des quatre parties indiquées ci-dessus; d'après lui, le PULPITUM était une construction à part, élevée au-dessus du PROSCENIUM. Les partisans de cette opinion qui paraît plus spécieuse que les précédentes, se souvenant que les Romains ont copié les Grecs dans la construction de leurs théâtres, en infèrent qu'on doit retrouver dans le théâtre romain les différentes parties dont se composait le théâtre grec, notamment le THYMÉLÉ qui en était une partie essentielle. L'orchestre qui, chez les Grecs, était l'emplacement destiné au chœur, était, chez les Romains, occupé par une partie des spectateurs ; le THYMÉLÉ ne pouvait plus s'y trouver ; les Romains le firent rentrer dans le PROSCENIUM et c'est ce THYMÉLÉ, placé sur le PROSCENIUM, qu'ils auraient appelé PULPITUM. On ajoute que les mots PULPITUM PORTATILE se trouvent fréquemment dans les auteurs ; qu'en outre Vitruve, parlant de la ligne droite tirée au-dessous des gradins, et passant par le centre de la circonférence dont le théâtre ne représente parfaitement qu'une moitié, dit qu'elle sépare le PULPITUM du PROSCENIUM et de l'orchestre (QUOE DISJUNGAT PROSCENII PULPITUM ET ORCHESTRÆ REGIONEM).

En admettant cette hypothèse, quel serait l'emplacement du PULPITUM? Cette construction sera-t-elle située à l'extrémité du PROSCENIUM touchant l'orchestre, au centre du PROSCENIUM, ou contre la scène? Le PULPITUM ne pouvait être situé à l'extrémité du PROSCENIUM ; il aurait caché aux yeux des spectateurs de l'orchestre, c'est-à-dire de l'élite des spectateurs, ce qui se passait sur la scène. Il ne pouvait être situé au centre ; il aurait gêné les évolutions du chœur et masqué la porte royale. Il ne pouvait non plus être adossé à la scène ; l'acteur qui venait déclamer, l'acrobate qui exécutait ses tours, devaient être rapprochés autant que possible du public, surtout dans ces vastes théâtres qui contenaient jusqu'à 30,000 spectateurs ; si l'on reculait le PULPITUM jusque vers la scène, le spectateur voyait moins et entendait à peine.

Les opinions indiquées ci-dessus ne peuvent donc être admises. Selon nous, le PULPITUM est une partie distincte, mais FICTIVE, CONVENTIONNELLE du PROSCENIUM ; c'est une division du théâtre, formée du PROSCENIUM touchant l'orchestre, la plus rapprochée des spectateurs, et où l'acteur venait débiter son rôle ; ce serait la partie appelée la RAMPE dans le théâtre moderne.

En adoptant cette interprétation, on comprend pourquoi les auteurs parlent indifféremment du PULPITUM ou PROSCENIUM, et on se rend compte du silence de Vitruve sur les règles d'architecture à suivre dans la construction du PULPITUM. C'est, en effet, une partie fictive où l'architecte n'a rien à faire.

Aux deux extrémités du PULPITUM se trouvaient deux petites allées en retour ; de l'une à l'autre on tendait une tapisserie qui remplissait l'office de ce que nous appelons la toile. — Quand elle était baissée elle se logeait sous le PROSCENIUM de telle façon qu'on levait la toile pour dérober la scène aux yeux des spectateurs, on la baissait lorsque la comédie commençait.

Ovide donne une idée très exacte de cette manœuvre, lorsqu'il parle, dans ses MÉTAMORPHOSES, de la naissance des soldats produits par les dents de dragon semées par Cadmus :

« Alors, prodige étonnant et incroyable ! les mottes de terre commencèrent à s'entr'ouvrir, et du milieu du sillon on vit sortir des pointes de piques, des panaches, des casques ; ensuite des épaules et des bras armés d'épées, de boucliers, de javelots ; enfin une moisson de combattants à cheval paraître. Ainsi, quand on dresse la toile (AULŒUM) au théâtre, on voit s'élever peu à peu des figures qui sont tracées; d'abord l'on n'en voit que la tête, ensuite elles se présentent peu à peu, se découvrent insensiblement, elles paraissent enfin tout entières et semblent se tenir debout sur le bord de la scène. »

PROSCENIUM. — Le PROSCENIUM était l'espace vide compris entre la scène, le VERSURA et le PULPITUM ; chez les modernes, c'est la partie comprise entre la toile du fond (SCENA), les coulisses de l'un et de l'autre côté (VERSUROE) et la rampe (PULPITUM) qui la sépare de l'orchestre.

Chez les Romains cette partie du théâtre présentait plus de largeur, mais moins de profondeur que chez les modernes. Elle était généralement cinq à six fois plus large que profonde; au théâtre romain d'Orange, l'un des monuments antiques les plus curieux de la France, la largeur du PROSCENIUM est de 66 mètres et la profondeur de 12 mètres. Les chœurs y venaient faire leurs évolutions; les personnages secondaires y remplissaient leurs rôles en laissant toutefois le premier plan, PULPITUM, aux premiers rôles (ACTORES PRIMARUM PARTIUM).

Le PROSCENIUM était élevé de cinq pieds au-dessus du niveau de l'orchestre; il était terminé le plus souvent par une ligne droite qui séparait la partie qu'occupaient les acteurs du reste du théâtre. Néanmoins, dans quelques théâtres, notamment dans ceux de Milet et de Laodicée, il affecte la forme d'un angle obtus; cette disposition rendait le PROSCENIUM plus étroit sur les côtés, mais elle permettait à un plus grand nombre de spectateurs de voir ce qui se passait sur la scène.

Dans un article publié (*) sur le théâtre d'Orange, M. Vitet fait ressortir, d'une manière aussi claire qu'ingénieuse, l'influence que la structure du PROSCENIUM devait exercer sur l'action dramatique et le mode de représentation.

« Chez nous, la mise en scène est toujours calculée dans le sens de la profondeur, elle veut être vue de face ; chez les anciens, elle procédait dans le sens opposé, et, par conséquent, de profil. Nous cherchons à montrer les choses en ronde-bosse, pour ainsi dire ; les anciens les faisaient voir en bas-relief, se conformant au peu de profondeur et à la forme allongée de l'espace où ils agissaient. Lorsque plusieurs acteurs sont réunis sur nos théâtres, il y en a toujours quelques-uns légèrement en arrière des autres ; ils s'étudient à former des plans distincts, et, si les chœurs sont nombreux, ils se divisent en groupes, s'échelonnant et se multipliant aux yeux des spectateurs par une sorte d'effet de raccourci. Ces raffinements artificiels étaient interdits aux anciens. La scène tout entière s'étalait sous les yeux du public ; elle était sans mystère pour lui ; il en voyait le fond à quelques pas au-delà de l'orchestre ; il distinguait tous les choristes et les passait en revue un à un. On ne pouvait donc le tromper ; on n'était pas en mesure de lui faire croire soit à une profondeur illimitée

---

(*) *Gazette des Beaux-Arts.* — Livraison d'octobre 1861.

des lieux où se passait l'action, soit à un nombre de personnages plus grand qu'il ne l'était en effet. »

Scène. — La scène formait le fond du théâtre et remplissait l'emploi de ce que nous appelons, dans le théâtre moderne, le rideau du fond; elle égalait deux fois le diamètre de l'orchestre. Cassiodore la définit ainsi : « Scena frons theatri fuit seu locus actorum « unde in proscenium prodibant histriones. »

La scène offrait l'aspect soit d'un portique droit, soit d'une façade en hémicycle; elle était ornée de colonnes superposées de différents ordres et composées de marbres précieux, mais établies dans une telle proportion, que le second rang était plus petit d'un quart que le premier; le troisième plus petit d'un quart que le second (théâtres d'Herculanum, de Laodicée).

C'est surtout dans la décoration de la scène que le théâtre étalait tout son luxe. Scaurus la fit construire entièrement de marbre; Mauréna la fit argenter, Pétreus la fit dorer, orner de statues, de vases d'or et d'argent.

La scène était percée de trois portes. Celle du milieu, qui se trouvait au centre de la scène, s'appelait regalis, royale; elle était quelquefois cintrée avec une petite voûte et prenait le nom alors de valva regia. C'est par cette porte que les acteurs représentant des rois ou des princes faisaient leur entrée; elle était flanquée de deux autres, ordinairement plus petites, appelées hospitales, c'est-à-dire des étrangers; c'était par là que les étrangers, ceux qu'il fallait se représenter, soit comme figurant sur une autre scène que la scène commune, soit comme venant d'un autre lieu que celui où logeaient les principaux personnages de la pièce, entraient sur la scène; Pollux assure que la porte de gauche était celle d'une prison.

Les portes REGALIS et HOSPITALES étaient fermées aux trois-quarts par des espèces de pyramides à trois faces et tournant sur pivot : sur chaque face étaient clouées des tapisseries qui composaient les décors du fond.

Aux deux extrémités se trouvaient les retours de la scène, VERSUROE, qui embrassaient le PROSCENIUM à droite et à gauche. On trouvait là encore deux portes : l'une pour ceux qui arrivaient de la campagne, l'autre pour ceux qui venaient du port ou de la place publique.

POSTSCENIUM, PARASCENIUM, POSCENIUM. — La partie située derrière la scène prenait indistinctement ces trois noms. Elle n'était pas en vue des spectateurs et répondait à nos coulisses. C'était là que les acteurs s'habillaient et préparaient leurs entrées. On y trouvait les chorages (CHORAGIA), petits appartements où le régisseur organisait la mise en scène et où on faisait répéter les chœurs; ils servaient de magasins pour les costumes et les instruments de musique.

La partie supérieure du théâtre proprement dit, prise dans son ensemble, portait le nom d'EPISCENIUM; des niches y étaient pratiquées et recevaient les statues, soit de quelques divinités, soit des empereurs; la partie inférieure s'appelait HYPOSCENIUM; c'était l'endroit où le machiniste préparait les appareils destinés aux ascensions, aux apparitions des ombres ou des dieux infernaux.

Pénétrons maintenant dans la seconde partie du théâtre, c'est-à-dire dans l'emplacement occupé par le public.

Les spectateurs étaient assis dans l'orchestre, ou sur des gradins formant hémicycle autour de la scène.

L'orchestre qui, chez les Grecs, était occupé par le chœur et les danseurs, était réservé, chez les Romains, aux personnages marquants qui y prenaient place.

Pour faciliter la vue de ce qui se passait sur la scène, le pavé de l'orchestre allait en montant insensiblement depuis le PULPITUM, ou la rampe, jusqu'aux gradins; on établissait, dans ce pavé, de distance en distance, de larges rainures circulaires où l'on plaçait des sièges mobiles. Les parties élevées, en forme de petits trottoirs, donnaient le passage libre à ceux qui voulaient prendre place ou se retirer.

Après l'orchestre venaient les gradins s'élevant, les uns derrière les autres, en demi-cercles concentriques; ils étaient divisés en trois étages.

Chaque étage avait neuf degrés en y comprenant, toutefois, une sorte de palier remplissant l'office de couloir pour faciliter la circulation autour des gradins et qui tenait la place de deux degrés; les Romains appelaient ces couloirs PRŒCINCTIONES ou BALTEI; ainsi, abstraction faite des précinctions, chaque étage n'avait que sept rangs de sièges où l'on put s'asseoir.

On distribuait les degrés en plusieurs sections, séparées par des escaliers qui formaient comme des rayons aboutissant vers l'orchestre. Les gradins compris entre deux escaliers composaient, dans leur ensemble, un coin, CUNEUS. Aussi, les spectateurs arrivés trop tard et contraints de rester debout sur les marches de l'escalier, s'appelaient-ils EXCUNEATI, hors des coins. Ces places étaient d'autant meilleures qu'elles étaient plus rapprochées de l'orchestre; elles étaient numérotées et indiquées par une ligne marquée sur la pierre.

Dans l'épaisseur des précinctions et des degrés, apparaissaient de larges portes carrées par où le peuple débouchait des couloirs extérieurs pour se placer sur les dégrés; ce sont ces portes que les Romains appelaient, dans leur langue pleine d'images, VOMITORIA, parce qu'elles semblaient vomir des flots de spectateurs. Il y avait alternativement six portes et sept escaliers à chaque étage.

Les escaliers intérieurs conduisant aux vomitoires étaient tous également larges, entièrement dégagés les uns des autres, sans aucun détour, pour faciliter l'écoulement de la foule. — En moins d'un quart d'heure, un théâtre qui contenait de vingt à trente mille spectateurs pouvait être évacué.

Les personnes placées à l'orchestre arrivaient par deux entrées latérales qui les conduisaient de plain-pied à leur siège.

La partie la plus élevée des gradins était fermée par un portique sur lequel on pouvait circuler et qui était le plus souvent orné de statues.

La manière de placer les spectateurs était une grosse affaire pour les Romains. Au début des représentations théâtrales, il y eut un arrêté du Sénat portant défense aux citoyens de s'asseoir dans les théâtres situés à Rome ou à un mille environnant, afin qu'on pût dire qu'un Romain, même dans ses divertissements, était toujours debout.

Jusqu'en 558 de Rome, les différentes classes de la société romaine, le Sénat, l'ordre des chevaliers, le peuple, furent confondus. A cette époque, Attilius Suranius et Scribonius Libo suivirent le conseil de Scipion l'Africain et séparèrent, aux jeux célébrés en l'honneur de la mère des dieux, le Sénat du reste des spectateurs. Cette mesure indisposa beaucoup le peuple et le refroidit singulièrement à l'égard de Scipion, qui, jusqu'alors, avait été très populaire.

Plus d'un siècle après, on sépara les chevaliers du peuple. Sur la proposition du tribun Roscius Otho, on fit une loi en vertu de laquelle les chevaliers romains, riches de 400,000 sesterces (environ 50,000 francs), avaient droit aux quatorze premiers degrés. Les chevaliers qui avaient dissipé tout leur bien en débauches, ou qui avaient fait le métier d'acteur, furent déclarés indignes de profiter du bénéfice de la loi. — Néanmoins Auguste, voyant un grand nombre de chevaliers qui ne pouvaient prendre place sur les quatorze degrés, faute d'avoir le capital exigé par la loi Roscienne, permit, par la loi Julienne, à tous les chevaliers qui avaient eu 400,000 sesterces, ou dont les parents avaient possédé cette somme, de prendre place sur les quatorze degrés.

Ainsi fut créé le JUS SEDENDI IN THEATRO, le droit de s'asseoir au théâtre, que le Romain considérait comme un de ses privilèges les plus importants. A partir de cette époque, on distingua au théâtre trois sortes de places : ORCHESTRA, EQUESTRIA, POPULARIA.

ORCHESTRA. — C'étaient les places de l'orchestre. Elles étaient occupées par les consuls, les sénateurs, les vestales, les hauts fonctionnaires et les ambassadeurs étrangers. — La place d'honneur était au milieu de l'orchestre, en face et le plus près du PULPITUM. L'empereur et l'impératrice l'occupaient ; à leur entrée, tout le monde se levait et on applaudissait.

Les personnes ayant droit à l'orchestre y faisaient porter leurs siéges. Les fonctionnaires à chaise curule s'asseyaient sur des chaises d'ivoire. Tibère et Séjan parurent un jour à l'orchestre assis sur des trônes d'or.

EQUESTRIA. — Derrière l'orchestre, sur les quatorze premiers degrés, s'asseyaient les chevaliers et les tribuns militaires.

POPULARIA. — Les autres degrés, jusqu'au portique, étaient occupés par le peuple.

Chaque citoyen avait reçu, à l'entrée du théâtre, une carte nommée TESSERA, en bois, terre cuite, bronze ou ivoire, indiquant le titre et l'auteur de la pièce qu'on devait jouer, ainsi que la place à laquelle il avait droit ; il remettait la TESSERA à un des huissiers (DESIGNATORES) qui le conduisait à sa place.

On appelait LOCARII de pauvres citoyens qui, venant de bonne heure, s'emparaient d'un siége pour l'abandonner, moyennant rétribution, à ceux qui se rendaient tard au spectacle et ne trouvaient pas à se placer.

Le portique supérieur était occupé par les dames romaines, qui y figuraient le plus souvent couchées sur leurs litières. Un décret d'Auguste leur défendait de s'asseoir sur les degrés. Au-dessus du portique on remarque, dans certains théâtres, quatre degrés superposés. C'est là où on reléguait les filles publiques et les esclaves.

Les gradins destinés aux chevaliers et au peuple étaient quelquefois recouverts de planches ou de tapis. Ce fut Caligula qui le premier fit ainsi garnir les gradins.

Cette innovation donna lieu à ce mot d'Aristipe ; on lui demandait à quoi pouvait servir la civilisation : « A empêcher qu'au théâtre une pierre ne soit sur une pierre. »

Le théâtre, dans la partie réservée aux spectateurs, était couvert par de grandes toiles attachées à de longues perches fichées tout autour du portique dans des dés en pierre ; à l'aide de poulies et de cordes, une escouade de marins pliait ou tendait l'ensemble de ces toiles auquel on donnait le nom de VELARIUM.

Le VELARIUM était formé d'étoffes précieuses, soit de pourpre, soit de lin tissé très-fin, ou de soie brochée d'or. Lors de cette fameuse JOURNÉE D'OR où Néron voulut fêter dignement son hôte Tiridace, le VELARIUM était de pourpre brodée, parsemée d'étoiles d'or, au milieu desquelles était figuré Néron, traîné par un char et représenté en Apollon.

Quand le soleil donnait sur le VELARIUM, lorsque la chaleur devenait étouffante, des canaux cachés dans les statues du portique supérieur répandaient sur le VELARIUM des eaux parfumées qui, filtrées par les toiles, tombaient sur les spectateurs en rosée odorante. Dans d'autres circonstances, on faisait tomber sur la foule une pluie de fleurs ou de feuilles de roses.

Malgré les précautions prises par les architectes pour observer toutes les lois de l'acoustique, il devait arriver, dans ces vastes enceintes situées en plein air, que la voix de l'acteur se perdait dans l'espace et n'arrivait pas aux oreilles d'une grande partie de l'auditoire: pour remédier à ces inconvénients, on eut recours à l'emploi de certains vases acoustiques nommés ECHEA.

Ces vases, en forme de cloche ou de timbre, étaient d'airain, établis dans des proportions voulues, sonnant à la quarte, à la quinte les uns des autres, et formaient tous les accords jusqu'à la double octave. — On les plaçait dans des petites niches creusées au niveau des précinctions, en ayant soin qu'ils ne touchassent pas les murailles; les voûtes de ces petites niches devaient avoir la même courbure que les vases, afin de donner toute liberté possible au retentissement. Quant aux vases eux-mêmes, ils étaient soutenus par des coins de 25 centimètres de hauteur, l'embouchure tournée du côté de la scène de telle sorte que la voix de l'acteur venait frapper la concavité des vases qui renvoyaient le son plus fort et plus clair. Il y avait 13 vases acoustiques à chaque précinction.

Les masques contribuaient aussi à grossir la voix de l'acteur et à le présenter aux yeux du public plus grand que nature.

Les masques ne couvraient pas que la figure; ils enveloppaient toute la tête, et venaient s'appuyer sur les épaules comme un casque du Moyen-Age. — Ils étaient en bois, en écorce, le plus souvent en cuir doublé de toile. — Vers la bouche ils renfermaient un appareil composé de plusieurs lames de cuivre et destiné à renforcer la voix.

Quintilien, parlant des spectacles, dit :

« Dans les comédies, les masques des valets, des marchands d'esclaves et des parasites, ceux des hommes grossiers, soldats, vieilles courtisanes, ont tous un cachet particulier. — On distingue, par le masque, le vieillard austère du vieillard indulgent, les jeunes gens qui sont sages de ceux qui sont débauchés, une jeune fille d'une matrone. — Si le père, qui remplit les principaux rôles dans la comédie, doit être content, quelquefois fâché, il a un des sourcils de son masque élevé, l'autre rabaissé, et a grand soin de montrer aux spectateurs le côté de son masque qui convient à la situation. »

Lucien a aussi parlé des masques tragiques ; c'est celui qui a jeté le plus de jour sur la question. — Voici comment s'exprime un de ses interlocuteurs, dans un dialogue sur la danse :

« Étudions les habillements de la tragédie. — Est-il rien de plus hideux que de voir un homme d'une taille démesurée, monté sur de hautes échasses, se couvrir la tête d'un masque énorme, effrayant, et ouvrant une grande bouche comme pour dévorer les spectateurs? Je laisse là ce faux estomac et ce ventre postiche dont on a grand soin de le cuirasser pour le faire paraître d'une grosseur proportionnée à la hauteur de sa taille. Je ne le représenterai pas non plus se démenant sous cette immense et lourde enveloppe, fredonnant des vers ïambiques, modulant des aventures lamentables, et mettant toute son attention à bien faire sortir sa voix. »

« Dans la tragédie, lit-on dans le même dialogue, les acteurs sont montés sur des espèces d'échasses, et portent des masques dont la bouche est d'une ouverture énorme et d'où sortent avec fracas des mots gravés et sentencieux. — Dans la comédie, les acteurs, vêtus et chaussés à l'ordinaire, ne crient pas si haut, mais leurs masques sont encore plus ridicules. »

Au nombre des folies de Néron, Suétone rapporte que lorsque cet empereur montait sur le théâtre et représentait un dieu ou un héros, il avait l'impudeur de porter un masque fait d'après son image. S'il représentait une déesse, le masque était le portrait exact de la femme dont il était amoureux.

Le citoyen romain avait droit d'entrée gratuite au théâtre, et c'était un droit dont il profitait avec empressement toutes les fois qu'on donnait des représentations. De là cette foule de spectateurs, cette dimension considérable des théâtres, et par suite l'éloignement de l'acteur des spectateurs, éloignement qui empêchait de distinguer le jeu de la physionomie. — Ce fut sans doute la raison d'être des masques et le motif pour lequel on mit tant de soin à perfectionner toutes les autres parties de l'action théâtrale ; les anciens portèrent très loin l'art du geste et de la déclamation, mais tout devait nécessairement être exagéré dans le débit et le jeu de l'acteur, pour produire l'effet voulu à une grande distance. L'usage de faire jouer les rôles de femmes par des eunuques prouve combien toutes les nuances de l'imitation leur étaient interdites par cet éloignement de la scène qui en sauvait les difformités.

— L'art dramatique ne cherchait point alors à reproduire la nature, il constituait un art de convention dont les règles étaient imposées par les dispositions matérielles du théâtre antique, qui réagissaient même sur la littérature dramatique, en lui commandant certains types invariables que le public devait reconnaître à leur première apparition sur la scène.

INVENTAIRE

DU

CARDINAL MAZARIN

(1661)

L E cardinal Mazarin était le plus grand curieux de son époque; il consacrait les rares loisirs que lui laissaient les affaires publiques, les intrigues de cour et la guerre civile, à visiter ses collections d'objets d'art, à acheter des tableaux, des statues, des tapisseries, des bijoux, des meubles de luxe, qu'il cherchait, il est vrai, à obtenir au meilleur compte possible; car, si le cardinal aimait les arts, sa rapacité, son avarice ne lui permettaient pas de jouer le rôle de Mécène qu'il abandonnait volontiers au libéral et magnifique surintendant des finances, Nicolas Fouquet. Le comte de Brienne raconte dans ses Mémoires avoir entendu Mazarin, quelques jours avant sa mort, pousser des gémissements en se traînant péniblement dans sa galerie de tableaux et s'écrier: « Il va donc falloir quitter ces objets d'art que j'aimais tant et qui m'ont coûté si cher ! » L'homme est tout entier dans ce cri de désespoir peu digne d'un prince de l'Eglise.

Deux inventaires font connaître les richesses artistiques qui décoraient le palais Mazarin ; le premier, rédigé du vivant du cardinal, à la suite de son second exil, le 3 février 1653, a été publié à Londres en 1861 par les soins du duc d'Aumale, sous le titre : « INVENTAIRE DE TOUS LES MEUBLES DU CARDINAL MAZARIN, dressé en 1653, publié d'après l'original conservé dans les archives de Condé, in-4°, 404 pages, » ouvrage rare et fort cher. Le second a été commencé le 31 mars 1661, quelques jours après la mort du cardinal, décédé au château de Vincennes le 9 mars, et terminé le 22 juillet. Le manuscrit original, un volume in-folio de 800 pages, est porté sous ce titre au cabinet des manuscrits de la Bibliothèque nationale : « MÉLANGES DE COLBERT 75. INVENTAIRE DE MONSIEUR LE CARDINAL. »

Ce second inventaire, plus complet que le premier, puisqu'il comprend les acquisitions faites par le cardinal de 1653 à 1661, est très précieux au point de vue de l'histoire et de la curiosité ; il contient la description très exacte, sauf pour quelques séries, des chefs-d'œuvre qui ont servi a créer le musée du Louvre, ainsi que le prix d'estimation à cette époque, prix qu'il faut multiplier par six pour avoir la valeur numéraire de notre temps. Voici quelques renseignements et quelques extraits qui feront connaître toute l'importance de ce document.

L'inventaire est rédigé par les notaires de Beaumont et François Le Fouyn assistés d'experts, en présence de Charles de la Meilleraie, duc de Mazarin, mari d'Hortense Mancini, de Nicolas Fouquet, surintendant des finances, de Michel Le Tellier, secrétaire d'Etat au département de la guerre, de Zongo Oudedej, comte de Vézelay, un des confidents du cardinal et frère de l'évêque de Fréjus et de J. B. Colbert, ce dernier qualifié conseiller du roi en ses conseils, intendant des finances. En cas d'absence, les héritiers, qui recueillaient la succession par suite du refus du roi d'accepter la donation faite par le cardinal, dix jours avant sa mort, étaient représentés par Le Bas, conseiller du roi en ses conseils.

Joseph Sillori, garde-meuble et concierge au palais Mazarin; Francesco Conucci, dit Tondini, valet de garde-robe; Lavinio Taurelli, aide, recherchaient et exposaient les objets.

Les experts étaient:

Antoine Douchaut, huissier sergent à verge au Châtelet, priseur juré, vendeur de biens meubles en la ville et prévosté de Paris;

François Lescot, marchand orfèvre, joaillier, bourgeois de Paris, pour les pierreries, bagues, joyaux et vaisselle ;

André Podesta, Pierre Mignard le Romain, Alphonse du Fresnoy, tous trois peintres du roi, pour les tableaux ;

Bourdoni (il s'agit ici de Francisque Bourdoni, sculpteur italien, engagé par brevet du 10 septembre 1615 au lieu et place de Pierre Francqueville, dont il devait terminer les œuvres moyennant une somme de 2,400 livres), Cussy (Domenico Cucci, premier ébéniste du roi, attaché aux Gobelins, auteur des deux cabinets d'ébène représentant le temple de la Gloire et le temple de la Vertu placés dans la galerie d'Apollon, payés 30,500 livres), et Valpergues, tous trois sculpteurs, pour les sculptures ;

Douchant, Antoine Morier, Breban et Henry, ces deux derniers marchands tapissiers, pour les tapisseries, meubles et objets divers ;

Catherine Anury, maîtresse lingère, pour le linge et la garde-robe.

Deux jours avant sa mort, le cardinal avait remis les clefs de ses coffres à Colbert ; on trouva en numéraire les sommes suivantes :

70,000 pistoles au Louvre, 60 pistoles ou louis d'or au château de la Fère, 100,000 pistoles à Sedan entre les mains du maréchal Fabert, 287,000 livres dans le garde-meuble et enfin 770,205 livres dans un coffre-fort.

La table de l'inventaire que nous reproduisons IN EXTENSO, avec la pagination, donnera un aperçu complet, quoique sommaire, des autres richesses que laissait le cardinal; elle pourra être utilement consultée par les chercheurs en quête de preuves et d'origines:

Intitulation de l'inventaire.	p. 1
Transcript de l'ordre du Roy pour faire l'inventaire.	3
Continuation de l'intitulation en présence du sieur Le Bas.	4
Deux cabinets en la chambre de Son Excellence.	5
Bagues, joyaux, pierreries, médailles d'or et d'argent et autres choses trouvés dans les trésors desdits cabinets, mis ès-mains de M. le duc de Mazarin. Déclaration de Messire Colbert des deniers mis en réserve par Son Excellence, et autres déclarations.	39
Ouverture du coffre-fort dans le cabinet, à côté de l'alcove de la chambre de Son Excellence, dans lequel il s'est trouvé 770,205 livres laissées ès-mains du sieur Le Bas.	40
Plusieurs choses enrichies de rubis, émeraudes, diamants, lapis, jaspe, agathe, pierres de parangon et autres, trouvées dans une armoire couleur de bois marbré.	41
Cristaux.	90
Vaisselle d'or.	113
Argent vermeil doré, chapelle.	114
Argent blanc, chapelle.	118
Bassins de vermeil doré.	121
Vases vermeil doré.	128
Pots et aiguières, vermeil doré.	136
Paniers et pots à bouquets, vermeil doré.	138
Coupes, tasses et drageoirs, vermeil doré.	139
Salières, vinaigriers et boîtes à sucre, vermeil doré.	145
Plaques d'argent, vermeil doré.	145
Bras d'argent, vermeil doré.	152
Flambeaux et chandeliers, vermeil doré.	154
Choses diverses d'argent, vermeil doré.	156

Argent blanc. Bassins, vases, paniers et corbeilles. p.	163
Pots à fleurs.	166
Placques.	167
Bras et branches à bobèches.	168
Torches, flambeaux et chandeliers.	169
Cassolettes et brasiers.	172
Groupes et figures d'argent blanc et vermeil doré.	174
Argent blanc, choses diverses.	176
Argent vermeil doré, vaisselle de service.	186
Argent blanc, vaisselle de service.	192
Tables, vases de marbre, jaspe et autres pierreries.	213
Vases d'albâtre et porphyre.	227
Cabinets d'ébène.	225
Cabinets d'écaille de tortue.	269
Tableaux originaux.	273
Statues.	295
Petites figures modernes de cabinet.	398
Bustes.	400
Scabellons.	421
Scabellons et piéds d'estaux de bois.	427
Tapisseries antiques relevées d'or.	425
Tapisseries modernes relevées d'or.	429
Tapisseries anciennes et gothiques.	436
Tapisseries modernes de laine et soie.	439
Diverses pièces de tapisserie et tableaux de laine et soie relevés d'or.	447
Diverses pièces de tapisseries et tableaux de laine et soie.	455
Pièces et tentures de tapisserie, d'étoffe de soie avec or, argent, et de broderies.	464
Tentures et tapisseries d'étoffe de soie et laine et portières.	472
Lits complets avec leur ameublement.	481
Diverses couvertures de la Chine et autres.	514
Tapis fond d'or et autres avec or.	528
Tapis de Perse, de Turquie et autres.	525
Tapis de toile et autres étoffes piquées de soie de diverses couleurs.	547

Miroirs. p.	555
Estoffes de soye avec or et argent.	557
Estoffes de soye et laine.	562
Gazes de Cardini enrichies d'argent et d'or et autres estoffes aussi de Cardini.	565
Lits et ameublements non complets.	568
Divers ameublements de siéges, tapis et lits de repos.	574
Couverture de laine fine et de ratine.	592
Divers tapis de drap vert et autres estoffes.	592
Divers meubles.	598
Ornements de chapelle.	602
Tapisseries d'estoffes avec or et argent.	609
Divers meubles en broderie d'or et de soye.	612
Cassette des épées, tasses d'agathe et autres choses.	615
Harnais de mulets.	623
Casacques des gardes.	626
Linges et pièces.	626
Couvertures de chariots.	628
Coquillages.	628
Ustensiles servant au garde-meubles.	629
Argent trouvé au garde-meubles.	631
Inventaire du château de Vincennes.	631
Etat des choses non comprises à l'inventaire.	643
Les titres du palais Mazarin.	650
Baux des domaines de La Fère, Marle, Ham et de la forêt Saint-Gobin.	653
Baux à fermes et autres actes concernant les revenus et bénéfices et autres biens de Son Excellence.	668
Contrats et actes concernant les traités des offices du duché de Mayenne.	692
Titre concernant le don fait par Sa Majesté à Son Excellence du comté de Belfort, villes de Tannar, Alkirch, Issenheim.	707
Contrats de mariage de mesdames nièces de Son Excellence.	749
Inventaire de La Fère.	752

La galerie de tableaux comprenait 546 tableaux originaux, dont 283 de l'école italienne, 77 de l'école flamande et allemande, 77 de l'école française, 109 d'écoles diverses, outre des dessins, miniatures et mosaïques, prisés ensemble 224,573 livres; 92 copies étaient estimées 2,571 livres; 241 portraits, 723 livres.

Les statues valaient, au dire des experts, 50,309 liv.; les bustes, 46,920 liv.; les statuettes pour mettre sur tables et cabinets, 1,995 liv.

Malgré sa naturalisation, le cardinal Mazarini n'avait jamais francisé son nom, ses goûts et ses affections; il se croyait quitte envers sa patrie d'adoption, en servant fidèlement ses intérêts politiques, mais il resta toujours Italien par le cœur; l'école italienne avait donc naturellement ses préférences : Raphaël, 6 tableaux; Jules Romain, 2; Carrache, 12; L'Albane, 12; Léonard de Vinci, 1; Le Guerchin, 3; Véronèse, 5; Le Titien, 9; Le Guide, 11; Le Corrége, 2; Le Tintoret, 5; Le Bassan, 5, figuraient en première ligne.

Les œuvres principales des maîtres italiens étaient: le CHEMIN DE CROIX de Mantegna (estimé 1,000 liv.); le SAINT JÉRÔME de J. Romain (3,000 livres); la VIERGE, SAINT JEAN PRÊCHANT, de l'Albane (1,500 et 4,000); les ÉLÉMENTS, de Bassan (2,400); l'HISTOIRE DE DAVID, du Guerchin (3,000); la NATIVITÉ, de Paul Véronèse (1,500); la LUCRÈCE et la VÉNUS COUCHÉE AVEC UN SATYRE, du Titien (3,000 et 10,000); la VIERGE COUSANT, du Guide (2,000); c'est l'œuvre du Corrége qui atteint les prix les plus élevés; MARSYAS (4,000); les ÉPOUSAILLES DE SAINTE CATHERINE (15,000); cette dernière peinture fut donnée à Mazarin par le cardinal Antonio Barberini; la Belle Antiope (5,000); ce tableau avait été acheté et payé 1,000 livres par Everard Jabach, à la vente de Charles Ier, qui le tenait du duc de Mantoue, Frédéric II. Enfin, pour clore la série, un sujet peu édifiant: une Femme en chemise, de Paul Véronèse, estimée 300 liv.

Les six tableaux de Raphaël méritent une mention spéciale et nous reproduisons textuellement le passage de l'inventaire qui les concerne; on remarquera les prix dérisoires fixés par les experts:

Saint Michel Archange et Saint Antoine, hauteur 3 pieds, largeur 11 pouces, 1,000 liv.

La Vierge, le Petit Jésus sur un berceau, Saint Jean-Baptiste et Elisabeth, hauteur 1 pied 2 pouces, largeur 11 pouces. 2,000 livres.

Tête du roi de Naples, couverte d'un chapeau rouge retroussé, attaché avec une médaille, hauteur 1 pied 1 pouce, largeur 1 pied 4 pouces, 500 livres.

Un jeune homme qui a un bonnet carré sur la tête avec une paire de gants en main, hauteur 1 pied 6 pouces, largeur 1 pied 3 pouces, 400 livres.

Un jeune homme ayant son bonnet carré retourné et une bague, hauteur 1 pied 7 pouces, largeur 1 pied 3 pouces, 300 liv.

Un tableau qui se ferme en deux, en forme de couverture de cuir; d'un côté est représenté saint Georges à cheval qui combat avec le dragon, et de l'autre saint Michel qui combat un monstre, le tout fait par Raphaël, hauteur 11 pouces, et « estant ouvert », large de 9 pouces, la diste fermeture ornée de quelques ornements d'argent et de cuivre, 2,000 liv. Ce tableau, peint en 1504 pour le duc d'Urbin, fut acheté par Louis XIV aux héritiers du cardinal.

Nous trouvons encore le nom de Raphaël rapporté dans une autre partie de l'inventaire : une table (tableau?) ovale, de cuivre, et esmaillée d'esmaux de Limoges, de clair-obscur, dessin de Raphaël, représentant les sept planètes, dans une corniche de bois taillée de cartouches et de masques dorés en partie, et couleur de noyer, hauteur de 1 pied 6 pouces, 200 liv.

Dans l'école française, Le Poussin est représenté par trois tableaux : TROIS ENFANTS NUS, 200 liv.; APOLLON, 1,000 liv.; ENDYMION, 1,200 liv.; Claude Lorrain n'a que deux tableaux qui sont actuellement au musée du Louvre : Paysages où il y a des antiquailles avec des vases et des petites figures qui passent une rivière, 1,000 liv.; des bergers jouant de la flûte, 1,000 liv.; Vouët, 4 toiles : un portrait, 200 liv.; une SAINTE FAMILLE, au Louvre, 300 liv.; une VICTOIRE, au Louvre, 300 liv.; la FOI, au Louvre, 300 liv. Valentin est plus favorisé : SAINTE AGNÈS, 200 liv.; PRINCESSE DE SAVOIE, 150 liv.; DALILA, 1,000 liv.; JUGEMENT DE SALOMON, au Louvre, 1,000 liv.; les MARCHANDS CHASSÉS DU TEMPLE, 1,200 liv.; une MUSIQUE, au Louvre, 1,000 liv. Mignard, un des experts, dut insister pour donner à ses œuvres leur valeur réelle; il fait fixer modestement à 300 liv. l'estimation de chacun des trois portraits sortis de son atelier ; un d'eux était le portrait du pape Alexandre VII.

Voici un portrait qui nous intrigue fort : portrait de

Racine en petit, sur bois, par Luc Casabianca, hauteur de 6 pouces et demi, longueur de 5, avec sa bordure d'ébène. Serait-ce le portrait de l'illustre poète ? Né en 1639, Racine était bien jeune à cette époque et n'avait encore composé que la Nymphe de la Seine, à l'occasion du mariage de Louis XIV.

Van Dyck tient une place considérable dans la collection : 28 tableaux, 28 portraits, estimés de 300 liv. à 1,000 livres ; parmi les portraits historiques, Marie de Médicis, l'archevêque de Cantorbéry, la princesse d'Orange, la princesse de Phalsbourg, milord Dighby, le roi et la reine d'Angleterre, la reine de Bohême, la duchesse d'Orléans, l'Electeur palatin.

4 tableaux seulement de Rubens : le feu Cardinal enfant, 75 liv.; Son Médecin, 800 liv.; Famille de neuf enfants, 3,000 liv.; Paysage avec chariots, 600 livres.

Les œuvres de Luc de Hollande, Both, Paul Bril, atteignent des prix insignifiants ; le cardinal n'aimait pas « les bambochages, » comme disait plus tard Louis XIV ; cependant les Noces de Luther, de Breughel le Vieux, atteignent 1,000 livres.

En fait de portraits du cardinal, l'inventaire ne mentionne, chose singulière, qu'un portrait gravé sur cuivre rouge, estimé 400 liv. et un dessin, 40 liv.; cette planche est sans doute la planche d'un des treize portraits gravés ad vivum par Robert Nanteuil ; le portrait gravé en 1659 représente le cardinal assis dans sa galerie des antiques.

L'inventaire de la sculpture est des plus sommaires ;

il ne contient ni description d'objets ni désignation d'artistes. Les statues, les bustes, les statuettes en marbre, bronze doré, ivoire, bois et albâtre représentent tous des sujets profanes ou des personnages de la fable et de l'histoire ancienne, tels que Bacchus, Vénus, Cupidon, Apollon, Hercule, les consuls et les empereurs romains. Le cardinal paraît avoir un parti pris d'exclure les sujets religieux de sa collection.

Nous remarquons trois séries de bustes des douze Césars: l'une en bronze, estimée 4,300 liv.; la seconde en marbre blanc, estimée 4,000 liv.; la troisième portée ainsi sur l'inventaire: « 12 têtes de porphyre des douze Césars, avec les bustes d'albâtre oriental de diverses couleurs, posés sur des piédestaux aussi de diverses couleurs, en partie de marbre veiné et partie de marbre africain, 5,040 liv. »

3 statues principales: Pallas assise, de grandeur naturelle, le corps de porphyre, posé sur un pied de même, la tête ornée d'un casque, bras et pieds nus, le tout en bronze doré, 4,500 liv.;

Un Faune grec nu, tenant une flûte à plusieurs tuyaux à sa main droite et à la gauche un bâton, et dans une posture de danse. Hauteur: 5 palmes 1/2, 2,000 liv.

Julia Mammea sortant du bain, enveloppée d'un drap. Hauteur: 6 palmes; 4,000 liv.

Les tapisseries occupent une place importante dans l'inventaire; elles sont décrites avec une exactitude minutieuse, qui permettrait de les reconnaître à première vue; c'est que le cardinal avait pour elles une prédilection bien marquée. Les prix d'estimation sont très supérieurs à ceux des tableaux, dont le plus cher, les Epousailles de Sainte Catherine, par le Corrège, est estimé 15,000 liv., alors que la tapisserie du grand Scipion, d'après les cartons de J. Romain, s'élève à la somme fabuleuse de 100,000 liv.

Les tapisseries aux allures majestueuses, aux personnages de grandeur naturelle, aux couleurs voyantes, veloutées et pour ainsi dire tangibles, où brillaient la soie, l'argent et l'or, aux sujets qui sautaient aux yeux et, au besoin, étaient expliqués par des inscriptions historiques, sentencieuses ou grivoises, meublaient et animaient les sombres châteaux du Moyen-Age, et nos pères les préféraient aux tableaux perdus sur de vastes murailles, qu'il fallait regarder et interroger pendant de longues heures pour saisir les intentions du peintre et comprendre toutes les perfections de l'œuvre. Jusqu'à la moitié du XVIIIe siècle, le goût des tapisseries prima le goût des tableaux, qui exige un vif sentiment de la nature, un esprit réfléchi et une instruction cultivée.

De 1653, date du premier inventaire, à sa mort, le cardinal avait acquis 18 nouvelles tentures ; il employait pour l'achat de ses tapisseries un certain valet de chambre du commandeur de Souvré, qui était très-expert en la matière. Même en exil, il ne perdait pas de vue ses chères tapisseries; en 1651, il se plaint amèrement de n'avoir pas été prévenu à temps de leur vente, faute de quoi il n'a pu les faire racheter en sous main par le banquier Hervart ; à peine rentré à Paris, il fait rechercher et racheter toutes celles qui avaient été détournées et vendues en son absence. Sa correspondance avec Colbert contient de nombreux passages relatifs à ce sujet. Le 8 juin 1654, il écrivit à Colbert : « Il ne faut plus songer à la tapisserie des BESTIONS de M. de Guyse ; il a eu tort de vous dire qu'il en demandait 40,000 liv., vu que l'on sçait bien que luy-même l'a laissée pour 5,000 liv. » Colbert lui répond, le 4 juillet : « J'ai acheté deux tentures de tapisserie à M. Duplessis-Bellièvre, l'une de 3 aunes de tour, HISTOIRE D'ACTÉON, gothique moderne, et l'autre de 25 aunes, HISTOIRE SAINTE, payée 5,100 liv. » Il envoie un de ses courtiers en objets d'art à la vente de Charles Ier, avec mission principale d'acheter les tapisseries ; malheureusement sa lésinerie lui fait laisser les cartons de Raphaël, qu'il trouve trop chers à 300 liv. sterl., chefs-d'œuvre inimitables du maître des maîtres, qui font actuellement l'honneur des musées de Londres. Quelques années après, il se rend acquéreur des tapisseries du cardinal Barberini ; enfin peu de jours avant sa mort, 18 janvier 1661, la reine Christine de Suède lui fait écrire qu'elle consent à revendre les tapisseries qui lui avaient appartenu et qu'elle avait achetées pendant la guerre civile.

On connaissait la passion du cardinal, et, pour se concilier ses bonnes grâces, le roi d'Espagne lui faisait remettre par don Louis de Haro, lors de la paix des Pyrénées, trois tentures de tapisserie : les TRAVAUX D'HERCULE, d'après les cartons du Titien ; les DOUZE MOIS DE L'ANNÉE, de la fabrique de Bruges, et les FRUITS DE LA GUERRE, d'après le carton de J. Romain. Dans son testament, Mazarin laisse, à titre de legs particulier, la tenture des Actes des Apôtres au marquis Mancini, la tapisserie d'Enée au cardinal Sachetti, la tapisserie de Léandre au duc d'Anjou, une verdure de Bruxelles au Cardinal Albici, la tenture de Jéroboam à la princesse de Conti, et au roi les Fruits de la Guerre, les Sabines, les Bestions, les Femmes illustres.

L'inventaire compte 71 tentures de tapisserie de haute ou basse lisse, dont 33 des Flandres, 22 d'Angleterre, 10 du Portugal, 6 de France. Les Flandres ont eu pendant les XVe et XVIe siècles le monopole de la fabrication et du commerce des belles tapisseries, dont l'industrie avait été réglementée par l'édit de Charles-Quint du 16 mai 1544, et on s'explique ainsi le grand nombre de tapisseries flamandes qui figuraient dans le palais du cardinal; les cartons de ces tapisseries avaient été exécutés par Paul Bril, Breughel, A. Durer, Lucas de Leyde, Rubens, Tempesta. 4 tentures : les Actes des Apôtres, Charitas, Psyché, Saint Paul, reproduisaient les cartons de Raphaël. J. Romain paraît avoir joui d'une grande vogue auprès des maîtres tapissiers flamands, qui tissèrent d'après lui onze tentures : le Grand Scipion, le Petit Scipion, les Métamorphoses, les Fruits de la guerre, le Triomphe de Bacchus, Lucrèce, Orphée, les Grotesques, le Triomphe de l'Amour, le Triomphe des dieux, Josué, les Fables, les Douze Mois, Paris.

Nous donnons l'extrait de l'inventaire concernant la fameuse tenture dite du Grand Scipion :

« Une tenture de tapisserie de haute lisse, très fine, de laine et soie de dix pièces, dessin de Jules Romain, fabrique de Bruxelles, représentant l'Histoire de Scipion, à figures au naturel, ayant à l'entour une corniche de feuillages couleur d'or, et sur les côtés et par le bas divers enfants qui se jouent. Largeur : 57 aulnes ; hauteur : 3 aulnes 3/4. » Cette tenture venait du maréchal de Saint-André ; elle était placée dans la petite galerie des appartements du palais Mazarin ; elle fut prisée à l'inventaire, ainsi que nous l'avons déjà dit, 100,000 liv. Les cartons de J. Romain sont exposés dans la galerie des dessins au Louvre.

Les tapisseries anglaises, presque toutes de basse lisse, devaient être modernes et provenir de la célèbre manufacture de Mortlake, créée par sir Francis Crane et transformée en manufacture royale par Charles Ier, à la mort de son fondateur. Raphaël est le maître préféré pour les cartons ; la tenture suivante est celle qui est cotée le plus haut :

« Tenture de laine et soie, relevée d'or, dessin de Raphaël, à basse lisse, fabrique d'Angleterre, représentant les Actes des Apotres, dans une bordure fond d'or, à cartouches, dans lesquels il y a des camaïeux couleur de bronze doré, représentant diverses histoires du Nouveau Testament, accompagnés d'anges et de figures, avec festons de fleurs et fruits ; au milieu de la bordure d'en haut est un ovale bleu dans un cartouche grisaille porté par 4 anges de la bordure et une inscription. 7 pièces ayant 4 aulnes de hauteur, 22,000 liv. »

Nous ne dirons rien des tapisseries attribuées au Portugal, et dont la provenance nous paraît suspecte ; il est probable qu'il s'agit de tapisseries flamandes transportées en Portugal, où elles furent achetées par Lescot, que nous voyons figurer à l'inventaire comme expert.

On a lieu d'être étonné de ne trouver que six tapisseries d'origine française : SAINT PAUL, par Lefebvre ; le PASTOR FIDO, ABSALON, les AMOURS DES DIEUX, GRISELIDIS, l'ENLÈVEMENT DES SABINES, par Lefebvre, et deux sujets divers ; en effet, les ateliers du Louvre, les ateliers des Gobelins dirigés par de Commans, ceux de la Planche, étaient en pleine activité depuis Henri IV, qui les avait encouragés d'une manière toute spéciale. Comment se fait-il que le cardinal, ce fin courtisan, ne se soit pas procuré la fameuse tapisserie d'ARTÉMISE, d'après les cartons d'Henri Lerambert, et dont le sujet allégorique avait été choisi pour flatter la reine mère? Il est vrai que, dans ces dernières années, Anne d'Autriche était disgraciée et exilée.

Le PASTOR FIDO était une tenture de tapisserie faite par les ateliers du Louvre ; elle présente cette particularité intéressante au point de vue de l'histoire de l'art, que les cartons dessinés par Dumée et Guyot furent adoptés à la suite d'un concours, sans doute le premier concours artistique qui ait eu lieu en France. Le sujet était tiré d'IL PASTOR FIDO, tragi-comédie en vers, de J.-B. Quarini, poète italien né à Ferrare à 1537, ouvrage qui eut un succès prodigieux et dont on tira 40 éditions du vivant même de l'auteur. L'inventaire en parle en ces termes : « Tenture de tapisserie, fabrique de Paris, de laine et soie, à diverses branches de fleurs et fruits liés ensemble, à fond blanc, ayant dans le milieu un médaillon dans un grand cartouche représentant la fable du Pastor fido, avec sa bordure de festons de fleurs et fruits, au milieu de laquelle sont les chiffres de la reine mère, et dans les quatre coins des fleurs de lys couronnées. Hauteur : 3 aulnes 1/2. » Cette tenture, apposée dans une des salles du château de Vincennes et composée de 7 pièces, comportait 22 pièces, ainsi qu'il résulte d'un ancien inventaire du mobilier de la couronne.

Outre les grandes tentures, la série des tapisseries comprenait des tableaux de tapisserie qui servaient de dessus de cheminée ou d'impostes ; ces tableaux représentaient l'Assomption, d'après Lucas de Leyde, les Noces de Cana, la Cène, la Samaritaine, Notre-Dame de Mont-Sara, Tobie, Assuérus, la Vierge, l'Enfant Jésus et Saint Jean-Baptiste, une Charité, d'après Raphaël, la Nativité, d'après la Hire, prisés de 20 à 350 livres.

Deux tentures de brocart sont remarquables par leur richesse, leur cachet artistique et méritent d'être signalées :

« 2 pièces de tapisserie de brocart d'or de Florence tout uni, représentant l'Histoire de Débora, dessin de Pierre de Cortone et de Romanely, la peinture de clair-obscur illuminée d'or, la frise d'un feston de broderie d'or entaillée à l'entour ; lesdites pièces de 4 laiz chacune, hautes de 3 aulnes 1/4 et larges de 3 aulnes, faisant 6 aulnes de tour, ayant chacune une pièce de coton pour les couvrir dessus ; 2,000 liv.

« Une tenture de tapisserie de brocart d'argent avec figures de chasseurs, d'animaux, oyseaux, rivières et fontaines, de soye de diverses couleurs relevées d'or, consistant en 19 pièces d'un laiz chacune, d'une aulne moins un pouce de large et de 3 aulnes moins un pouce de tout sens, la frise et dix-huit colonnes de brocart d'or frizé à grands fleurons or et argent d'un quartier et demi de large, les frises d'en haut et en bas de même brocart d'or frizé, faisant ladite tapisserie avec les colonnes, 25 aulnes un quart et 3 pouces de tour, et de haut avec les frises, 4 aulnes, prisée 16,000 liv. »

Vient ensuite un ameublement complet qui nous montre la forme des meubles et les étoffes employées pour les couvrir :

« Un ameublement de tapisserie de haute lisse de Bruxelles et Anvers, à fond aurore rempli de roses blanches et rouges avec leurs branches et feuilles liées de rubans bleus, rehaussé d'argent, composé de 2 tapis, un grand et un petit, 14 fauteuils, 12 chaises à dossier et deux carreaux à double face ; lesdits fauteuils et chaises à bois tournés en balustres; le grand tapis avec sa frise de roses entre deux bordures faites à feuillages de plusieurs couleurs, garnie autour de franges de soie meslée, doublée de toile jaune, contenant 3 aulnes de longueur et 2 aulnes de large ; le petit tapis d'une aulne trois quarts de large sur une aulne et demie de long ; les fauteuils de même ouvrage, composés de fond, dossier, bras et barres garnis de franges de soie de diverses couleurs, montés sur un bois de poirier à balustres, ayant des housses de toile verte : 600 liv. »

Nous arrivons à un passage de l'inventaire qui constitue sans doute le premier catalogue connu de céramique ; la première partie ne comprend que les faïences italiennes, la seconde des objets de porcelaine et de terre rouge du Portugal ; les plats étaient accrochés et encadrés dans des bordures noires à filets d'or ou dans des bordures dorées à la chinoise.

Les experts qui estimaient la valeur des objets composant cette collection spéciale étaient Anthoine Morier, Valpergues et Bordoni ; en tenant compte de la dépréciation de la valeur monétaire, six fois plus considérable en 1661 qu'à notre époque, on reconnaîtra que les faïences italiennes étaient déjà très recherchées et très estimées en France au XVIIe siècle.

	liv.
Un petit plat représentant le jugement de Pâris, ayant 9 pouces de diamètre,	45
Plat représentant les saints Pères et Jacob à cheval, ayant 1 pied 9 pouces de diamètre,	75
Plat représentant le jugement de Pâris, 1 pied de diamètre,	150
Plat représentant Bourbon qui assiége Rome, 1 pied de diamètre,	75
2 autres représentant Hérode et Actéon,	300
2 autres représentant le festin des dieux et saint Jean,	90
Bataille d'Alexandre,	300
2 plats représentant David et le Parnasse,	200
2 plats représentant la prédication de saint Jean et de saint Paul,	150
Plat représentant le rapt d'Hélène,	90
Plat représentant Noé,	45
Plat représentant Léda et Jupiter,	90
Plat représentant Jupiter transformé en cheval,	300
Plat représentant la conversion de Saint Paul et quantité de figures,	150

7 autres plats : le 1ᵉʳ représentant Adam et Eve, le 2ᵉ un Festin, le 3ᵉ Bacchus, le 4ᵉ Bacchus et Apollon, le 5ᵉ une Femme et un Singe, le 6ᵉ plusieurs figures, le 7ᵉ une Femme échevelée ou Cléopâtre,   300

Une cuvette en triangle (?) représentant un paysage et le rapt d'Hélène,   150

4 autres plats représentant, l'un Alexandre, l'autre Atalante, l'autre un homme battu et l'autre Apollon et Daphné,   180

3 autres plats représentant, l'un Vulcain et Vénus, l'autre Bacchus, l'autre un Vieillard,   104

Une tasse de porcelaine garnie d'argent vermeil doré, avec un couvercle d'argent aussi vermeil doré, sur lequel règne tout autour un feuillage d'argent blanc rapporté et au-dessus une branche de corail, pesant tout ensemble un marc, six onces, six gros, garnie de son étui de cuir noir, prisés ensemble,   40

Il est à remarquer que la porcelaine est prisée au poids de l'argent.

12 petites tasses de porcelaine des Indes de différentes façons,   36

4 tasses rondes de fayence fine peintes dans le fond de clair-obscur avec des filets d'or, la première où est représenté Pharaon submergé dans la mer; en la seconde Moïse faisant ses tables ; la troisième, Gédéon avec son armée; la quatrième, le déluge avec l'arche,   26

2 flacons, 8 pots, 4 autres plus petits et d'autres encore plus petits, le tout de terre rouge de Portugal ; trois gobelets de porcelaine étant dans un étui de cuir rouge ; trois autres gobelets aussi de porcelaine,   46

Un vase de terre ciselée, de Portugal, de différentes manières, relié et enrichi de fil d'argent, haut de dix pouces,	36
Petite tasse plate d'essences en porcelaine garnie d'un pied et anse d'argent doré, haut de 1 pouce 1/2,	30

On voit que la porcelaine d'Orient (car les premiers essais de porcelaine dure européenne ne datent que de 1707) était traitée comme matière précieuse ; quelle est cette terre rouge de Portugal dont il n'est parlé dans aucun traité de la céramique? Serait-ce le grès de la Chine que nous appelons BOCCARO ou BUCARO, mot emprunté à la langue portugaise? On sait que ce sont les Portugais qui, les premiers (1508), importèrent en Europe les produits céramiques de la Chine.

L'inventaire de la vaisselle d'or et d'argent, d'Espagne, d'Italie, d'Allemagne, de Paris, est complétement insuffisant ; il ne contient aucune description, aucune attribution, aucun nom d'artiste ; les vases sculptés ou ciselés sont estimés au poids de l'argent. Dans cette nomenclature aride, qui donne cependant une idée du faste luxueux dont s'entourait le cardinal, figurent, outre quelques pièces enrichies de médailles antiques, les objets suivants : luth, armure complète, arrosoirs, garnitures de feu, éperons, porte-bouquets, écritoires, tables, cuvettes, gantières, tabernacles, aiguières, flambeaux, assiettes à la française et à l'italienne, cuillers, couteaux, bassins, vinaigriers, salières, sucriers, moutardiers, cadenas, flacons, gobelets, tasses, coupes, réchaux, mouchettes, cantiplores, bassinoires! crachoirs !! pots de chambre!!! poëlons, marmites, coquemards, pièces de nécessaire, etc. Tous ces objets en argent ou en vermeil étaient marqués aux armes du cardinal, à l'initiale E ou à l'initiale M.

120 pièces de cristal de roche étaient estimées de 50 à 800 liv.

Le cardinal, qui avait des goûts efféminés, paraît avoir eu la manie des montres émaillées, ciselées, incrustées de diamants, de rubis, cabochons, etc. On compte jusqu'à 20 montres, 12 horloges, 4 grandes montres sonnantes : elles sont en général estimées fort cher. Les experts se complaisent à en donner une description détaillée, et ils nous font connaître les horlogers qui ont fabriqué les mouvements, tels que Macé, Grégoire, Pierre Leroux, Jean Roux, Le Mindre, tous de Blois, qui paraît avoir été un centre important de fabrication; Debeausse de Saumur, Bonneuil de Paris. Faisons un choix :

Montre sonnante de cabinet, faite par Gaccons, dans un étui rouge, 200 liv.;

Un mouvement de montre fait par Le Mindre, à Blois, avec son cadran émaillé de vert et noir, qui a été autrefois à la feue reine-mère, garni de son étui de maroquin, du Levant, doré, 600 liv.;

Horloge de cuivre façon d'Allemagne, posée sur un pied à balustre doré ciselé, sonnant les heures et les quarts d'heure, avec le réveille-matin, et divers cercles pour montrer les jours, mois et lunes, 200 liv.;

3 montres de cristal, une en forme de lis, garnie de laiton, l'autre à 8 pans, 200 liv.;

Une grande montre d'or émaillée de blanc et noir, enrichie de 291 diamants, 2,500 liv.;

Enfin une montre qui a un cachet particulièrement mystérieux et galant, et donnerait à croire que les méchants propos du temps relatifs aux relations du cardinal avec la reine mère n'étaient pas des calomnies, mais de simples médisances: montre d'or émaillée de blanc et noir, enrichie de 17 perles plates et de 18 gros diamants à facettes, de 90 diamants aussi à facettes, à « un des côtés intérieurs de laquelle il y a un portrait de la reine mère sur de l'or émaillé, » 3,000 liv.

Nous mentionnons pour mémoire les bijoux, perles, diamants, les 13 aulnes de chaîne d'or d'Espagne, de Paris, d'Allemagne, les agates d'Orient, cachets d'or enrichis de pierreries, jaspes, améthystes, ambre, nacre de perles, cocos, cornes de rhinocéros, etc.

Le cardinal légua au roi 18 grands diamants, « des plus beaux qui soient au monde, » appelés les 18 mazarines.

Parmi les meubles de luxe, citons des vases de porphyre (300 à 1,500 liv.), une table à 8 pans d'ébène incrustée de pierres précieuses (8,000), plusieurs tables en pierre de parangon, marbre très noir (1,000 à 3,000), des tables et cabinets d'écaille de tortue, profilés d'ivoire (500), 30 cabinets d'ébène, cabinet en bois du Brésil profilé d'étain (250 à 5,000), enfin 50 coffres vernis, de la Chine (50 à 500). La collection de coquilles, objets très recherchés par les curieux du temps, est estimée 4,000 liv.

La bibliothèque du cardinal était installée au collège

des Quatre-Nations dans le pavillon situé à côté de l'hôtel de Conti : Naudé, bibliothécaire, était sans doute chargé de lire pour le cardinal ; car nous ne trouvons ici que deux livres qui y figurent à titre d'objets d'art :

« Livre d'heures escript sur velin, avec figures de miniatures, garni de fermoir d'argent, 30 liv.

« Un livre d'heures en petit volume, escript d'or, velin avec figures de miniatures, couvert d'or, enrichi de cornalines, de rubis et turquoises, 200 liv. »

Tel est le résumé de cet inventaire qui comprenait tant de riches et belles choses, de cette collection admirable d'objets d'art et de curiosité qui ne survécut pas au cardinal : car ses héritiers en firent la vente ; mais heureusement pour la France, Colbert fit acheter par le roi une certaine quantité de tableaux, statues, tapisseries et meubles ou pièces d'argenterie ; nous avons retrouvé le devis qui en fut dressé par Colbert lui-même ; ce document, qui complète l'inventaire, porte la suscription suivante : « Mémoire de divers meubles choisis dans le palais Mazarin ; » puis, de la main de Colbert : « meubles déposés à vendre au palais Mazarin. A M. Dumetz qui prendra soin de cette affaire. » Il résulte d'une note autographe de Colbert qu'il fit l'estimation des objets et qu'il rapprocha son estimation de celle de l'inventaire pour établir approximativement les prix d'achat ; car Louis XIV lui avait ordonné de se montrer libéral. Les tapisseries estimées par Colbert 170,000 liv., portées sur l'inventaire à 182,000 liv., furent payées 220,000 liv.

Les tableaux estimés par Colbert 32,000, portés à l'inventaire 36,560, furent payés 40,000.

Des bustes et figures, estimés par Colbert 18,000, portés à l'inventaire 22,410, furent payés 22,410.

Outre les tapisseries, tableaux et sculptures, le Mémoire comprenait un certain nombre de meubles, de cristaux et de pièces d'argenterie; le total de la somme proposée aux héritiers était de 432,659 livres.

Nous terminons en donnant les prix détaillés d'estimation de Colbert, auquel nous devons, par suite de cette acquisition et de celle de la collection Jabach, la création de la collection royale qui devait former un jour le musée du Louvre. Le cabinet du roi, à l'avénement de Louis XIV, ne renfermait que 200 tableaux; à sa mort le nombre des peintures s'élevait à plus de 2,000.

TAPISSERIES :

	liv.
Les 3 pièces de Débora, de Pierre di Cortone,	6,000
Grotesques de Raphaël,	12,000
Le Grand Scipion,	60,000
Les Actes des Apôtres, de M. Servien,	50,000
Actéon, une pièce,	4,000
La Diane, de Paul Bril (10 pièces),	6,000
La Passion (5 pièces),	10,000
La Vie humaine,	6,000
Le brocart de Milan, fond argent,	8,000
Les Bestions	8,000
	170,000

TABLEAUX :

La Descente de croix, du Bassan (au Musée du Louvre),	2,000
Sainte Catherine, du Corrège (id.),	20,000
Notre-Dame, du vieux Palma (id.),	1,000

Inventaire du Cardinal Mazarin

	liv.
Les Marchands chassés du Temple, par Valentin,	600
Tous les Guillelmos (?),	2,000
David, de Dominique (au Louvre),	1,000
Saint Georges et Saint Michel, de Raphaël (id.),	1,600
Le Jugement de Salomon, de Valentin, au Louvre, gravé par F. Bouilliard,	500
Le paysage de Carrache (id.),	600
Le paysage de Paul Bril,	400
La Bacchante, de Pierre de Cortone,	600
La petite Vierge, du Titien (au Louvre),	500
Le Portrait de François Ier, du Titien (au Louvre),	500
Une tête de Raphaël,	500
Le Portrait de la Reyne mère, de van Dyck,	600
Table donnée par feu M. de Guise,	600
	33,000

SCULPTURES :

Bustes et figures,	
Buste de Brutus,	1,000
Deux satyres ou faunes,	3,000
La figure qui sort du bain,	1,500
Pallas, de porphyre,	2,000
Buste d'Alexandre, de porphyre,	1,000
L'Atalante,	1,000
La Nymphe qui est auprès,	600
Deux Apollons,	600
Le Marc-Aurèle,	1,000
Les douze têtes d'empereurs, de porphyre,	3,600
Vénus et sa compagne dans la petite galère,	800
Le petit Marcellus,	500
Le Brutus,	1,000
L'Aristote,	600
Les quatre vases de porphyre,	800
	19,000

Le 15 juin, on fit l'inventaire des meubles du château de Vincennes avec beaucoup moins de solennité; les notaires se firent assister des experts Douchaut, Breban et Henry; sauf quelques mentions de tapisseries, l'inventaire ne relève aucun objet d'art ou de curiosité digne d'être cité.

Le corps du cardinal resta déposé dans la chapelle du château de Vincennes jusqu'au 6 septembre 1684, époque à laquelle il fut transféré, par les soins du duc de Mazarin, dans la chapelle du collège des Quatre-Nations, fondé par Mazarin.

LES ADMINISTRATEURS

sous

L'ANCIEN RÉGIME

L'ADMINISTRATION est une institution nécessaire, plus ou moins complète, suivant la civilisation des peuples. Elle a pour objet de concilier l'intérêt privé avec l'intérêt public, d'entretenir les relations de famille entre le gouvernement et les citoyens ; c'est elle qui, au nom de tous, demande à chacun certains sacrifices d'argent et de liberté en échange de certains avantages communs, directs, de bien-être et de sécurité ; son histoire est l'histoire de la vie privée des peuples.

L'Administration peut restreindre son action à la commune ou l'étendre à la nation entière. Toujours appropriée à la constitution politique, elle change et se transforme suivant les gouvernements. Dans un Etat monarchique et démocratique où domine la même race, où l'esprit public, les mœurs et les intérêts sont identiques, l'Administration doit être tout à la fois centralisée et décentralisée ; centralisée au sommet, elle agit pour les intérêts généraux d'une manière uniforme et instantanée; elle est plus égale, plus active, plus économique, et tire des forces nationales une plus grande somme de sécurité et de bien-être au profit des individus ; décentralisée à la base, elle confie aux citoyens la gestion directe des intérêts locaux, développant ainsi l'initiative individuelle et maintenant l'esprit de clocher qui est l'âme du patriotisme. Combiner dans une juste mesure ces deux éléments, centralisation et décentralisation, ce serait préparer l'accord définitif de l'autorité et de la liberté.

Sous le régime féodal de la France, lorsque les provinces avaient leur autonomie, l'Administration, régie par la noblesse et la bourgeoisie, était oligarchique et décentralisée. Richelieu compléta son œuvre politique en centralisant l'Administration et en créant le personnel administratif dans les provinces; son système a été maintenu intact jusqu'à la Révolution, et il se retrouve encore dans notre organisation contemporaine.

— La haute direction administrative du royaume appartenait à deux Conseils : le Conseil des dépêches et le Conseil privé, qui constituaient le pouvoir délibérant, et aux quatre secrétaires d'Etat qui étaient chargés de l'exécution.

Le Conseil des dépêches était présidé par le Roi ; en l'absence du Roi, par le chancelier ou le garde des sceaux ; le chancelier, les secrétaires d'État et deux conseillers d'État y avaient séance. Ce Conseil examinait toutes les affaires du gouvernement intérieur ; il se faisait lire la correspondance des gouverneurs et des intendants, et dictait les règles pour les réponses et les instructions générales.

Le Conseil dit privé ou des parties, ou plus généralement encore le Conseil d'État, composé de quarante-deux conseillers d'État et de quatre-vingts maîtres des requêtes, n'était point présidé par le Roi, mais par le chancelier ou le garde des sceaux. Il jugeait les conflits administratifs ou judiciaires, les causes évoquées par droit ou par faveur, les appels des jugements des intendants et toutes les affaires contentieuses. Ce Conseil pouvait être considéré, dit Senac de Meilhan, comme le gardien de la puissance exécutrice. (*)

Trois secrétaires d'État occupaient les départements de la guerre, de la marine et des affaires étrangères ; la maison du Roi, la police de Paris et les cultes formaient le quatrième département ministériel. Les

---

(*) *Du gouvernement, des mœurs et des conditions en France avant la Révolution, avec le caractère des principaux personnages du règne de Louis XVI,* par Senac de Meilhan, ancien intendant de Valenciennes, à Hambourg, 1795.

finances étaient administrées par le contrôleur général. La dignité de chancelier, chef de tous les tribunaux, était la première par le rang et les prérogatives honorifiques.

Outre les affaires spéciales à leur département, les quatre secrétaires d'État avaient, dans leurs attributions, l'administration d'un certain nombre de provinces; la répartition des provinces entre les secrétaires d'État n'était point immuable; elle subissait des modifications assez fréquentes ; mais le secrétaire d'État de la guerre, chargé de la défense territoriale, avait toujours l'administration des provinces frontières.

Cette organisation centrale, placée au faîte de la hiérarchie administrative, était représentée, en province, par un seul homme : l'intendant.

Les intendants de police, justice et finances, souvent dénommés commissaires départis pour l'exécution des ordres du Roi, étaient les représentants directs de la royauté dans les provinces; créés à titre permanent par le cardinal de Richelieu, en 1635, ils eurent pour mission d'affirmer l'autorité royale et de consolider l'unité nationale en établissant la centralisation administrative; le brevet de nomination qui résume leurs attributions ordonne qu'ils devront « empêcher l'oppression des faibles par la violence des puissants. (*) Chargés de faire plier sous le droit commun, la magistrature, la

---

(*) Bibliothèque de l'Arsenal. — Papiers Conrart, manuscrits, tome XII.

noblesse, le clergé et les gens d'armes, ils eurent des débuts difficiles ; et, lorsque la révolution commença de battre en brèche le principe d'autorité, ils furent les premiers attaqués par le peuple et la bourgeoisie qu'ils avaient protégés contre les tentatives de réaction féodale.

En général les intendants remplirent leurs devoirs avec honneur, et l'histoire, dégagée des passions envieuses et jalouses qui, sous tous les régimes et dans tous les temps, dénigrent ceux qui ont le périlleux honneur de commander, l'histoire impartiale leur rendra justice. Nommés par commission royale, ils ne furent point pourvus d'offices, ce qui aurait constitué en leur faveur une sorte d'inamovibilité contraire au caractère de l'institution ; néanmoins, plusieurs d'entre eux n'hésitèrent pas à compromettre leur fortune et à tout sacrifier pour obéir à leur conscience, donnant ainsi l'exemple d'une rare indépendance à une époque où l'autorité du prince était absolue, où l'opinion publique ne pouvait consoler d'une disgrâce imméritée ; mais ils avaient, à un haut degré, le sentiment de la dignité personnelle, l'orgueil de leur profession ; hommes de caractère, ils croyaient au devoir et aux âpres jouissances du sacrifice.

Presque tous avaient fait leur stage au Conseil d'État, où ils avaient puisé les fortes traditions politiques et administratives, en même temps que donné la mesure de ce qu'ils valaient ; ils avaient travaillé sous les yeux du Roi qui suivait leur fortune d'un œil attentif jusqu'au fond de la province ; d'autre part, le secrétaire d'État duquel ils relevaient entretenait avec eux des relations familières et cordiales. Certains d'être ainsi jugés, directement, sur leurs actes, par le Roi et le secrétaire d'État, les intendants s'absorbaient dans les obligations de leurs charges au lieu de perdre leur temps en brigues ambitieuses ou en luttes stériles contre les influences de la cour.

L'autorité des intendants s'étendait sur des circonscriptions considérables nommées Généralités; en 1789, on comptait trente-cinq Généralités ou Intendances, divisées en pays d'États ou en pays d'Élections, d'après le mode de l'impôt qui était perçu directement par les intendants dans les pays d'Élections et voté par les trois ordres dans les pays d'États. (*) Leurs attributions étaient réparties en sept divisions principales: finances, agriculture, industrie et commerce, travaux publics, culte et instruction publique, tutelle des communes, police de sûreté, police militaire.

Pour les seconder dans l'exercice de ces fonctions multiples et complexes, les intendants avaient sous leurs ordres des agents de contrôle, de transmission et de surveillance nommés subdélégués, dont les fonctions

---

(*) Pays d'Élections: Paris, Amiens, Soissons, Orléans, Bourges, Lyon, Trévoux, La Rochelle, Moulins, Riom, Poitiers, Limoges, Bordeaux, Bayonne et Pau, Tours, Auch, Montauban, Châlons, Rouen, Caen, Alençon.

Pays d'États : Rennes, Aix, Toulouse, Montpellier, Perpignan, Dijon, Besançon, Grenoble, Metz, Strasbourg, Lille, Valenciennes, Nancy.

présentaient beaucoup d'analogie avec celles des sous-préfets, sauf cette différence essentielle que le subdélégué était le commis de l'intendant et non le mandataire du Gouvernement.

Colbert proposa à Louis XIV de compléter l'organisation administrative par un service d'inspection ; des conseillers d'État devaient parcourir les Généralités pour relever les plaintes de la population et rendre compte au Roi ; mais cette inspection ne fut point permanente et n'eut lieu que dans de rares circonstances.

Dès le premier jour, les intendants s'identifient avec la province dont ils deviennent la personnification officielle ; représentants du pouvoir central, ils ne tardent pas à devenir auprès du Roi les interprètes des populations et les défenseurs de leurs intérêts ; tous les faits importants émanent d'eux ou aboutissent à eux ; aussi peut-on dire avec vérité que, à partir de 1635, l'histoire des intendants est l'histoire des provinces qu'ils administrèrent.

Les éléments de cette histoire sont difficiles à retrouver, car les archives administratives, postérieures à la création des Intendances et composées de documents confidentiels, sont très souvent incomplètes par suite de détournements commis par des agents intéressés ou des dépositaires infidèles.

Néanmoins, nous trouvons trois points de repère historiques au commencement et à la fin de Louis XIV et sous le règne de Louis XVI. Ces documents précieux, les seuls qui aient un caractère général, sont :

1º Les rapports des intendants de 1664, faits pour

répondre à une série de questions posées par Colbert sur l'histoire, ainsi que sur la situation politique, religieuse, administrative et économique de chaque Généralité ; ces rapports manuscrits se trouvent rarement ;

2º Les rapports des intendants de 1697, rédigés d'après le même programme que les précédents ; ils ont été analysés et publiés plus ou moins fidèlement par le comte de Boulainvilliers dans son ouvrage : L'ÉTAT DE LA FRANCE, violente diatribe contre les intendants ;

3º Les procès-verbaux des Assemblées provinciales de 1787 qui constituent le bilan administratif de l'ancienne monarchie.

Les rapports de 1697 avaient été demandés aux intendants par le duc de Saint-Aignan pour être mis sous les yeux de son élève le duc de Bourgogne, et initier le prince héréditaire à la situation des hommes et des choses de la province. On se demande si une pareille étude n'aurait pas sa raison d'être de nos jours, et si l'heure n'est pas venue de faire recommencer par les préfets l'œuvre des intendants. Emportés par les événements, nous négligeons trop souvent les leçons du passé, et il est utile d'inviter au recueillement et aux méditations rétrospectives ceux qui ont la main aux affaires publiques. Le fonctionnaire, jaloux de la dignité administrative, repousse les expédients qui tournent les difficultés du moment, mais compromettent souvent l'avenir ; il veut asseoir solidement son influence sur la connaissance de l'esprit public ; or, l'histoire locale expliquée et commentée par l'histoire nationale peut seule montrer le génie naturel de la population, les causes qui l'ont modifié en bien ou en mal, les moyens à employer pour l'amener et le maintenir dans le meilleur état possible.

L'histoire de l'Administration, sous l'ancien régime monarchique, présente des phases bien distinctes où dominent successivement l'élément politique, l'élément administratif et l'élément philanthropique.

La période politique part de Richelieu pour finir à Colbert. Champions intrépides du principe d'autorité, les intendants durent alors abaisser et immoler toutes les influences provinciales : noblesse, clergé, parlements, au nom de la patrie qu'il fallait constituer et placer sous une direction unique, celle du Roi. Les intendants de cette époque avaient tous travaillé, en qualité de maîtres des requêtes, sous les yeux de Richelieu et de Mazarin qui les avaient initiés à leur politique ; pénétrés de l'utilité et de l'importance de leur mission, doués de caractères fortement trempés, de volontés implacables, ils allaient droit au but, brisant violemment les obstacles qui pouvaient entraver leur marche. Armés d'un pouvoir presque illimité, ils s'en servirent pour forcer les esprits élevés dans l'anarchie, à respecter le principe d'autorité ; aussi nous apparaissent-ils avec des physionomies sombres et sévères. Isaac de Laffemas, Laubardemont, Lemaistre de Bellejamme, Machault, etc., figurent en tête de cette phalange redoutable.

La période administrative débute avec éclat sous le ministère de Colbert et se prolonge jusqu'au règne de Louis XVI. Les intendants cherchent à organiser la province et à la rattacher à la royauté par les intérêts ;

l'assiette des impôts d'après des bases équitables, la surveillance des administrations financières, le développement des aptitudes provinciales, la liquidation des dettes communales, la répression du vagabondage et de la mendicité, l'approvisionnement des places fortes et des armées, la conversion des protestants constituent les grandes affaires du moment ; on cite parmi les premiers intendants de cette époque: Colbert de Croissy, Barillon, de Bouville, les d'Ormesson, les Chauvelin, d'Aguesseau, Ferrand, Miromesnil, Bouchu, Le Tonnelier de Breteuil, Foucault, Boucherat, Feydeau de Brou, de la Bourdonnaye, Barentin, de la Briffe.

La période philanthropique et libérale se développe pendant le règne de Louis XVI. C'est le moment où les intendants, presque tous fervents disciples de l'école des physiocrates, se livrent avec passion à l'étude des problèmes politiques et économiques, en cherchent le côté praticable, et inaugurent dans leurs Généralités des institutions philanthropiques en même temps qu'ils donnent une vive impulsion aux travaux publics ; ils se font honneur de provoquer les réformes libérales et de marcher à la tête du progrès. Turgot, qui avait débuté par l'Intendance de Limoges, avait de nombreux émules, tels que de la Galaizière, Maynon d'Invau, d'Agay, de Tourny, Dupré de Saint-Maur, Joly de Fleury, Moreau de Beaumont, Bertrand de Molleville, de la Michodière, Montyon, etc.

La nomenclature générale des intendants ne se trouve nulle part ; quelques Généralités seulement ont conservé le nom des administrateurs qui, pendant cent cinquante ans, ont exercé une influence décisive sur les destinées provinciales.

Pour arriver à reconstituer le personnel administratif de l'ancien régime, il fallait réunir les documents les plus divers, disséminés dans toutes les parties de la France; il fallait chercher avec la passion et avec la constance qu'inspire la piété professionnelle, les traces de ces hommes déjà oubliés, et qui, cependant, ont organisé la plupart de nos institutions publiques, ont fait édifier les principaux monuments et tracer nos grands chemins; de ces hommes d'initiative et de persévérance qui ont encouragé le commerce et l'industrie, patronné les sciences et les arts, non d'une manière banale et superficielle, mais souvent en donnant l'exemple et en prenant une part active aux travaux des sociétés scientifiques et artistiques de leur province.

C'est ce travail que nous livrons à la publicité, avec l'espoir qu'il fera naître le désir d'écrire l'histoire des intendants de chaque Généralité. Une pareille étude est digne d'exciter l'ambition des savants de la province, où les recherches historiques sont parvenues à un si haut degré de sincérité.

Citons quelques exemples qui parleront d'eux-mêmes, et diront ce qu'étaient l'Administration et les Administrateurs sous l'ancien régime.

— Les d'Ormesson appartenaient à une famille de robe dont tous les membres siégeaient au Parlement ou au Conseil d'État; esprits fins et délicats, caractères antiques, ils menaient de front les études littéraires et les devoirs austères de la magistrature; l'honneur était pour eux une loi sacrée à laquelle ils n'avaient jamais manqué, et ils pouvaient dire avec une légitime fierté que les lis de leur blason étaient immaculés. L'un d'eux, Olivier d'Ormesson, grand ami de madame de Sévigné, fut chargé, comme maître des requêtes, de faire le rapport sur le procès du surintendant Fouquet. Le Roi lui dépêcha Colbert pour le circonvenir et lui demander de conclure à la peine de mort : « Dites au Roi, répondit d'Ormesson, que, dans une circonstance aussi solennelle, un maître des requêtes ne relève que de Dieu et de sa conscience. » Noble réponse qui entraîna sa disgrâce. Retiré de la vie politique, après avoir rempli les fonctions d'intendant à Amiens et à Soissons, il écrivit ses mémoires ; il y a un passage de ces confidences intimes où l'homme se révèle tout entier, que nous n'avons jamais lu sans admiration et sans une véritable émotion. D'Ormesson vient d'éprouver un grand chagrin : il a perdu son fils, André d'Ormesson, intendant de Lyon, mort à la fleur de l'âge ; sous le coup de cette cruelle épreuve, il s'écrie, dans le premier épanchement de sa douleur :

« Mon fils est mort ! mort à l'âge de quarante ans !
» estant, il y avoit plus de deux ans, intendant dans
» une grande province, et il avoit esté choisi par le Roy
» pour cet employ par la seule considération de sa sa-
» gesse et de sa capacité. Durant ces deux années, il
» avoit travaillé si heureusement dans cette Intendance,
» qu'il avoit eu l'approbation de ses supérieurs dans
» toutes les affaires dont il leur avoit rendu compte,

» l'estime de toutes les personnes de qualité et de mé-
» rite de cette province, et l'amitié de tous les peuples
» qui se louoient de son application aux affaires, de son
» zèle à empescher les abus, de sa facilité à entendre les
» plaintes, de sa douceur à parler aux plus pauvres et
» de sa fermeté à rendre la justice. Il est mort estant
» encore sur le premier degré de son élévation suivant
» le monde, et lorsqu'il commençoit à cueillir le fruit de
» ses estudes et de ses veilles, à establir une grande répu-
» tation d'habileté dans les affaires, de probité et de
» sagesse dans la conduite, et à faire connoistre qu'il
» estoit capable des principaux emplois de sa profes-
» sion..., ni le désir de la gloire, ni l'estime des hommes,
» ni les maximes corrompues du siècle, ni les mauvais
» exemples, n'ont pu le détourner du chemin de la vertu
» par lequel il marchait vers le ciel à grands pas.....(*) »

— Louis Boucherat, né à Paris, en 1616, était issu d'une famille champenoise. Après avoir débuté comme conseiller au Parlement, il entra au Conseil d'État avec la charge de maître des requêtes, et fut nommé intendant temporaire en Guyenne, Languedoc et Picardie ; il assista trois fois aux états de Languedoc et dix fois aux états de Bretagne en qualité de commissaire du Roi; conseiller d'État en 1667, il fut promu à la haute dignité de chancelier de France, à la place de Le Tellier.

(*) Documents inédits sur l'histoire de France, Journal d'Olivier Lefèvre d'Ormesson, publié par M. Cheruel.

Le Roi, très apte à connaître et à choisir les hommes, dit au nouveau chancelier, qui venait le remercier : « La place de chancelier est le prix de vos longs services ; ce n'est pas une grâce, c'est une récompense ; elle n'eût pas été pour vous, si tout autre l'eût mieux méritée ! » Le chancelier ne resta point fidèle aux principes de l'intendant ; il fut l'un des instigateurs de la persécution contre les protestants. Boucherat mourut le 2 septembre 1709, à l'âge de 83 ans. Son oraison funèbre, prononcée dans l'église Saint-Gervais, sa paroisse, par le R. P. de La Roche, prêtre de l'Oratoire, contient un passage qui a trait aux fonctions d'intendant, et fait connaître les appréciations des contemporains sur l'Administration :

« De tous les emplois, le plus vaste dans ses devoirs,
» le plus pénible dans ses fonctions, le plus délicat
» pour la conscience, c'est celui de l'intendant ; il est en
» même temps l'homme du prince et l'homme du
» peuple ; engagé de maintenir l'autorité du Roi et de
» la faire aimer ; ministre fidèle des volontés souve-
» raines ; interprète sincère des besoins publics, ména-
» geant tout avec politique, ne réglant rien que sur la
» religion et, suivant l'avis de saint Augustin, établis-
» sant le bon ordre par la douceur et ne perdant jamais
» la douceur par le zèle du bon ordre : DISCIPLINA
» SERVAT PATIENTIAM, PATIENTIA TEMPERAT DISCIPLINAM,
» tels sont, dis-je, les devoirs délicats d'un intendant
» Provinces heureuses que notre illustre mort a régies
» sous ce titre, dites-nous avec quel succès il l'a sou-

» tenu : Guyenne, Picardie, Languedoc, Champagne,
» qui le possédâtes avec tant d'applaudissements, et qui
» le perdez avec tant de douleur, qui l'honorâtes tou-
» jours comme votre protecteur, et qui le pleurez
» aujourd'hui comme votre père, parlez de lui devant
» le Seigneur, le voici prêt à vous répondre. Le vîtes-
» vous, par une douceur excessive, souffrir le désordre
» parmi les troupes qu'il devait régler, ou, par une
» discipline outrée, irriter les esprits qu'il devait
» gagner ? Le vîtes-vous, tout dévoué à la politique,
» trahir vos intérêts pour ménager sa fortune et faire
» sa cour aux dépens de votre bonheur et de votre
» repos? Le vîtes-vous, fier de sa dignité, inaccessible à
» la misère, vous laisser gémir à sa porte, donner à ses
» plaisirs un temps qu'il devait à vos plaintes, et, les
» mains ouvertes à vos présents, vous vendre bien cher
» des décisions et des lumières qui lui coûtaient tant de
» travaux? (*) »

— A côté de la correspondance administrative sous Louis XIV, publiée dans la collection des documents inédits sur l'histoire de France, se placent quelques mémoires d'intendants tels que ceux de Nicolas Fou-

---

(*) Oraison funèbre de très haut et puissant seigneur messire Louis Boucherat, chevalier, chancelier, garde des sceaux de France, commandeur des ordres du roy, prononcée dans l'église Saint-Gervais, sa paroisse, par le R. P. de La Roche, prestre de l'Oratoire, à Paris, chez Jean Boudot. — 1700.

cault (*), Lamoignon de Basville, Olivier Lefèvre d'Ormesson ; ces autobiographies donnent des éclaircissements particuliers sur certains événements et sur certains hommes, sans offrir un tableau complet de l'organisation administrative. François Richer, seigneur d'Aube de Daubec, fils d'un conseiller au parlement de Rouen, successivement intendant de la Généralité de Caen (1723) et de Soissons (1727), a laissé un mémoire manuscrit (**) concernant MM. les intendants départis dans les différentes provinces et Généralités du royaume écrit en 1738, qui constitue un véritable traité didactique faisant connaître non-seulement la jurisprudence administrative, mais les règles et les principes qui doivent diriger les administrateurs dans leurs rapports avec les administrés. L'introduction laisse entrevoir, sous une forme pleine de bonhomie, une fine critique des choses du temps :

« Je commence par dire que je suis très persuadé que
» tous les magistrats qui sont actuellement départis
» dans les différentes Provinces et Généralités du
» royaume pour y exercer les fonctions d'intendant, en
» sont très dignes et ne manquent à rien de ce qu'on
» peut et doit attendre d'eux. Mais tout le monde doit

(*) Mémoires de Nicolas-Joseph Foucault, publiés et annotés par F. Baudry. — 1832.

(**) Bibliothèque impériale, n° 422, Serilly, un vol. manuscrit, in-folio de 640 pages.

» convenir avec moi, que c'est un grand bonheur
» auquel le hasard a eu part, si l'on considère d'un côté
» quels sont les devoirs des intendants, d'un autre
» côté, ce qui détermine ordinairement à choisir un
» magistrat plutôt qu'un autre, pour luy confier un
» employ si important. »

D'Aube est un administrateur assidu au travail, sacrifiant ses convenances à ses obligations, sévère pour lui-même, et trouvant que pour faire le bien, il faut faire plus que son devoir.

« J'ai toujours travaillé dans le courant sept ou huit
» heures par jour, jusques à quatorze et quinze heures
» quand cela était nécessaire, et j'avoue franchement
» qu'il s'en faut bien que j'aie fait tout ce que je sentais
» être de mon devoir. »

Tout en se complaisant dans les détails techniques de l'Administration et en témoignant une admiration par trop naïve pour certaines formes administratives et notamment pour les TABLEAUX A COLONNES, qui sont, dit-il, d'invention récente, d'Aube s'élève à de hautes considérations philosophiques lorsqu'il expose la nécessité de connaître les hommes, lorsqu'il indique les moyens de pénétrer leur caractère. Citons ce passage, qui est une véritable étude psychologique, digne d'un grand esprit:

« La connaissance des caractères individuels exige

» une aussi fine attention que la connaissance de l'esprit
» public. L'esprit est moins difficile à connaître que le
» cœur, et pourtant, sous combien d'aspects faut-il
» l'envisager! L'homme qu'on étudie a-t-il de l'intelli-
» gence, de la pénétration, de la vivacité? Son intelli-
» gence est-elle ornée de choses agréables ou nourrie de
» choses solides? Celui qui écoute se paye-t-il de mau-
» vaises raisons? Celui qui parle donne-t-il de mauvais
» arguments comme sérieux et le fait-il de bonne ou
» mauvaise foi? Celui qui discute une matière la prend-
» il par où il la faut prendre pour découvrir la vérité
» demandée? Cherche-t-il et donne-t-il des idées nettes
» et les met-il dans un ordre qui serve à répandre la
» lumière? S'il parle, le fait-il aisément et dignement?
» Si, avec de l'esprit, il parle mal, est-ce à la timidité
» qu'il faut s'en prendre ou à la multiplicité des idées
» qui se présentent à lui et qu'il n'a pas le temps de
» bien arranger? Celui qui fait quelque opération
» choisit-il la façon la plus simple de réussir, et si on
» la luy montre la saisit-il avec l'ardeur qu'on doit
» avoir pour préférer tout ce qui est meilleur?

« Ceci étant bien examiné, ce qui ne peut se faire
» qu'en voyant de près, on saura sûrement si un
» homme a de l'esprit, quel est le caractère de son
» esprit et le meilleur emploi qu'on pourra en faire.

« Les qualités du cœur, plus difficiles à connaître, se
» peignent dans les actions, dans les écrits et dans les
» discours des hommes, mais trop souvent elles n'y
» paraissent que sous un masque trompeur; il y a bien
» quelques personnes qui, loin de cacher certains vices

» en font gloire, mais ils ne font parade que de ceux
» pour lesquels le public montre une coupable indul-
» gence. Ils se gardent bien de faire valoir les autres,
» et affectent même les vertus opposées.

« Il est des gens vicieux sans le sçavoir ; ce ne sera
» pas l'art qu'ils emploieront à cacher leurs vices qui
» rendra difficile de les découvrir, mais ce sera ce qui
» les empêche de s'en apercevoir eux-mêmes.

« S'il y a des gens vicieux sans le sçavoir, il y en a
» aussy qui sont vertueux et ne s'en doutent pas,
» comme il y en a qui cachent leurs vertus par humi-
» lité ; mais je crois que toutes les vertus ainsi cachées
» ou qui ne se montrent point sont moins difficiles à
» découvrir que les vices.

« Les qualités du cœur se réflétant dans les actions,
» dans les écrits, dans les discours, quoiqu'elles y parais-
» sent trop souvent sous un masque trompeur, c'est
» donc là qu'il faut aller chercher le cœur de l'homme
» si on veut le connaître, en observant de marcher
» toujours la sonde en main, comme ferait un bon
» pilote aux approches d'une terre inconnue. L'homme
» se tient sur ses gardes toutes les fois qu'il s'agit d'une
» affaire sérieuse ; il est néanmoins des circonstances
» peu importantes en apparence et qui n'en sont pas
» moins décisives. C'est dans ces circonstances-là qu'il
» sera le moins circonspect et qu'on découvrira au vray
» ce qu'il est, car je crois qu'on peut tenir pour maxime
» constante que celuy qui s'écarte du sentier de la
» vertu dans les petites occasions, s'en écartera dans
» les plus grandes, dès qu'il y trouvera un assez grand

» intérêt pour luy. Quoi qu'il ait fait précédemment,
» il ne peut être regardé comme vertueux. Une seule
» vertu ne mérite pas, pour celui qui l'exerce, le nom
» de vertueux. Il n'y a que l'assemblage des vertus et
» l'exemption des vices qui puissent le mériter. De
» même il y aurait de l'injustice à nommer vicieux
» celui qui ferait voir un vice à côté de quelques vertus.
» Assez ordinairement on trouve dans les hommes un
» meslange bizarre de vertus et de vices, c'est une
» espèce de chaos à débrouiller pour qui veut les con-
» naître parfaitement. »

L'intendant d'Aube a un véritable culte pour les fonctions administratives ; il les veut grandes, considérées et dignement remplies. Sa préoccupation dominante est de maintenir le personnel administratif à un niveau très élevé, et, pour atteindre ce but, il propose d'établir à Paris une sorte d'académie administrative composée de jeunes maîtres des requêtes qui feraient un stage sous les ordres de l'intendant de Paris, avant d'être envoyés dans la province ; ce projet d'école administrative a traversé les différentes époques de notre histoire contemporaine sans aboutir à un résultat définitif. Qu'il nous soit permis de rappeler ici la tentative du premier Empire, de tous les essais le plus pratique et le plus conforme au génie de l'Administration.

Un décret impérial du 7 avril 1811, perdu dans ce dédale appelé le Bulletin des lois, a pour objet la classification des auditeurs au Conseil d'État ; il en porte le nombre à trois-cent-cinquante, divisés en trois classes, dont les membres étaient répartis entre le Conseil d'État, les ministères, les administrations générales et les préfectures, et devaient former la grande pépinière administrative. Les auditeurs de première et de deuxième classes, attachés aux préfectures, devaient remplir les fonctions de sous-préfet de l'arrondissement chef-lieu, et avoir séance au conseil de préfecture; les auditeurs de troisième classe étaient mis à la disposition des préfets. En cas d'absence du préfet, l'auditeur de première classe remplissait, par intérim, les fonctions de préfet, et l'auditeur de seconde classe remplissait les fonctions de sous-préfet.

Avant d'obtenir un avancement, soit au Conseil d'État, soit dans l'administration départementale, l'auditeur était astreint à faire un stage de quatre ans, dont deux ans comme attaché au Conseil et deux ans comme attaché aux préfectures.

Chaque année, les préfets étaient appelés à faire un rapport particulier au ministre, sur les aptitudes et les services des auditeurs attachés à leurs départements, et le ministre adressait à l'Empereur un rapport général établi d'après les mêmes données. Le rapport ministériel devait être suivi d'un décret portant promotion des auditeurs, soit dans le Conseil d'État, soit dans les sous-préfectures, suivant les différentes aptitudes reconnues aux candidats.

Après s'être pénétrés des traditions du Conseil d'État et avoir contracté cet esprit de famille administrative, cet esprit de corps qui double les forces, les auditeurs venaient apprendre l'administration départementale et communale, sous les yeux et la direction des préfets; ils étudiaient les hommes et les choses; ils pratiquaient cette vie de province, parfois si originale et si utile à connaître; ils acquéraient ainsi les connaissances nécessaires à l'administration active, sans prendre une part directe aux affaires et sans encourir de responsabilité. Les rapports des préfets, du ministre, le travail de promotion, tenaient en haleine toutes ces jeunes intelligences, et excitaient parmi elles une généreuse émulation.

La loi du 3 mars 1849, et le décret du 25 novembre 1853, ont rappelé vaguement cette organisation, en stipulant que des auditeurs pourraient être attachés aux préfectures; mais cette disposition n'a jamais été appliquée d'une manière générale.

D'Aube était un esprit spéculatif, dépensant une partie de ses facultés à analyser le côté philosophique et politique de l'Administration.

Voici un caractère militant, prenant plus volontiers à partie les choses que les hommes.

L'intendant de la Galaizière était le plus grand administrateur de son époque; prompt à saisir la vérité, habile à démêler les affaires les plus compliquées comme à concevoir les plus vastes entreprises, il apportait dans la pratique une volonté entière et tenace qui dominait toutes les difficultés, surmontait tous les obstacles. Méprisant la critique, indifférent à la flatterie, il ne cédait jamais aux caprices de l'opinion parfois si irréfléchie et si mobile, déjà si influente et si adulée; confiant dans la force de ses idées, la rectitude de son jugement et l'opportunité de ses actes, il marchait droit au but, sans se laisser détourner par aucune considération personnelle. Chef sévère, mais juste, il était craint et aimé de ses agents, qui savaient que son œil vigilant pénétrait au fond des choses, car il était de ces rares esprits qui peuvent planer, sans s'égarer, sur les vues d'ensemble, et descendre, sans s'abaisser, aux mesures de détail. Après avoir rempli ses fonctions dans plusieurs Intendances, de la Galaizière avait été nommé, en 1779, dans la Généralité d'Alsace, où il avait mené à bien deux grandes entreprises, la suppression de la corvée et l'établissement du cadastre. Il assista à la transformation administrative de 1787, à la constitution des Assemblées Provinciales, institution monarchique et libérale, qui devait donner satisfaction à tous les intérêts, en faisant participer, dans une juste mesure, les différentes classes de la population à la gestion des affaires publiques, tout en respectant les prérogatives du pouvoir exécutif. Cette concession, émanée de l'initiative de Louis XVI, fut accueillie par des transports d'enthousiasme; mais bientôt les impatiences et les indécisions perdirent tout. Les Assemblées Provinciales, quoique complètement étrangères aux affaires, songèrent plus à exiger des concessions nouvelles, à formuler des plaintes, à récriminer contre le passé, à décrier l'autorité exécutive et ses agents, qu'à remplir utilement leur mandat et à étudier le parti qu'elles pouvaient en tirer pour le plus grand bien de la chose publique ; elles donnèrent ainsi des leçons d'indiscipline aux administrations inférieures mal dirigées ; les administrations départementales et communales négligèrent les affaires pour s'abandonner à leurs passions, et ne tardèrent pas à entrer en révolte avec les Assemblées Provinciales elles-mêmes, qui essayèrent vainement de les ramener à la raison.

De la Galaizière prêta à la nouvelle administration un concours franc et décidé ; mais avec son esprit pratique et sa haute expérience des affaires, il voyait qu'on détruisait le passé sans préparer l'avenir ; mis en suspicion, obligé de justifier les grandes choses qu'il avait faites, il vint un jour exposer solennellement à l'Assemblée Provinciale les actes de son administration ; ce qu'il fit en ces termes :

« Les vues de l'Administration ne se bornent point au
» moment ; elles embrassent un horizon plus étendu,
» et discernent au loin un moyen de splendeur, de
» prospérité pour un pays qui doit germer longtemps
» avant que d'éclore. Le grand Colbert n'a pas joui de
» tout le bien qu'il a préparé ; mais la nation le bénira
» à jamais de ce qui a peut-être excité les murmures de
» ses contemporains. Les peuples ont des idées trop
» restreintes pour bien apprécier leurs véritables inté-
» rêts. La génération qui doit suivre est nulle pour eux ;
» ils ne connaissent que le présent, et ils préconise-
» raient l'opération la plus fausse, si elle leur présen-
» tait, pour le moment, le moindre soulagement. On
» cède aisément au plaisir de plaire à ses semblables : il

» est si doux d'obtenir le suffrage et la reconnaissance
» publics ! Mais l'administrateur éclairé et courageux
» résiste à ces attraits: il considère que, si l'existence
» de chaque individu est bornée, celle de la patrie ne
» l'est pas; et pénétré de l'amour du bien, dont on ne
» se souviendra même pas qu'il est l'auteur, il lui sacrifie
» une jouissance délicieuse, mais personnelle, et s'ex-
» pose, pour l'opérer, à la censure et aux interpréta-
» tions défavorables.

» J'ajoute que j'ai toujours pensé, et peut-être m'en
» a-t-on fait un reproche, qu'en fait d'ouvrages et
» d'établissements publics, la véritable économie, la
» seule dont ils fussent susceptibles, consistait à
» s'assurer de leur utilité avant de les entreprendre,
» et à ne payer que leur valeur; mais que le luxe de
» solidité et jusqu'à un certain point de décoration
» y étaient nécessaires et que c'était là ce qui devait
» distinguer les monuments des constructions parti-
» culières. La dépense de celles-ci ne peut qu'être
» proportionnée aux facultés de ceux qui les entre-
» prennent, les dépenses publiques ne peuvent être
» ainsi limitées; elles rentrent, pour la plus grande
» partie, dans les mains dont elles sortent. Si elles
» occasionnent quelque gêne, elle est passagère et
» bientôt oubliée, et l'avantage qu'elles ont produit
» est éternel, comme le public qui en profite. Nos
» aïeux ont fait des sacrifices en notre faveur; nous en
» devons à nos descendants: c'est une suite d'avances
» faites de génération en génération qui, en grossis-
» sant la masse des jouissances auxquelles chaque

» individu participe, augmente insensiblement la splen-
» deur des Empires. (*) »

Quels accents convaincus ! quelles vérités pleines d'actualité !

Ces exemples ne sont pas les seuls; en parcourant la nomenclature du personnel administratif de l'ancien régime, on trouvera une pléiade d'hommes illustres, littérateurs, philosophes, économistes., philanthropes, savants et financiers, dont la postérité a gardé le souvenir, entre autres :

Barillon, Colbert, de Bouville, Pommereu, de Harlay, d'Aguesseau, Hotman, de Tourny, Dupré de Saint-Maur, de la Briffe, Molé de Champlatreux, Ferrand, Trudaine, Dupleix, Joly de Fleury, de Calonne, Bouchu, de Breteuil, Terray, de la Michodière, Turgot, Bignon, Chauvelin, Senac de Meilhan, Montyon.

La carrière administrative exige une moyenne de conditions et d'aptitudes très diverses, mais par compensation elle emploie d'une manière utile et féconde toutes les facultés de l'âme, toutes les qualités de l'esprit. Le savant, le littérateur, l'artiste peuvent se retrouver dans l'administrateur, et augmenter ses moyens d'action : en élargissant le cercle des idées, en le dégageant des minuties de la spécialité, l'art et la science placent l'homme

---

(*) Procès-verbal des séances de l'Assemblée Provinciale d'Alsace à Strasbourg, de l'imprimerie de F.-C. Levrault, 1787.

public au-dessus de ses fonctions, condition essentielle pour que les fonctions soient bien remplies.

L'administrateur doit joindre à la connaissance des hommes la pratique des affaires. Cette double aptitude est nécessaire: sans la connaissance des hommes, l'administrateur n'est qu'un employé incapable de direction, comme sans la pratique des affaires, il ne peut être un homme politique influent. Le maniement des hommes et des affaires exige de la part de l'administrateur le caractère et l'intelligence, l'esprit et le jugement, l'adresse et la droiture, la fermeté et l'aménité. Les idées absolues et systématiques sont incompatibles avec le devoir administratif, car sauf le respect des grands principes qui restent immuables, la manière d'administrer doit varier suivant les circonstances, suivant le temps, le lieu et les hommes.

Si telle est l'Administration, comment ne pas reconnaître les difficultés qu'elle présente? et, dès lors, pourquoi s'étonner des attaques dont le personnel administratif a toujours été l'objet?

NOMENCLATURE

DES

INTENDANTS DE POLICE, JUSTICE ET FINANCES

(1635 A 1789)

A

AGAY ou DAGAY (FRANÇOIS-MARIE-BRUNO, comte d'), seigneur de Villers, Bémond et autres lieux, né en 1722, avocat général au parlement de Besançon, maître des requêtes. Mort le 5 décembre 1805.

Rennes, 1768. — *Amiens*, octobre 1771.
Portrait gravé par Cathelin, d'après Chevalier, in-folio. On lit en légende : *Virtuti, justitiæ, humanitati, civitas Sanquintiniensis oferebat, 1786.*

    D'un tendre ami du peuple éterniser l'image,
    C'est rendre à la vertu le plus touchant hommage.
    Le sort cruel est prêt à lui ravir le jour ;
    Mais le ciel, attendri, le rend à notre amour.

† D'or au lion de gueules, au chef d'azur.

AGUESSEAU (HENRI d'), conseiller d'État, conseiller au Parlement de Metz, maître des requêtes, 1680; président au grand conseil, 1661; conseiller d'État, 1683; conseiller au conseil de régence, 1715. Mort à Paris le 17 novembre 1716.

Bordeaux. — Limoges. — Béarn, 1669. — *Languedoc*, 1673. — *Montpellier*, 1674 à 1685.

† D'azur à deux fasces d'or accompagnées de six coquilles d'argent, posées 3, 2 et 1.

AINE (MARIUS-JEAN-BAPTISTE-NICOLAS d'), mort le 25 septembre 1804, âgé de 71 ans.

Bayonne, 1767 au 28 novembre 1774, époque de la réunion à la Généralité d'Auch. — *Limoges*, 1774. — *Hainaut*, 1778. — *Tours*, 1783 à 1790.

ALIGRE (MICHEL d'), seigneur de Bois-Landry, maître des requêtes. Mort en 1661.

Caen, 1657.

† Burelé d'or et d'azur, au chef du second émail chargé de trois soleils du premier.

ALIGRE (ÉTIENNE-JEAN-FRANÇOIS-MARIE d'), seigneur de Montireau et de Bois-Landry, né le 19 janvier 1717, chevalier, conseiller du roi en ses conseils, maître des requêtes ordinaire, mort le 4 septembre 1757.

Pau, 13 juin 1749. — *Amiens*, 10 mai 1751.
Portrait gravé par Cathelin, d'après Cochin.

† Burelé d'or et d'azur, au chef du second émail chargé de trois soleils du premier.

Amelot (Denis), d'une famille originaire d'Orléans, vicomte de Bisseuil, seigneur de Chaillou, de Lusany, conseiller d'État et maître des requêtes, mort à Paris le 7 février 1655.

Limoges, 1616. — *Saintonge, Aunis* et *Poitou*, 1623. — *Lyon*, 1630.
Portrait gravé par Moncornet, 1650, in-8°, avec ses armes.
† D'azur à trois cœurs d'or, surmontés d'un soleil de même.

Amelot de Chaillou (J.-J.), né en 1689. Académicien, ministre des affaires étrangères, 22 février 1737 à 1744. Mort le 7 mai 1749.

La Rochelle, 1720.
Portrait gravé, ovale in-f°.
† D'azur à trois cœurs d'or surmontés d'un soleil de même.

Amelot (Antoine-Jean), seigneur de Chaillou, baron de Châtillon-sur-Indre, avocat du roi au Châtelet en 1751, maître des requêtes en 1753, président du grand conseil en 1755, ministre de la maison du Roi de 1776 à 1783, mort en 1795.

Dijon, 1764 à 1774.
Portrait gravé par Pruneau, in-4°, par Saint-Aubin, in-4°.
† D'azur à trois cœurs d'or surmontés d'un soleil de même.

Amelot de Chaillou (Antoine-Léon-Anne), chevalier, conseiller du Roi en tous ses conseils, maître des requêtes ordinaire. Mort en 1824.

Dijon, 1783 à 1790.
Portrait dessiné et gravé par Quenedey.
† D'azur à trois cœurs d'or surmontés d'un soleil de même.

Andrezel (J.-B. Louis Picon, marquis d'), ambassadeur à Constantinople où il est mort en 1727.

Perpignan, 1716.
Portrait gravé par Chéreau, d'après Rigaud, in-f°, deux in-8°.
† D'or au lion de gueules, à une cotice d'hermine brochant sur le tout.

Angervilliers (Voir Baijn).

Argenson (Voir Voyer d'Argenson).

Argouges (Florenti d'), baron du Plessis, d'Argouges, maître des requêtes en 1676.

Moulins, 1687. — *Dijon*, 1689 à 1694.
† Écartelé d'or et d'azur, à trois quintefeuilles de gueules sur le tout.
Jeton ayant au revers une aigle éployée chargée en cœur de l'écusson de la ville de Dijon avec la légende : *Non novit senectutem, 1689*.

Aube (d'). — (Voir Richer).

Aubert (Louis-Urbain), seigneur de Tourny, mort en 1758.

Limoges, 1730. — *Bordeaux*, 1743.
Quatre portraits in-8° : 1° lithog. de Légé, 2° de Rougé, 3° grav. E. Conquy, 4° Lacour.
† De sable à l'aigle d'or au vol abaissé, adextrée d'une étoile de même.

Aubert (C.-L.), seigneur de Tourny, fils du précédent.

Bordeaux, 1757.
† De sable à l'aigle d'or au vol abaissé, adextrée d'une étoile de même.

Aubery (Félix), marquis de Vastan, prévost des marchands 1740, maître des requêtes ordinaire. Mort le 20 juin 1743.

Limoges, 1723. — *Hainaut,* 1724. — *Caen,* 1727.
† D'or à cinq fasces de gueules.
Jeton en argent : F. de la prté. de M⁰ Fél. Aubery, mquis de Vastan, mtre des req. hon. 1740. Armoiries du prévôt. R. armoiries de la ville de Paris. Exergue : *Ville de Paris.*
Jeton en argent : F. de la 11ᵉ prté. de Mʳᵉ Félix Aubery, mquis de Vastan, maître des req., 1742. R. *Lud. XV, rex christianis.*

Aubray (Dreux d'), chevalier, comte d'Ossemont, seigneur de Villiers et autres lieux, maître des requêtes en 1620, lieutenant civil de la prévoté et vicomté de Paris en 1643, empoisonné par sa fille la marquise de Brinvilliers en 1670.

Aix, 1630. — *Lyon,* 1638 à 1641.
Portrait gravé par Mellan, ovale in-f°, Nanteuil, 1658, ovale in-f°, Frosne, in-4°, Moncornet, 1659, ovale in-f°.
† D'argent à trois trèfles de sable, au croissant de gueules en cœur.

Aubray (Antoine d') chevalier, comte d'Ossemont et de Villiers, lieutenant civil, maître des requêtes en 1660 et conseiller d'État.

Orléans, 1666.
Portrait gravé par G. Vallet, d'après A. Paillet, in-f°.
† D'argent à trois trèfles de sable, au croissant de gueules en cœur.

Auget (Antoine-Jean-Baptiste-Robert), baron de Montyon, conseiller d'État 1775, mort en 1820.

Riom, 1767. — *Provence,* 1771. — *La Rochelle,* 1773 à 1776.
Sept portraits gravés ou lithographiés in-8° et in-18.
† D'argent à la fasce de gueules accompagnée de trois têtes d'aigle de sable arrachées de gueules.

B

Baillon (Jean).

La Rochelle, 1754. — *Lyon,* 1762.

† De gueules au lion d'or, au chef cousu d'azur chargé de trois étoiles d'or.

Balthasar ou Balthezard (Jean), maître des requêtes le 20 mai 1642. Mort en mai 1665.

Languedoc, 1643.

† D'azur au chevron d'argent surmonté d'un croissant du même, accosté de deux étoiles d'or.

Barbarat de Mazirot (Charles-François-Antoine de), comte de Muret.

Moulins, 1784 à 1788.

† D'azur au chevron d'or accompagné de deux étoiles d'argent en chef et d'une merlette en pointe.

Barberie de Saint-Contest (Michel de).

Limoges, 1686.
Portrait gravé par Etienne, in-f°.
† D'azur à trois têtes d'aigle arrachées d'or.

Barberie de Saint-Contest (Jacques de), seigneur de Courteilles.

Alençon, 1717. — *Bourges,* 1720 à 1728.
† D'azur à trois têtes d'aigle arrachées d'or.

Barberie (François-Dominique de), seigneur de Saint-Contest et de la Chataigneraie, maître des requêtes en 1718. Il fut ambassadeur en Hollande en 1750, secrétaire d'Etat en 1751, et mourut le 24 juillet 1754.

Auch et *Pau*, mars 1737 au 29 mai 1739. — *Dijon*, 1740.
† D'azur à trois têtes d'aigle arrachées d'or.

Barberie (Dominique de), seigneur de Saint-Contest, maître des requêtes.

Metz, 1700.
† D'azur à trois têtes d'aigle arrachées d'or.

Barberie de Saint-Contest (Henri-Louis), seigneur de la Chataigneraie.

Limoges, 1743. — *Châlons*, 1750 à 1764.
† D'azur à trois têtes d'aigle arrachées d'or.

Barentin (Jacques-Honoré), seigneur d'Ardivilliers-Maisoncelles, les Belles-Rueries, Madère-Monnoys, vicomte de la Motte, baron de Mauriac, président au grand conseil en 1655, maître des requêtes en février 1655. Mort le 1er mars 1686.

Poitiers, 1665. — *Limoges*, 1666.
Portrait gravé: 1° par G. Rousselet, d'après Ph. de Champagne, 1658, in-f°; 2° par G. Scotin, 1689, in-f° dans une thèse; 3° par Montbard, buste grand comme nature.

† D'azur à trois fasces, la première d'or et les deux autres ondées d'argent, surmontées de trois étoiles d'or en chef.

Barentin (Charles-Honoré), maître des requêtes ordinaire. Mort dans l'exercice de ses fonctions à Ypres, le 7 septembre 1705.

Dunkerque, 1699.

Portrait gravé par Simon Thomassin, d'après H. Rigaud, par Steph. Gontrel, 1701, in-f°.

† D'azur à trois fasces, la première d'or et les deux autres ondées d'argent, surmontées de trois étoiles d'or en chef.

Jeton portant les armes de Barentin et de N. de Montchal, sa femme. Revers : l'Amour portant dans ses mains deux cœurs enflammés. Légende : *Jungit et inflammat*.

Barentin (Honoré).

La Rochelle, 1737. — *Orléans*, 1747.

† D'azur à trois fasces, la première d'or et les deux autres ondées d'argent, surmontées de trois étoiles d'or en chef.

Barentin (Charles-Amable-Honoré), seigneur d'Harvilliers, la Malmaison et les Belles-Rueries, conseiller d'État, 8 juin 1762.

Orléans, 1760.

† D'azur à trois fasces, la première d'or, les deux autres ondées d'argent, surmontées de trois étoiles d'or en chef.

Barillon (Antoine), chevalier, seigneur de Morangis, de Louant et de Montigny, conseiller au parlement, puis maître des requêtes le 12 mai 1672. Mort le 18 mai 1686.

Metz, 1674. — *Lorraine*, 1674. — *Alençon*, 1677. — *Caen*, 1684. — *Orléans (?)*.

Portrait gravé par Nanteuil. 1661.

† Écartelé aux 1 et 4 : d'azur au chevron d'or accompagné en chef de deux coquilles et en pointe d'une rose de même.

Barillon (Jean-Paul), seigneur d'Amoncourt, de Mancy, de Morangis et de Châtillon-sur-Marne, marquis de Branges. Successivement conseiller au parlement, conseiller d'État (1672), ministre plénipotentiaire à Cologne, ambassadeur (1677). Mort le 17 octobre 1694, inhumé à Sainte-Croix de la Bretonnerie.

Amiens, 12 janvier 1668.

† Écartelé aux 1 et 4 : d'azur au chevron d'or, accompagné en chef de deux coquilles et en pointe d'une rose de même, et aux 2 et 3 : de gueules au sautoir d'or. (Amoncourt.)

BARILLON D'AMONCOURT (ANTOINE de), marquis de Branges, vicomte de Binson, seigneur de Mancy-Morangis, Châtillon-sur-Marne, Grauves, Anthenay, Orquigny et Cuis.

Perpignan, 1710. — *Pau*, 30 avril 1711. — 2 octobre 1712.

† Écartelé aux 1 et 4 : d'azur au chevron d'or, accompagné en chef de deux coquilles et en pointe d'une rose de même, et aux 2 et 3 : de gueules au sautoir d'or. (Amoncourt.)

BARILLON (J.-JACQUES), seigneur de Morangis et de Montigny-sur-Aube. Mort le 29 mai 1741.

Roussillon, 1711. — *Pau*, 1713.

BARRIN (JACQUES), marquis de la Galissonière, maître des requêtes le 31 octobre 1639. Mort en 1683.

Orléans, 1664. — *Rouen*, 1666.

† D'azur à trois papillons d'or.

BASVILLE (Voir LAMOIGNON).

BAUYN (NICOLAS-PROSPER), chevalier, seigneur d'Angervilliers, maître des requêtes, secrétaire d'État du département de la guerre, fils de Prosper Bauyn, maître de la chambre aux deniers, célèbre financier, mort le 15 février 1740.

Alençon, 1702. — *Grenoble*, 1705. — *Alsace*, 1716. — *Paris*, 1723.

† D'azur au chevron d'or accompagné de trois mains d'argent en fasce.

Bauyn de Jallais (Claude).

Perpignan, 1730 à 1740.

† D'azur au chevron d'or accompagné de trois mains d'argent en fasce.

Bazin (N.), seigneur de Bezons.

Limoges, 1629.

† D'azur à trois couronnes d'or.

Bazin (Claude), seigneur de Bezons, conseiller d'État ordinaire en 1684. Mort doyen de l'Académie française, le 20 mars 1684.

Soissons, 1647. — *Languedoc*, 1653. — *Montpellier*, 1665.
Portrait gravé par Van Schupen, d'après C. Le Febvre, 1673, in-folio.

† D'azur à trois couronnes d'or.

Bazin (Louis), seigneur de Bezons, frère du maréchal de France. Mort conseiller d'État le 9 août 1709.

Caen, 1676. — *Limoges*, 1679. — *Orléans*, 1681. — *Bordeaux*, 1686.

† D'azur à trois couronnes d'or.

Bazin (François), seigneur de Brandeville.

Metz, 1678. — *Lorraine*, 1678.

† D'azur à trois couronnes d'or.

BEAUBOURG (Voir de MARLE).

BEAUHARNOIS (FRANÇOIS de), en même temps intendant de la marine à Rochefort.

La Rochelle, 1710.
† D'argent à la fasce de sable accompagnée en chef de trois merlettes de même.

BEAUSSAN (FRANÇOIS), seigneur de Blanville, La Motte, La Picotière, Riche-Grou, Arpentigny ; né le 27 octobre 1675, mort le 26 février 1740.

Poitiers, 1728. — *Orléans,* 1740.
† D'azur au chevron d'or accompagné de trois glands de même.

BÉCHAMEIL (LOUIS), marquis de Nointel, mort en 1703.

Tours, 1680. — *Châlons,* 1689. — *Rennes,* 1692.
† D'azur au chevron d'or accompagné de trois palmes de même.

BÉCHAMEIL (LOUIS-CLAUDE), marquis de Nointel, mort le 4 mars 1730.

Riom, 1714. — *Soissons,* 1717.
† D'azur au chevron d'or accompagné de trois palmes de même.

BEGON (MICHEL), conseiller au parlement d'Aix, intendant de la marine. Mort le 14 mars 1710, âgé de 71 ans.

La Rochelle, 1694.
Portrait gravé: 1° par J. Lubin, 1692, in-4°; 2° par Duflos, d'après Rigaud. Portrait dessiné à la Bibliothèque nationale.
† D'azur au chevron accompagné en chef de deux roses, et en pointe d'un lion, le tout d'or.

Bernage (Louis de), seigneur de Saint-Maurice et autres lieux, conseiller au grand conseil, maître des requêtes en 1689, conseiller d'État en 1724, grand'croix, secrétaire-greffier de l'Ordre de Saint-Louis. Mort en 1737, âgé de 77 ans.

Limoges, 1694. — *Besançon*, 1702. — *Amiens*, 1708. — *Languedoc (Toulouse et Montpellier)*, 1717.

† Fascé de gueules et d'or de six pièces, les fasces de gueules chargées de cinq sautoirs d'argent. C'est à tort qu'on lui a donné : D'argent à trois levrettes courantes de sable.

Bernage (Louis-Bazile), seigneur de Saint-Maurice, prévost des Marchands, 1743-1758.

Montauban, 1720. — *Montpellier*, 1724. — *Languedoc*, 1726.
Portrait gravé par Michel, d'après Gérard, in-f°.

† Fascé de gueules et d'or de six pièces, les fasces de gueules chargées de cinq sautoirs d'argent.

Jeton argent : F. VI. Prév^{to} de Mre Louis Bazile de Bernage, con^{er} d'État ord^{re}, 1754. Comm. grand croix de l'ordre de Saint-Louis. Armoiriés du prévôt. R. Armoiries de la ville de Paris. En exergue : *Ville de Paris*.

Bernage (Jean-Louis de), chevalier, seigneur de Vaux, Saint-Maurice, Chassy, Arbonne et autres lieux, grand'croix de l'ordre de Saint-Louis, conseiller du roi en ses conseils, maître des requêtes ordinaire.

Moulins, 1744. — *Metz*, 1756 à 1766.

† Fascé de gueules et d'or de six pièces, les fasces de gueules chargées de cinq sautoirs d'argent.

Bernard de Ballainvilliers (Simon-Charles-Sébastien).

Riom, 1757 à 1767.

† D'azur à la gerbe de blé d'or accompagnée en pointe d'un croissant d'argent au chef cousu de gueules, chargé de trois étoiles d'argent.

BERNARD DE BALLAINVILLIERS (CHARLES), baron de Ballainvilliers, seigneur du comté de Cléry, Maurepas, Porch, Aniécourt, conseiller d'Etat et maître des requêtes.

Montpellier, 1786. — *Languedoc*, 1786.

† D'azur à la gerbe de blé d'or accompagnée en pointe d'un croissant d'argent au chef cousu de gueules, chargé de trois étoiles d'argent.

BERRYER (NICOLAS-RENÉ), chevalier, lieutenant de police, ministre de la marine, puis garde des sceaux, mort le 15 août 1762.

Poitiers, 1743.

Portrait gravé par Wille, d'après de Lien, in-f° maj.

† D'argent au chevron de gueules accompagné en chef de deux quintefeuilles d'azur et en pointe d'une aigle de même.

BERTHIER DE SAUVIGNY (LOUIS-JEAN), chevalier, premier président du parlement de 1771.

Moulins, 1739. — *Grenoble*, 1740. — *Paris*, 1744.

† D'or au taureau furieux de gueules chargé de cinq étoiles d'argent posées en bande.

BERTHIER OU BERTIER DE SAUVIGNY (LOUIS-BÉNIGNE-FRANÇOIS), né vers 1742, massacré à Paris le 22 juillet 1789.

Paris, adjoint en 1768, titulaire en 1776.

† D'or au taureau furieux de gueules chargé de cinq étoiles d'argent posées en bande.

Bertin (Henri-Léonard-Jean-Baptiste), chevalier, comte de Bourdeille, premier baron du Périgord, seigneur de Belle-Isle et autres lieux, lieutenant général de police en 1757, contrôleur général en 1759, ministre d'État en 1762; né en 1720 à Périgueux, mort en 1792.

Perpignan, 1750. — *Lyon*, 1754.

Portraits gravés par Cathelin, in-4°, et Dupin, in-8°, d'après Roslin ; par Gaillard, in-fol.

† Ecartelé aux 1 et 4 d'azur au lion d'argent, aux 2 et 3 d'or au mont de sinople chargé de trois roses de gueules, au chef d'azur chargé de trois étoiles d'or.

Bertrand de Molleville.

Rennes, 1783 à 1789.

Portrait gravé par Antoine Cardon, in-8°.

† D'azur au cerf passant d'or au chef d'argent.

Bertrand de Boucheporn (Claude-François), conseiller d'honneur au parlement de Metz.

Corse, 1775. — *Pau*, 28 novembre 1785. — *Auch*, 1787.

† Écartelé au 1 et 4 d'azur à une pomme de pin d'argent tigée et feuillée de même; aux 2 et 3 de gueules à trois annelets d'or entrelacés.

Bérulle (Pierre de), seigneur et vicomte de Guyencourt.

Riom, 1685. — *Lyon*, 1687.

† De gueules au chevron d'or accompagné de trois molettes d'éperons de même.

Bérulle (Amable-Pierre-Thomas, marquis de).

Moulins, 1756.

† De gueules au chevron d'or accompagné de trois molettes d'éperons de même.

Besançon (Charles de).

Tours, 1642.

† D'or à la tête de maure de sable tortillée d'argent accompagnée de trois trèfles de sinople.

Bidé de la Grandville (Joseph).

Limoges, 1673.

† D'argent au lion de sable armé et lampassé de gueules, accompagné en chef à dextre d'un croissant d'azur, à senestre d'une étoile de gueules et en pointe d'une autre étoile de même.

Bidé (Julien-Louis), seigneur de la Grandville.

Riom, 1723. — *Valenciennes*, 1730. — *Lille*, 1730. — *Alsace*, 1743.

† D'argent au lion de sable armé et lampassé de gueules, accompagné en chef à dextre d'un croissant d'azur, à senestre d'une étoile de gueules et en pointe d'une autre étoile de même.

Bignon (Hiérosme), avocat du roi au Châtelet en 1679, conseiller au parlement en 1685, maître des requêtes en 1689, conseiller d'État en 1698, prévôt des marchands en 1708, membre honoraire de l'Académie des inscriptions et belles lettres. Né à Paris le 20 août 1658, mort le 5 décembre 1725, à l'âge de 68 ans.

Rouen, 1693. — *Amiens*, 1694.

† D'azur à la croix haute ou du calvaire d'argent posée sur une terrasse de sinople d'où sort un cep de vigne de sinople chargé de cinq grappes de raisin d'or, qui accolle et entoure ladite croix, laquelle est cantonnée de quatre flammes d'argent.

Eloge à l'Assemblée publique de l'Académie des inscriptions et belles lettres. 1726.

BIGNON (ARMAND-ROLLAND), seigneur de Blanzy, conseiller d'Etat. Mort le 20 février 1724.

Paris, 1710.
† D'azur à la croix haute ou du calvaire d'argent posée sur une terrasse de sinople d'où sort un cep de vigne de sinople chargé de cinq grappes de raisin d'or, qui accolle et entoure ladite croix, laquelle est cantonnée de quatre flammes d'argent.

BIGNON (JÉRÔME), seigneur de Blanzy, baron de Semoine, membre honoraire de l'Académie des inscriptions et belles lettres, fils de l'intendant de Paris et frère du prévost des marchands. Mort le 7 mars 1743.

La Rochelle, 1726 à 1737. — *Soissons*, 1737.
† D'azur à la croix haute ou du calvaire d'argent posée sur une terrasse de sinople d'où sort un cep de vigne de sinople chargé de cinq grappes de raisin d'or, qui accolle et entoure ladite croix laquelle est cantonnée de quatre flammes d'argent.

BLAIR (LOUIS-GUILLAUME), chevalier, seigneur de Boisemont et de Courdimanche.

La Rochelle, 1749. — *Valenciennes*, 1754. — *Alsace*, 1764.
† De sable à la fasce d'or accompagnée de trois besans de même. Sur le tout un écusson d'argent chargé d'un chevron ondé de sable, accompagné de trois tourteaux de même.

BLANC (Voir LE BLANC).

BOCHART (JEAN), seigneur de Champigny, Noroy et Bouconvilliers.

Limoges, 1655. — *Tours*, 1658. — *Rouen*, 1659.
† D'azur à l'étoile d'or soutenue d'un croissant de même.

Bochart (François), seigneur de Champigny.

Lyon, 1641. — *Grenoble*, 1660.
† D'azur à l'étoile d'or soutenue d'un croissant de même.

Bon (Louis-Guillaume), chevalier, marquis de Saint-Hilaire, baron de Fourques, premier président du conseil supérieur du Roussillon.

Perpignan, 9 novembre 1753 à 1775.
† De gueules à une bande d'or chargée d'un ours de sable.

Bosc du Bouchet (Marc-Antoine).

Limoges, 1711.

Bosquet (François), procureur général au parlement de Rouen, évêque de Lodève en 1648 et de Montpellier en 1657. Né à Narbonne en 1613, mort le 24 juin 1676.

Montauban, 1641. — *Languedoc*, 1643.
Portrait gravé par Nanteuil, 1671, in-f°.
Écartelé : au 1 d'or, chargé de trois fruits de sinople mouvants d'un trait d'en bas, accompagnés en chef d'une croix recroisettée de gueules, aux 2 et 3 de gueules à la croisette d'or, au 4 d'or à trois bandes de gueules.

Bossuet (Louis), seigneur de Daru et de La Cosne, conseiller d'Etat et maître des requêtes.

Soissons, 1685.
† D'azur à trois roues d'or.

Boucher (Charles), seigneur d'Orsay, prévôt des marchands.

Limoges, 1712. — *Grenoble*, 1716. — *Bordeaux*, 1720. — *Limoges*, 1724. — *Montauban*, 1727.

† De gueules semé de croisettes d'argent, au lion de même armé et lampassé de gueules sur le tout.

Boucher (Claude), seigneur d'Hebecourt, Sainte-Geneviève, etc.

Riom, 1717.

† De gueules semé de croisettes d'argent, au lion de même armé et lampassé de gueules sur le tout.

Boucherat (Louis), chevalier, comte de Compans, correcteur des comptes, conseiller au parlement, maître des requêtes en 1643, conseiller d'Etat en 1662, chancelier et garde des sceaux le 1er novembre 1685, chancelier des ordres du roi le 21 août 1691. Né le 6 septembre 1616, mort le 2 septembre 1699.

Languedoc. — Bordeaux. — Amiens. — Châlons. — Rennes. — Isle-de-France.

Il existe vingt-deux portraits différents.

† D'azur au coq crêté, becqué, barbé et membré de gueules.

Bouchu (Claude), baron de Loisy, maître des requêtes en 1654 ; mort au mois de juin 1683, inhumé aux Carmes de Dijon, où l'on voit son tombeau.

Dijon, 1655.

Portrait gravé par F. de Poilly, n° 72 de son œuvre (?).

† D'azur au chevron d'or accompagné en chef de deux croissants d'argent *alias* d'or, et en pointe d'un lion d'or.

Bouchu (Étienne-Jean), marquis de Fansergues, comte de Pont de Veyle.

Grenoble, 1686.

† D'azur au chevron d'or accompagné en chef de deux croissants d'argent *alias* d'or, en pointe d'un lion d'or.

Boula de Nanteuil (Antoine-Alexandre-François), seigneur de Mareuil, Saint-Clair, Lignères, Saint-Denis, La Grange-du-Mont, Nanteuil, les Maux, Truet, Clermont, conseiller honoraire au parlement de Paris.

Poitiers, 1784 à 1790.
† D'azur à trois besans d'or.

Du Boulay (Voir Favier).

Bourdonnaye (Voir La Bourdonnaie).

Bourgeois de Boyne (P. Étienne), premier président du parlement de Franche-Comté, 1757, ministre de la Marine, 1771, mort en 1783.

Besançon, 1754.
† D'azur à la bande d'argent chargée de trois merlettes de sable.

Bourrée (Nicolas), seigneur de Corberon, de Torvilliers, conseiller d'État, lieutenant particulier au présidial de Troyes, membre du conseil souverain de Nancy en 1634, avocat général au parlement de Metz et conseiller d'État en 1636, bibliothécaire du Roi à Fontainebleau. Né à Troyes en 1608, mort le 19 mai 1658.

Limoges, 1644.
Portrait gravé par Desrochers.
† D'azur à trois gerbes d'or liées d'argent.

Boussan (N. de), maître des requêtes.
Alsace, 1640.
† D'or à l'aigle de gueules becquée et membrée d'azur.

Boutin (Ch. Rob. de). Mort à Paris le 20 mars 1810.
Bordeaux, 1760 à 1766.
Portrait gravé par Wattelet, d'après Cochin, 1752.
† D'azur à la fasce d'or surmontée de trois étoiles d'argent et accompagnée en pointe de deux oiseaux affrontés de même.

Bouville (Voir Jubert de Bouville).

Bove (Voir La Bove).

Bragelongne ou Bragelonne (Jean de).
Orléans, 1641.
† De gueules à la fasce d'or, *alias* d'argent, chargée d'une coquille de sable accompagnée de trois molettes d'or.

Bret (Voir Cardin).

Bretel de Grimonville.
Châlons, 1642. — *Languedoc*, 1644.
† D'or au chevron de gueules chargé d'une fleur de lys du champ et accompagné de trois molettes d'éperon d'azur, au chef de même chargé d'une couleuvre contournée d'argent.

Briconnet (Jacques-Alexandre), seigneur du Bouchet et d'Auteuil, conseiller au parlement, mort le 12 mai 1740.
Montauban, mars 1740.
† D'azur à la bande componée d'or et de gueules de cinq pièces, chargée sur le premier compon de gueules, d'une étoile d'or, accompagnée d'un autre de même en chef.

Briffe (Voir La Briffe).

Brunet d'Évry (Gilles), seigneur de la Palisse, baron de Chatel Montagne.

Riom, 1720. — *Moulins*, 1723.

† Écartelé : aux 1 et 4 d'or au levrier colleté d'or, à la bordure crénelée de sable ; aux 2 et 3 d'argent à la tête de maure de sable tortillée d'argent.

C

Calonne (Charles-Alexandre de), comte d'Hannonville, baron d'Arnes, seigneur de Tillot, Dommartin, etc., procureur général au parlement de Douai, devenu premier ministre le 2 novembre 1783. Né en 1734 à Douai, mort à Paris en 1802.

Metz, 7 octobre 1766. — *Lille*, mai 1778.

Portrait gravé par de Bréa (1802), Levacher, Bromley, d'après Mlle Lebrun, lithographié par Delpech et Mauzaisse.

† D'argent à l'aigle de sable, becquée et membrée de gueules. *Alias* : d'azur à deux aigles à deux têtes d'or posées l'une du canton senestre du chef et l'autre en pointe ; au franc quartier d'argent chargé d'un lion de sable armé et lampassé de gueules.

Camus de Beaulieu.

Besançon, 1674. — *Perpignan*, 1675.

Camus de Pontcarré de Viarmes (J.-B.-Elie), prévost des marchands, de 1758 à 1764.

Rennes, 1734.

† D'azur à l'étoile d'or accompagnée de trois croissants d'argent.
Jeton argent : F. Prév. de Mre J.-B. Elie Camus de Pontcarré, de Viarmes, c^er d'É., 1758. Armoiries. Revers : la Ville de Paris assise appuyée sur ses armoiries. En exergue : *Ville de Paris.*

Camus de Pontcarré de Viarmes.

Rennes, 1774.
† D'azur à l'étoile d'or accompagnée de trois croissants d'argent.

Camus des Touches.

Hainaut, 1665-1667.
† D'azur à l'étoile d'or accompagnée de trois croissants d'argent.

Cardin le Bret (Pierre), seigneur de Flacourt, Pantin, maître des requêtes en 1676, président du parlement de Provence, 1690. Mort le 25 février 1710.

Grenoble, 1663. — *Limoges,* 1681. — *Lyon,* 1686. — *Aix,* 1687.
Dessin à l'encre de Chine, Bibliothèque Impériale.
Portraits gravés : 1° par Cundier, d'après Philippe de Champagne ; 2° par Cundier, d'après Rigaud, 1727 ; 3° par Coelmans, d'après Rigaud, 1709, in-folio.
† D'azur à la tour d'or, au chef d'argent chargé de trois mouchetures d'hermines de sable. (Armorial manuscrit des Intendants de Lyon, et Recueil W., 297, de la Bibliothèque Sainte-Geneviève.) Cependant Chevillard, dans sa planche des maîtres des requêtes, lui donne : D'or au sautoir de gueules cantonné de quatre canettes de sable, à l'écu d'argent en cœur chargé d'un lion de sable, armé et lampassé de gueules.
Voir sa correspondance à la Bibliothèque Impériale.

Cardin le Bret (Pierre), comte de Selles, seigneur de Flacourt et Pantin ; fils du précédent, aussi premier président du parlement de Provence en 1710. Mort le 14 octobre 1734.

Paris, 1701. — *Pau*, 3 avril 1703. — *Aix*, 1704.

Portraits gravés : 1° par N..., in-f°, en manière noire; 2° par Jacques Coelmans, 1709, in-f°; 3° par Cundier, d'après Rigaud, 1724, in-f°; 4° le même, 1727, par Thomassin, d'après de Troy, 1702, in-4°.

† D'azur à la tour d'or, au chef d'argent chargé de trois mouchetures d'hermines de sable.

CARLIER, vicomte d'Olly.

Hainaut, 1668. — *Perpignan*, 1670.

CARRÉ DE MONTGERON (GUY).

Bourges, 1706. — *Limoges*, 1708.

† D'argent à un rameau de deux branches d'olivier de sinople, fourchu et passé en sautoir et fruité de gueules; la tige accottée de deux roses de même ; au chef d'azur chargé de trois étoiles d'or.

CAUMARTIN (Voir LE FEBVRE).

CAZE (GASPARD-HENRI), baron de la Bove, seigneur de Montchalons, Orgeval, Grand et Petit-Juvincourt, Bièvres, Ployart, Arancy et Damary.

Auch et *Pau*, février 1744 au 1ᵉʳ mars 1749. — *Châlons*, 1749.

† D'azur au chevron d'or accompagné en chef de deux losanges et en pointe d'un lion, le tout aussi d'or.

CAZE (GASPARD-LOUIS), baron de la Bove.

Rennes, 1774. — *Grenoble*, 1784 à 1790.

† D'azur au chevron d'or accompagné en chef de deux losanges et en pointe d'un lion, le tout aussi d'or.

CHAMILLART (GUY). Mort en 1675.

Caen, 1666.
Portrait peint et gravé par Nanteuil, 1664, in-f°.
† D'azur à une levrette d'argent colletée de gueules, au chef d'or chargé de trois étoiles de sable.

CHAMILLARD (MICHEL), intendant des finances (1701), ministre d'État, secrétaire d'État, avec le département de la guerre. Mort en 1721.

Rouen, 1689.
† D'azur à une levrette d'argent colletée de gueules, au chef d'or chargé de trois étoiles de sable.

CHAMPIGNY (de). Mort en 1638.

Aix, 1638.

CHANTEREAU-LEFEBVRE (LOUIS).

Metz, 1633.
† Écartelé les 1 et 4 d'azur à deux levriers d'argent, l'un sur l'autre et 2 et 3 d'argent au lion de sable.

CHAPONAY (HUMBERT de), chevalier, seigneur de l'Isle-de-Mean, Beauregard et la Chartonnière, maître des requêtes.

Lyon, 1634.
Portrait gravé par M. Lasne, 1638, in-4°, par Sprinx, in-f°.
† D'azur à trois coqs d'or, barbés, crêtés et membrés de gueules.
Devise : *Gallo canente spes redit.*

CHARDON, premier président du conseil supérieur de l'île de Corse.

Corse, 1768 à 1771.

CHARRETON (JACQUES de), seigneur de la Terrière.

Montauban, 1642.

† D'azur au lion d'or accompagné, au canton dextre du chef, d'une étoile *alias* même, *alias* d'un croissant d'argent.

CHARRON (JEAN-JACQUES), vicomte, puis marquis de Menars, vicomte de Conflans, seigneur de Neuville, Cours-sur-Loire et Nozieux, maître des requêtes, surintendant de la maison de la reine.

Orléans, 1674. — *Châlons*, 1674. — *Paris*, 1681.

Portraits gravés : 1° par Antoine Vallet, d'après J. Garnier, in-4°; 2° par N..., médaillon avec figures in-4°.

† D'azur au chevron d'or accompagné de trois étoiles de même.

CHARRUEL (JACQUES).

Metz, 1682. — *Lorraine*, 1682.

† D'azur au chevron d'or accompagné de trois rencontres de cerf de même.

CHAULNES (JACQUES de), seigneur d'Espinay, lieutenant-général des eaux et forêts à Paris, reçu maître des requêtes le 5 février 1637.

Riom, 1638. — *Amiens*, 1643.

† D'azur au chevron d'or accompagné de trois clous d'argent.

CHAUMONT (ANTOINE-MARTIN), marquis de la Galaizière. Né le 2 janvier 1697 à Namur.

Soissons, 1731. — *Lorraine*, 1737.

Portrait gravé par Beauvarlet (ovale).

† D'argent à un mont de sable dont le sommet est flambant d'une flamme de gueules, d'où sort de la fumée de chaque côté, roulée en forme de volute.

Jeton cuivre : Armoiries de Chaumont et de sa femme. Revers, armoiries de Lorraine : *Non invitus premor.*

CHAUMONT DE LA GALAIZIÈRE (ANTOINE), fils du précédent, comte de Chaumont-sur-Moselle, marquis de Bayon, sieur de Rosime, conseiller d'État.

Montauban, 1756. — *Lorraine et Barrois,* 1758. — *Alsace,* 1777 à 1790.

Portrait gravé par Ch. Guérin, 1781.

† D'argent à un mont de sable dont le sommet est flambant d'une flamme de gueules, d'où sort de la fumée de chaque côté, roulée en forme de volute.

CHAUMONT DE LA MILLIÈRE (JACQUES-LOUIS).

Limoges, 1750.

† D'argent à un mont de sable dont le sommet est flambant d'une flamme de gueules, d'où sort de la fumée de chaque côté, roulée en forme de volute.

CHAUVELIN (LOUIS), seigneur de Grisenoire ou Crisenois, conseiller au parlement en 1667, conseiller d'Etat en 1691. Mort le 30 juillet 1719.

Besançon, 1677. — *Amiens,* 1684-1694.

† D'argent au chou pommé et arraché de sinople, le tronc accolé d'un serpent d'or, la tête en haut.

CHAUVELIN (BERNARD), fils du précédent, seigneur de Beauséjour, maître des requêtes, conseiller d'Etat en 1731, secrétaire de l'ordre du Saint-Esprit. Mort le 16 octobre 1755, à l'âge de quatre-vingt-trois ans.

Grenoble, 1700. — *Bordeaux,* 1717. — *Amiens,* 1718-1731.

† D'argent au chou pommé et arraché de sinople, le tronc accolé d'un serpent d'or.

Chauvelin (Jacques-Bernard), seigneur de Beauséjour, fils du précédent, maître des requêtes, directeur de la Librairie, intendant des finances en 1751. Mort à Paris, le 14 mars 1767, âgé de soixante-sept ans.

Tours, 1710 à 1718. — *Alençon*. — *Amiens*, 1731 à 1751.

† D'argent à chou pommé et arraché de sinople, le tronc accolé d'un serpent d'or.

Chazerat (Charles-Antoine-Claude de), chevalier, vicomte d'Aubusson et de Montel, baron de Lignat, Boret, Codignac, seigneur de Ligones, Seychalles, Mirabelle, Saint-Agoulin, etc., premier président du Conseil supérieur de Clermont-Ferrand.

Riom, 1772 à 1790.

† D'azur à l'aigle éployée d'or, à la bordure de gueules chargée de huit besants d'argent.

Chiens (Voir Deschiens).

Choisy (Jean-Baptiste de), seigneur de Beaumont et de Balleroy.

Châlons, 1635. — *Metz*, 1662. — *Lorraine*, 1662. — *Riom*, 1662.

† D'azur au sautoir engrelé d'or cantonné d'un croissant et de trois besants aussi d'or.

Clugny (Jean-Étienne-Bernard de), baron de Nuits-sur-Armençon, seigneur de Praslay, Saint-Marc et Marnay, contrôleur général en 1776. Mort en 1776.

Perpignan, 1774. — *Bordeaux*, 1775. — *Auch* et *Pau*, 10 janvier au 20 février 1776.

Portrait gravé par Romanet d'après Le Tellier, in-f°.

† D'azur à deux clefs d'or adossées et posées en pal, les anneaux liés.

Coignet (Gaspard), seigneur de la Tuillerie, conseiller du Roi, maître des requêtes.

Poitou, Saintonge, Pays d'Aulnis, gouvernement de la Rochelle et îles adjacentes, 1628 à 1632.

† D'azur à deux épées d'argent en sautoir, la pointe en haut, les poignées et gardes d'or, accostées de quatre croissants d'argent.

Médaille frappée en son honneur. 1629.

Colbert (Charles), marquis de Croissy, seigneur de Torcy, etc., ministre et secrétaire d'État, successivement président au conseil d'Alsace et au parlement de Metz, maître des requêtes, ambassadeur en Angleterre, à Aix-la-Chapelle, second plénipotentiaire à Nimègue. Mort le 28 juillet 1696, âgé de soixante-sept ans.

Alsace, 1656. — *Metz*, 1661. — *Lorraine*, 1661. — *Poitiers*, 1663. — *Tours*, 1663. — *Amiens*, 1666. — *Paris*.

Portraits gravés : 1° par Masson, d'après Gascar, 1681, in-f°; 2° par Edelinck, d'après Rigaud, 1691, in-f°; 3° par H.-H. Quitter, in-f°, en manière noire ; 4° par Larmessin.

† D'or à la guivre d'azur posée en pal.

Colbert (Michel), conseiller au parlement de Paris, maître des requêtes, neveu de Colbert de Saint-Pouenge. Mort en 1694.

Alençon, 1672.

† D'or à la guivre d'azur posée en pal.

Colbert (Jean-Baptiste), seigneur de Saint-Pouenge, conseiller d'État en 1658.

Metz, 1658. — *Lorraine*, 1658.
Portrait indiqué dans Lelong.
† D'or à la guivre d'azur posée en pal.

Conti (N... de).

Limoges, 1638.
† D'or à trois maillets de gueules?

Corberon (Voir Bourée de).

Cordier-Delaunay (Louis-Guillaume-René).

Caen, 1787 à 1790.
† D'azur au chevron d'or accompagné de trois croissants d'argent.

Courtin (Honoré), seigneur de Chanteraine et des Mesnus, conseiller au parlement de Rouen en 1640, maître des requêtes en 1649, employé dans plusieurs ambassades et à des missions diplomatiques. Mort à Paris, doyen du conseil d'État, le 23 décembre 1703, âgé de soixante-dix-sept ans, après avoir été ambassadeur en Hollande, en Suède et en Angleterre.

Amiens, 1663.
Portrait gravé par Nanteuil, 1668, in-f°.
† D'azur à trois croissants d'or.
D'après La Chenaie des Bois, et un jeton indiqué par M. Duleau, les armes de ce personnage seraient: D'azur à la fasce ondée d'argent accompagnée en chef d'un lion issant d'or et en pointe de trois trèfles du même.

Creil (Jean de), marquis de Creil-Bournezeau.

Moulins, 1685. — *Orléans*, 1686.
† D'azur au chevron d'or accompagné de trois clous du même.

Creil (Jean-François), marquis de Creil-Bournezeau.

La Rochelle, 1716. — *Metz*, 1721 à 1754.
† D'azur au chevron d'or chargé de 3 molettes d'éperon de sable et accompagné de 3 roses d'or.

Creil (Jean de), seigneur de Soisy.

Rouen, 1672.
† D'azur au chevron d'or chargé de trois molettes d'éperon de sable et accompagné de trois roses d'or (?)

Cypierre (Voir Perrin).

D

Dagay (Voir Agay).

Daine (Voir Aine).

Delaporte (Pierre-Jean-François), marquis de Presles, Mers, etc.

Moulins, 1740. — *Grenoble*, 1744 à 1751.

De la Porte de Meslay.

Perpignan, 1775. — *Lorraine*, 1778 à 1790.

Depont (Jean), seigneur de Mandevoux, Forges, Puidebouard et autres lieux, conseiller du roi en tous ses conseils, maître des requêtes honoraire, conseiller honoraire au parlement de Paris.

Moulins, 1765. — *Rouen*, 1777. — *Metz*, 1778.

Des Chiens ou Deschiens de Laneuville (Charles), seigneur de Lalongue et Vialer, président au parlement de Navarre.

Béarn, 2 août 1710 au 29 avril 1711. — *Roussillon*, 1713. — *Besançon*, 1718 à 1734.

† D'azur au lion d'or lampassé de gueules au chef cousu de même chargé de trois têtes de levriers d'argent accolées de sable.

Desmarets (Jean-Baptiste), seigneur de Vaubourg, baron de Cramaille.

Soissons, 1665. — *Béarn*, 13 août 1685 au 9 mai 1687. — *Riom*, 1687. — *Metz* et *Lorraine*, 1691.

† D'azur au dextrochère d'argent, tenant trois lys du même mouvant d'une seule tige.

Dodart (Denis).

Bourges, 1728.

† D'azur au sautoir d'argent cantonné de quatre besans d'or.

Doguin ou Daquin (Antoine), chevalier, seigneur de Château-Renard.

Moulins, 1690.

† Bandé d'or et de gueules, au chef d'azur, chargé d'un lion léopardé d'or.

Dorieu (Nicolas), chevalier.

Soissons, 1667. — *Limoges*, 1669.

† D'azur à la bande d'or chargée de trois molettes de gueules.

Douet de la Boullaye (Gabriel-Isaac).
Auch et *Pau*, 28 janvier 1776. — 21 octobre 1782.

Doujat (Jean-Charles), chevalier, maître des requêtes ordinaire de l'hôtel du roi.
Poitiers, 1705. — *Bordeaux*, 1708. — *Hainaut*, 1708. — *Moulins*, 1720.
† D'azur au griffon d'or couronné d'une couronne ducale du même.

Dreux (Philippe de).
Caen, 1675.

Du Bois ou Dubois (Nicolas), seigneur de Baillet.
Montauban, 1684.

Ducluzel (François-Pierre), marquis de Montpipeau.
Tours, 1766 à 1783.
Portraits gravés : 1° par Beauvarlet, d'après Roslin (Fonds de Basan, n° 2186); 2° aussi par Beauvarlet, et de même d'après Roslin, en habit de chasse et tenant un fusil.
† D'or à l'arbre de sinople posé sur une terrasse de même; au chef de gueules chargé de trois croissants d'argent.

Dufaure de Rochefort.
Rennes, 1789 à 1790.

Dufour de Villeneuve (Jean-François), lieutenant général au présidial de Clermont en 1761, maître des requêtes en 1744, président du grand conseil en 1747, et lieutenant civil au Châtelet en 1766.

Dijon, 1760. — *Bourges*, 1780 à 1790.
Portrait gravé par R. Le Villain, d'après Mauperin, 1767, in-4°.
† D'azur au chevron d'or accompagné de trois étoiles de même.

Dugué de Bagnols (François), président à la chambre des comptes, 1681; mort le 4 novembre 1686.

Caen, 1661. — *Lyon*, 1666. — *Grenoble*, 1666.
Portraits gravés : 1° par Thourneysen, d'après Blanchet, Lyon, 1668, in-4°; 2° par les mêmes in-f°, 1679; 3° par Ogier, 1680, in-18. Audran, in-fol. J. Liquenet, par Boulanger, fec. Lugd., in-folio.

† D'azur au chevron d'or accompagné de trois étoiles, deux en chef et une en pointe, celle-ci surmontée d'une couronne ducale, le tout aussi d'or.

Du Gué (Louis-Dreux), seigneur de Bagnols, maître des requêtes, conseiller d'État en septembre 1694. Mort à Paris, le 9 octobre 1709, âgé de soixante-quatre ans.

Lille, août 1697 à 1709.
Portrait gravé par Et. Gantrel, 1688, in-folio, m.

† D'azur au chevron d'or accompagné de trois étoiles, deux en chef et une en pointe, celle-ci surmontée d'une couronne ducale, le tout aussi d'or.

Dupleix (Guillaume-Joseph), né le 23 avril 1727, chevalier, seigneur de Bucy, de Bacquencourt, etc., maître des requêtes, 1756, conseiller d'État en 1780.

La Rochelle, décembre 1765. — *Picardie*, 6 octobre 1767. — *Rennes*, 1771 à 1774. — *Dijon*, 1774 à 1780.

† Ecartelé aux 1 et 4 d'azur au chevron d'or accompagné en chef de deux poissons affrontés, en fasce et en pointe d'une étoile, le tout d'argent, et aux 2 et 3 semés de carreaux d'or chargés chacun d'une étoile d'azur.

Dupré de Saint-Maur.

Bourges, adjoint, 1764, titulaire, 1766. — *Bordeaux* et *Bayonne,* 1775 à 1785.

† D'argent à la fasce de sinople accompagnée de trois trèfles de même.

Du Tronchay (Charles), seigneur de Ceinechour.

Caen, 1646.

† D'azur à l'aigle d'or regardant au soleil de même placé au premier canton de l'écu.

Dyel (Jacques), seigneur de Miromesnil, conseiller du roi en ses conseils.

Rouen, 1643.

† D'argent au chevron de sable, accompagné de trois trèfles d'azur.

E

Esmangart (Charles-François-Hyacinthe), seigneur des Bordes, des Feynes, etc., né le 11 mai 1736, conseiller au grand conseil, maître des requêtes, président au grand conseil en 1768.

Bordeaux, 26 mars 1770. — *Caen,* 1775. — *Lille,* 1783 à 1790.

† D'azur au jars d'argent becqué d'or nageant sur une mer aussi d'argent accompagnée en chef des cinq besants d'or, 3 et 2.

Estampes (Jean), conseiller au parlement en 1619, maître des requêtes, conseiller d'État, président au grand conseil, ambassadeur chez les Suisses en 1637, puis en Hollande. Mort le 4 avril 1671, âgé de soixante-dix-sept ans.

Tours, 1630.
Portrait gravé par J. Frosne, in-f°.

† D'azur à deux girons d'or mis en chevron au chef d'argent chargé de trois couronnes ducales de gueules, mises en fasce.

F

Farges (N. de).
Bordeaux, 1766 à 1770.

Faulcon (Louis de), seigneur de Ris.
Lyon, 1643.
† De gueules à la patte de lion d'or posée en bande.

Faulcon (Charles de), seigneur de Ris, marquis de Charleval, comte de Bacqueville, conseiller au parlement de Rouen, puis maître des requêtes, premier président du parlement de Rouen en 1686. Mort en 1691.

Bordeaux, 1676. — *Moulins,* 1677.
† Écartelé 1 et 4, comme dessus (Faulcon), et 2 et 3 d'argent à

la bordure engrêlée de sable, au taureau furieux, aussi de sable, chargé au cou d'un écusson d'argent surchargé d'une croix de gueules (Bucelli).

FAULTRIER (JOACHIM), né en 1626 à Auxerre, devint abbé de Notre-Dame des Ardennes et de Saint-Loup de Troyes, mort à Paris le 12 mars 1709, âgé de quatre-vingt-neuf ans.

Hainaut, août 1678 à 1684.

Portrait gravé par B. Picart, 1709, d'après Poultier, médaillon in-8°.

† D'argent au lion de gueules chargé d'une fasce de sable surchargé d'une étoile du champ posée à senestre, à la bordure composée de gueules et d'or.

FAVIER (JACQUES), chevalier, seigneur du Boulay, conseiller ordinaire du roi en ses conseils, maître des requêtes.

Alençon, 1644. — *Caen*, 1659.

Portraits gravés : 1° par Humbelot, in-f° ; 2° par N. Pitau, d'après Ph. de Champagne, 1668, in-f° ; 3° par Jollain, in-f°.

† De gueules à trois concombres d'argent, les queues en haut.

FERRAND (FRANÇOIS-ANTOINE), seigneur de Villemillon ou Ville Milan, maître des requêtes en 1660.

Montauban, 1674.

† D'azur à trois épées d'argent garnies d'or, posées en pal, celle du milieu la pointe en haut, les deux autres tournées vers le bas, à la fasce d'or brochant sur le tout.

FERRAND (ANTOINE-FRANÇOIS), seigneur de Villemillon, conseiller au Châtelet, maître des requêtes, puis conseiller d'État. Mort le 3 janvier 1731, à 77 ans.

Dijon, 1694. — *Rennes*, 1705.

Portrait gravé par Simonneau, d'après De Launay.

† D'azur à trois épées d'argent garnies d'or, posées en pal, celle du milieu la pointe en haut, les deux autres tournées vers le bas, à la fasce d'or brochant sur le tout.

Jeton. Mre Ant Fr. Ferrand. M^re des req. intend. 1° en Bourg, 2° en Bretagne. Dans le champ un écusson circulaire aux armes de Ferrand, posé sur un cartouche soutenu par deux licornes et surmonté d'une couronne de marquis. Revers : la ville de Dijon. A l'exergue : 1705. L'écusson de la ville accosté de deux palmes croisées et surmontées de la couronne de France. En 1701, la ville de Dijon avait déjà fait frapper le même jeton en l'honneur de l'Intendant.

FEYDEAU (DENIS), chevalier, seigneur de Brou, Prunelay, la Villeneuve, maître des requêtes, puis conseiller au parlement, président au grand conseil en 1690. Né en 1633, mort le 10 novembre 1691.

Montauban, 1673. — *Rouen*, 1686.

† D'azur au chevron d'or accompagné de trois coquilles de même *alias* d'argent.

FEYDEAU (FRANÇOIS), chevalier, seigneur du Plessis, conseiller à la cour des aides en 1672 et au parlement en 1675, maître des requêtes en 1684. Mort le 25 mars 1692, âgé de quarante-six ans, inhumé dans l'église de Pau.

Pau, 9 mai 1687 au 25 mars 1692.

† D'azur au chevron d'or accompagné de trois coquilles de même, *alias* d'argent.

FEYDEAU (PAUL-ESPRIT), chevalier, seigneur de Brou, Prunelay, Villeneuve-aux-Aulnes, Calende, etc., conseiller au parlement, maître des requêtes, conseiller d'État en 1725, garde des sceaux le 29 septembre 1762. Mort le 3 août 1767, à Paris, inhumé à Saint-Merry.

Alençon, 1713. — *Rennes*, 1715. — *Alsace*, 14 août 1728. — *Paris*, 13 octobre 1742 à 1749?

† D'azur au chevron d'or accompagné de trois coquilles de même, *alias* d'argent.

FEYDEAU (ANTOINE-PAUL-JOSEPH), chevalier, marquis de Brou, conseiller au parlement en 1751. Né le 3 octobre 1731, mort le 9 juin 1762.

Rouen, 23 juin 1755.

† D'azur au chevron d'or accompagné de trois coquilles de même, *alias* d'argent.

FEYDEAU (CHARLES-HENRI), chevalier, marquis de Brou, conseiller du roi en ses conseils, maître des requêtes. Baptisé le 26 août 1754, mort en 1802.

Bourges, 1776. — *Dijon*, 1780. — *Caen*, 1783.

† D'azur au chevron d'or accompagné de trois coquilles de même, *alias* d'argent.

FEYDEAU (CLAUDE-HENRI) de Marville, comte de Gien, marquis de Dampierre-sous-Brou, conseiller d'Etat.

Auch et *Pau*, 17 septembre 1765 au 21 février 1766.

† D'azur au chevron d'or accompagné de trois coquilles de même, *alias* d'argent.

FLESSELLES (JACQUES de), chevalier, seigneur de Champgueffier, conseiller d'État, prévôt des marchands de Paris, massacré le 14 juillet 1789.

Moulins, 1762. — *Rennes*, 1765. — *Lyon*, 1767.

† D'azur au lion d'argent, au chef d'or chargé de trois tourteaux de gueules.

Jeton argent: Armoiries Flesselles, Jacques de Flesselles, ch^r M^e des requet. intendant d. l. Gen. d. Lyon. Revers: armoiries de Lyon.

FONTANIEU (GASPARD-MOÏSE de), chevalier, marquis de Fiennes, seigneur de Bellebrune, Saint-Aubin-sur-Mer, etc., maître des requêtes, conseiller d'État, puis premier président du grand conseil. Mort en 1767, à Paris.

Grenoble, 1724 à 1740.

Portrait gravé par Delongueuil, d'après Queverdo, in-4°.

† D'azur au chevron d'or accompagné en chef de deux étoiles d'argent et en pointe d'une montagne de même.

FORBIN-MEYNIER (HENRI de), baron d'Oppede, premier président d'Aix.

Aix, 1661.

Portrait gravé par Auroux, Cundier, d'après Mimaud, etc.

† D'or au chevron d'azur accompagné de trois têtes de léopard de sable.

FORTIA (BERNARD de), seigneur du Plessis, Cléreau et de Fromentières, conseiller au parlement de Normandie en 1642, maître des requêtes. Mort doyen des maîtres des requêtes en 1694.

Saintonge et Aunis, 1653. — *Poitiers*, 1657. — *Dijon*, 1659. — *Orléans*, 1660. — *Bourges*, 1661. — *Riom*, 1664.

† D'azur à la tour crénelée d'or, maçonnée de sable posée sur une montagne de six coupeaux de sinople.

Foucault (Nicolas-Joseph), marquis de Magny, avocat général au grand conseil en 1671, maître des requêtes en 1674, conseiller d'État en 1704, membre honoraire de l'Académie des belles lettres. Né à Paris le 8 janvier 1643, mort à Paris le 7 février 1721. Son père était secrétaire du conseil d'État; il avait épousé Marie Méhézeau.

Montauban, 1675. — Pau, 1684. — Poitiers, 1685. — Caen, 1689.
Portrait gravé par Van Schuppen, d'après Largillière, 1698, in-folio.

Médaille frappée par les Etats de Béarn en l'honneur de Foucault: Exergue: *Religio restituta in Benearnia publicis civitatum deliberationibus.*

Éloge de Foucault à l'Assemblée publique de l'Académie Royale des Inscriptions et Belles-Lettres, 1721.

† De sable au lion d'argent armé et lampassé de gueules, couronné d'or.

Foucault (Nicolas-Joseph), marquis de Magny, fils du précédent.

Caen, 1706.
† De sable au lion d'argent armé et lampassé de gueules, couronné d'or.

Foullé (Étienne), sieur de Prunevault.

Bordeaux, 1632. — Montauban, 1638 et 1652.
† D'argent à la fasce de gueules chargée de trois pals d'azur brochant sur le tout et accompagnée de six mouchetures d'hermine de sable, quatre en chef et deux en pointe entre les pals.

Foullé (Pierre), seigneur de Primevaux ou de Prunevault.

Moulins, 1640.

† D'argent à la fasce de gueules chargée de trois pals d'azur brochant sur le tout et accompagnée de six mouchetures d'hermine de sable, quatre en chef et deux en pointe entre les pals.

FOULLÉ (ÉTIENNE-HYACINTHE-ANTOINE), marquis de Martangis, Dournel, etc., avocat général, maître des requêtes en 1701. Né le 5 septembre 1678, mort en avril 1736.

Alençon, novembre 1705. — *Bourges*, juin 1708.

† D'argent à la fasce de gueules chargée de trois pals d'azur brochant sur le tout et accompagnée de six mouchetures d'hermine de sable, quatre en chef et deux en pointe entre les pals.

FOULON (JOSEPH-PIERRE-FRANÇOIS-XAVIER), baron de Doue, seigneur du marquisat de la Tournelle. Décapité le 15 juillet 1789, enterré au cimetière du Père-Lachaise, à Paris.

Moulins, 1788.

† De gueules à la croix d'argent posée sur une terrasse de sinople et accostée de deux lions d'or affrontés.

FOUQUET (NICOLAS), ministre et surintendant des finances.

Grenoble, 1644. — *Paris*.

24 Portraits gravés : 1° par Rousselet, in-f° ; 2° par Mellan, 1660, in-f° ; 3° par Nanteuil, 1658, in-f° ; 4° par le même, 1660, in-f° ; 5° par Larmessin (petit buste) ; 6° par Van Schuppen, in-8° ; 7° par Fr. de Poilly, d'après C. Le Brun, in-f° ; 8° par Chauveau, dans la thèse de Michel Gangnot de Mainicourt, 1660 ; 9° par N. dans Odieuvre, etc.

† D'argent à l'écureuil de gueules.

Voir dans la *Revue nobiliaire* de 1866, un travail de M. Juge sur la famille Fouquet.

Fournier de la Chapelle (Jean-Jacques).
Auch, Pau et Bayonne, 1783 au 26 mai 1786.

Freniers des Couronnes.
Limoges, 1639.

G

Galois (Jean-Baptiste des), seigneur de la Tour, premier président d'Aix, 1735. Mort le 7 mars 1747.
Poitiers, 1716. — *Limoges*, 1724. — *Rennes*, 1728. — *Aix*, 1734.
† De sable au sautoir d'or.

Galois (de), chevalier, vicomte de Glené, seigneur de la Tour, Chezelles, Dompierre, premier président du parlement, 1757.
Aix, 1757.

Galois (Charles-Jean-Baptiste des) de la Tour, vicomte de Glené.
Aix, 1775.
† De sable au sautoir d'or.

Gamin (Henri), seigneur de Peravy, Espreux, conseiller au parlement en 1638, maître des requêtes en 1644. Mort en 1651.

Amiens, 1646.

† De gueules à trois besants d'or chargés de trois faces de carnation.

GARGAN (PIERRE), intendant des finances. Mort en 1657.

Châlons, 1654.
Portrait gravé par Nicolas Regnesson, in-f°.

GARNERANS (de), premier président.

La Dombes ou Trevoux, 1762.

GASSION (JEAN de), président au parlement de Navarre.

Béarn et *Navarre,* 22 avril 1640 au 2 juin 1646.

† Écartelé : aux 1 et 4 d'azur à la tour d'or ; au 2 d'or à trois pals de gueules ; au 3 d'argent à l'arbre de sinople traversé d'un levrier de gueules courant, en pointe, accollé d'or.

GENDRE (Voir LE GENDRE).

GOBELIN (CLAUDE).

Orléans, 1637.

† D'azur au chevron d'argent accompagné en chef de deux étoiles d'or et en pointe d'un demi-vol de même.

GOUJON (JEAN-PROSPER), seigneur de Gasville, de Coutte, d'Yville et de Thouvigny, baron de Chasteauneuf, maître des requêtes. Mort le 24 septembre 1756.

Rouen, 1715 à 1732.

† D'azur à une rivière d'argent en pointe surmontée de deux goujons d'argent en sautoir.

Gourgues (Jacques-Armand de), marquis de Vaeres et d'Aunay.

Limoges, 1683. — *Caen*, 1686.

† D'azur au lion d'or armé et lampassé de gueules, accompagné en chef de deux étoiles de même.

Gourgue (Alexis-François-Joseph de).

Montauban, 1761 à 1773.

Goux (Voir Le Goux).

Gras (Voir Le Gras).

Gravier (Charles), marquis de Vergennes.

Auch et *Pau*, 24 juin 1782 au mois de février 1784. — *Montauban*, 1784.

† Parti : au 1 de gueules à trois oiseaux d'argent, essorant posés 2 et 1, les deux du chef affrontés ; au 2 de gueules à la croix d'argent d'un écusson d'azur à la feuille d'or tigée et feuillée de sinople.

Guéau (Jacques-Philippe-Isaac), marquis de Reverseaux, né le 26 juin 1739, chevalier, comte de Marmaignac, maître des requêtes, 1765.

Moulins, 1777. — *La Rochelle*, 1781 à 1790.

† Écartelé : 1 et 4 d'azur à la croix de Jérusalem d'or en chef, cousu de gueules chargé d'un gland feuille d'or, la tige est or ; aux 2 et 3 d'azur au chevron d'or accompagné de trois croissants d'argent.

Gué (Voir Du Gué).

Guerchois (Voir Le Guerchois).

Guignard (Léon-Emmanuel de), chevalier, vicomte de Saint-Priest, conseiller du Roi, maître des requêtes ordinaire, conseiller d'État, 1764, père du ministre.

Montpellier, 1751.

† Écartelé : aux 1 et 4 d'argent à trois merlettes de sable ; aux 2 et 3 d'azur au chevron d'argent accompagné au chef de deux tours d'or maçonnées de sable.

Guignard (Marie-Joseph-Emmanuel), vicomte de Saint-Priest.

Montpellier, 1764. — Adjoint à son père le 26 mai 1764, titulaire en 1785.

† Écartelé aux 1 et 4 d'argent à trois merlettes de sable ; aux 2 et 3 d'azur au chevron d'argent accompagné au chef de deux tours d'or maçonnées de sable.

Guillaumie (de la), conseiller honoraire au Parlement de Paris, maître des requêtes.

Corse, 1785 à 1790.

Guyet de la Faye (François), chevalier, marquis de Bantanges, comte de Louhans, baron de Saint-Germain-du-Plain, Ouroux, seigneur de la Faye, Simandre et Chamirey, maître des requêtes, intendant des finances, 1704 ; mort le 13 février 1736.

Pau, 1699. — *Lyon*, 1701.

† D'azur à deux chevrons d'or accompagnés en pointe d'un croissant de même.

Guynet (François), seigneur d'Arthel, mort conseiller d'Etat le 29 novembre 1737.

Caen, 1718.

† De sable à trois fontaines d'argent, 2 et 1.

H

Harlay (Nicolas-Auguste de), seigneur de Bonneuil, maître des requêtes en 1675, conseiller d'État, plénipotentiaire pour la paix de Riswick. Mort le 2 avril 1704, âgé de cinquante-sept ans.

Dijon, 1683.
Portrait gravé par Etienne Gantrel, 1700, in-f° m. 2 par Boulanger, d'après Revel.
† D'argent à deux pals de sable.

Harlay (Louis-Auguste-Achille de), sieur de Cely.

Pau, 2 octobre 1712. — *Metz*, 9 octobre 1715. — *Alsace*, 1723. — *Paris*, 1725.
† D'argent à deux pals de sable.

Harroüys (Michel d'), seigneur de la Seilleraye, maître des requêtes.

Besançon, 1700. — *Châlons*, 1703 à 1712.
† D'or à trois bandes de gueules chargées chacune de trois têtes de licorne d'argent.

Harroüys (André), fils du précédent.
Châlons, 1712 à 1714.

Hay (Paul), seigneur du Chastelet, avocat général au parlement de Bretagne en 1618, maître des requêtes en 1623.

Dijon, 1629.
† De sable au lion mort-né d'argent.

Hérault (René), seigneur de Fontaine-l'Abbé, lieutenant de police de Paris le 29 mars 1725. Mort le 2 août 1740.

Tours, 1722. — *Paris*, de décembre 1739 au 2 avril 1740.
Portrait gravé : 1° par Liotard, d'après Liotard, in-f°; 2° par Dupin dans Odieuvre, in-12 ; 3° par Bernigeroth, in-8°.
Voir : *Vie privée de Louis XV*, tome I, p. 204.

Heerre (Denis de), seigneur de Vaudois, maître des requêtes en 1633. Mort en 1656.

Tours, 1643. — *Dijon*, 1650.
† D'argent au chevron de sable, accompagné en chef de deux coquilles de même et en pointe d'une étoile de gueules.

Here (Henri de).
Grenoble, 1648.

Hervart (Jean).
Grenoble, 1650.

Hotman (Vincent), seigneur de Fontenay, maître des requêtes, intendant des finances et conseiller d'État. Mort le 14 mai 1683.

Bordeaux, 1658. — *Montauban*, 1658. — *Béarn* et *Navarre*, 1658. — *Paris*, 1673.

Portrait gravé : 1° par Simon, in-f° ; 2° par Lenfant, 1671, in-f°.
† Parti émanché d'argent et de gueules.

HUE (THOMAS), seigneur de Miromesnil, Laroque, Larengy, maître des requêtes honoraire et président au grand conseil. Mort en août 1702.

Poitiers, 1672. — *Châlons*, 1674. — *Tours*, 1689.
Portrait gravé par J. Vallet, d'après Ant. Paillet, in-f°.
† D'argent à trois hures de sanglier de sable.

J

JALLAIS (Voir BAUYN).

JEANNIN DE CASTILLE (NICOLAS).

Châlons, 1643.
Portrait gravé par Lombart, in-4°, d'après Chauveau.
† Écartelé : aux 1 et 4 d'azur au château sommé de trois tours d'or (Castille) ; et aux 2 et 3 d'azur à un croissant d'argent surmonté d'une flamme d'or (Jeannin).

JOLY DE FLEURY DE LA VALETTE (JEAN-FRANÇOIS), maître des requêtes en 1743, président au grand conseil en 1746, conseiller d'État ordinaire en 1761, ministre d'État et des finances en mai 1781. Mort à quatre-vingt-deux ans, le 13 décembre 1802.

Dijon, 1749.

† D'azur au lys de jardin d'argent, au chef d'or chargé d'une croix pattée de sable.

Voir t. xxii, *Mémoires de Bachaumont*.

⌐ Journet (Etienne-Louis), baron de Beauche, seigneur de Chevannes et Saint-Georges.

Auch et *Pau*, 9 janvier 1768 au 25 décembre 1775.

Jubert de Bouville (Michel-André), chevalier, marquis de Bizy, maître des requêtes, conseiller d'État. Mort en 1720.

Limoges, 1677. — *Moulins*, 1679. — *Alençon*, 1684. — *Limoges*, 1690. — *Bourges*. — *Orléans*, 1708.

Portrait gravé par Beaufrère, in-f° maj.

† Ecartelé aux 1 et 4 d'azur à la croix d'or; aux 2 et 3 aussi d'azur à cinq fers de pique d'argent, posés 3 et 2.

Jubert de Bouville (André), chevalier, marquis de Bizy. Mort en 1741.

Alençon, 1708. — *Orléans*, 1713.

† Écartelé aux 1 et 4 d'azur à la croix d'or ; aux 2 et 3 aussi d'azur à cinq fers de pique d'argent, posés 3 et 2.

Jubert de Bouville (Louis-Guillaume), marquis de Clerc-Panilleuse, baron de Dangu, seigneur de Saint-Martin aux Busseaux et de Vivemerville.

Orléans, 1731.

† Écartelé aux 1 et 4 d'azur à la croix d'or ; aux 2 et 3 aussi d'azur à cinq fers de pique d'argent, posés 3 et 2.

Jullien (Antoine-Jean-Baptiste).

Alençon, 1766 à 1790.

L

La Bourdonnaye (Yves-Marie de), comte de Couëtion, maître des requêtes honoraire.

Poitiers, 1690. — *Rouen*, 1695. — *Bordeaux*, 1700. — *Orléans*, 1709.

† De gueules à trois bâtons de pèlerins d'argent, posés en pals 2 et 1.

La Bourdonnaye (Louis-François de), seigneur de Launay-Loyselinière.

Rouen, 1732 à 1755.

La Bourdonnaye (Paul-Esprit-Marie de), comte de Blossac, marquis du Tymeur.

Poitiers, 1750.

La Bourdonnaye de Blossac (Charles-Esprit-Marie de), fils du précédent.

Poitiers, adjoint en 1780, titulaire en 1782. — *Soissons*, 1784 à 1790.

Portrait lithographié de Villain, in-4°.

† De gueules à trois bâtons de pèlerins d'argent, posés en pals 2 et 1.

La Bove (N. de).

Rennes, 1778.

La Briffe (N... de).
Rouen, 1686.

La Briffe (Pierre-Arnault), marquis de Ferrière, maître des requêtes en 1704. Mort à Dijon le 7 avril 1740, à soixante-deux ans, inhumé dans l'église de Saint-Philibert.

Caen, 1709. — *Dijon*, 1712.

† Écartelé : au 1 d'argent à la fasce de gueules chargée de trois étoiles d'or et accompagnée de trois têtes de maures de sable liées d'argent ; au 2 d'argent au lion de gueules, à la bordure aussi d'argent chargée de six annelets de gueules ; au 3 d'azur à trois mains dextres d'or, au franc quartier échiqueté d'argent et d'azur (Potier) ; au 4 d'argent au lion de sable accompagné de trois maillets de gueules, sur le tout, comme au 2ᵉ quartier. Chevillard donne aussi les armes de Pierre Arnault dans sa planche des maîtres des requêtes. La Chesnaye indique seulement le second quartier, mais avec quelques variantes : d'argent au lion de gueules, à la bordure d'argent chargée de six merlettes de sable, trois en chef, une à chaque flanc et une en pointe.

Jeton : Les armes de la province de Bourgogne, et autour : *Comitia Burgundiæ*. Au revers sont les armes de l'intendant avec son nom ; pour légende : Mʳ de la Briffe, intend. en Bourgogne et Bresse. 1716. Il y a quatre variétés de jetons.

La Briffe (Louis-Arnault de), de la Ferrière, vicomte de Mortain et de Barzy, fils du précédent. Né en 1705, mort à Caen, en juillet 1752.

Caen, mai 1740.
Mêmes armes que le précédent.

Lacoré (Charles-André de).
Montauban, 1758. — *Besançon*, 1761 à 1784.

LAFFEMAS (ISAAC de), sieur de Humont, successivement avocat au parlement, secrétaire du roi, avocat général à la chambre des requêtes, conseiller d'État en 1625, lieutenant civil de Paris de 1637 à 1643 ; il rentra, après cette époque, au conseil d'Etat et mourut en 1657.

Châlons et Metz, 1633. — *Amiens*, 1635.
Portraits gravés : 1° par M. Lasne, 1639, in-f° ; 2° par N..., in-4° ovale ; 3° par Moncornet.
† D'argent à l'arbre arraché de sinople.
Jeton en cuivre : Face : buste ; en légende : Isaac de Laffemas, 1655. Revers : armoiries. En légende : *Fidelis es ac jus amas*.

LAFOND (CLAUDE de), seigneur de la Beuvrière. Mort le 23 avril 1719.

Besançon, 1685. — *Roussillon*, 1698. — *Alsace*, 1698.
D'or à trois hures de sanglier de sable, arrachées de gueules.

LAGRANGE (JACQUES).
Alsace, 1674.

LAGRANGE (CHARLES-SÉBASTIEN de).
Alsace, 1697.

LAGUETTE DE CHAZÉ (HENRI).
Grenoble, 1641.
† D'azur à une fasce d'or, accompagnée de trois étoiles de même.

LAISNÉ (HENRI de).
Grenoble, 1638.

Laisné (Louis), seigneur de la Marguerie, maître des requêtes en 1644, conseiller d'État, premier président du parlement de Dijon en 1654.

Montauban, 1646. — *Rouen*, 1650. — *Dijon*, 1653.

† D'argent à une fasce de sable accompagnée de trois mollettes de même.

Lallemant (Louis-François), chevalier, comte de Levignem, seigneur de Betz, Maqueline et Ormoy.

Alençon, 1726.

† De gueules au lion d'or.

La Marguerie (Voir Laisné).

Lambert (Henri-François), seigneur d'Herbigny, marquis de Thibouville, né le 3 novembre 1623, conseiller au parlement en 1650, maître des requêtes en 1660, conseiller d'État. Mort le 29 juin 1704.

Moulins, 1666. — *Châlons*, 1666. — *Bourges*, 1667. — *Grenoble*, 1679. — *Montauban*, 1692. — *Lyon*, 1694. — *Rouen*, 1694 et 1701.

† D'azur au lion d'or armé et lampassé de gueules, au chef d'argent chargé de trois étoiles de gueules.

La Michodière (Jean-Baptiste-François de), comte de Hauteville, seigneur de Romène, depuis prévôt des marchands de 1772 à 1778.

Riom, 1752. — *Lyon*, 1757. — *Rouen*, 1763.

Portrait gravé par P. P. Moles, d'après I. S. Duplessis, in-folio, 1772.

† D'azur, à la fasce d'or, chargée d'un levrier courant de sable accolé de gueules.

LAMOIGNON (NICOLAS de), comte de Launay, Courson, seigneur de Brie, Vaugrigneuse, Chavagné.

Poitiers, 1682.
† Losangé d'argent et de sable, au franc quartier d'hermines.

LAMOIGNON (NICOLAS de), de Basville et de La Motte, maître des requêtes. Né en 1648, mort en 1721.

Languedoc, 1685. — *Montpellier*, 1687.
Portraits gravés: 1° par Ét. Picart, 1666, d'après Ant. Paillet; 2° par Masson, 1676, in-f°; 3° par Hubert, in-8°.
† Losangé d'argent et de sable, au franc quartier d'hermines.

LAMOIGNON DE COURSON (URBAIN-GUILLAUME de), comte de Launay, maître des requêtes. Mort conseiller d'État le 12 mars 1742.

Rouen, 1704. — *Bordeaux*, 1709.
† Losangé d'argent et de sable, au franc quartier d'hermines.

LA NEUVILLE (Voir DES CHIENS).

LA PORTE (Voir DELAPORTE et MOULIN).

LARCHER (MICHEL), marquis d'Olisy, baron de Baye, sénéchal de Vermandois, président en la chambre des comptes de Paris en 1700. Mort le 9 avril 1717.

Rouen, 1689. — *Châlons*, 1692.
Portraits gravés: 1° par Landry, d'après J. Dieu, 1664, in-f°; 2° par J. Colin, d'après Jean Hélart, à Reims, 1671, in-f°.
† D'azur au chevron d'or accompagné en chef de deux roses d'argent et en pointe d'une croix patriarcale de même.

LAUBARDEMONT (PIERRE-MARTIN de).
Tours, 1637.

Laugeois (Jean-Baptiste-Louis), seigneur d'Imbercourt.

Soissons, 1712. — *Montauban*, 1714 à 1720.

† D'azur à la tour d'argent maçonnée et ajourée de sable, au chef d'hermines.

Le Blanc (Louis), conseiller au Châtelet, puis à la cour des aides, maître des requêtes.

Rouen, 1676.

Portrait gravé par Jollain, d'après Henry Jesselin, in-f°.

† De gueules à l'aigle d'or.

Le Blanc (Claude), seigneur de Passy, Essigny, Saint-Nicolas, etc., ministre et secrétaire d'État de la guerre, disgracié et emprisonné le 24 septembre 1718. Mort en 1728.

Riom, 1704. — *Rouen*, 1704. — *Dunkerque*, 12 juin 1708. — *Bordeaux*, 1716.

† D'or à l'aigle de gueules.

Portraits gravés : 1° par P. Crepy ; 2° par P. Drevet, d'après Le Prieur, in-4°, en tête de l'édition de Polybe du Ch^{er} de Folard, Paris, 1727 ; 3° par Desrochers, in-8°, et six autres in-12 et in-18.

Vie privée de Louis XV, tome 1, p. 235 et 79.

Le Bret (François-Xavier Cardin), seigneur de Flacourt, avocat général au parlement. Mort le 26 mai 1765.

Rennes, 1753.

Le Camus.

Montpellier, 1633. — *Châlons*, 1645.

Le Camus (Jean).

Riom, 1669.

Portrait gravé par Nanteuil, in-f°.

Le Camus (Étienne-Léon), seigneur de la Grange. Mort à Pau le 14 juillet 1710.

Pau, 15 mars 1710.
† De gueules, au pélican d'argent, ensanglanté de gueules dans son aire, au chef cousu d'azur, chargé d'une fleur de lys d'or.

Le Camus (François-Claude-Michel-Benoit), seigneur châtelain patron de Néville, du Port de Navarre et Bourg-Charente.

Pau et *Bayonne*, 9 janvier 1784 au 31 août 1785. — *Bordeaux*, 1785 à 1790.

Le Clerc de Lesseville (Charles-Nicolas), comte de Charbonnières, baron d'Authon, seigneur de Saint-Prix et Rubelles. Mort le 17 février 1749.

Limoges, 1716. — *Auch* et *Pau*, 7 mars 1718 au 3 avril 1731. — *Tours*, 1731.
† D'azur à trois croissants d'or, au lambel de même en chef.

Le Febvre (François-Louis), seigneur de Caumartin, né le 16 juillet 1624, conseiller au parlement en 1644, maître des requêtes le 14 juin 1653, conseiller d'État en 1672. Mort le 6 mars 1687.

Châlons, 1666.
Portraits gravés: 1° par Crosne, in-8°; 2° par J. Colin, à Reims, in-f°; 3° par Van Schuppen, d'après de Troy, in-f°.
† D'azur à cinq trangles ou burelles d'argent.

Le Febvre de Caumartin (N.).

Soissons, 1638.
† D'azur à cinq trangles ou burelles d'argent.

Le Febvre de Caumartin (Antoine-Louis-François), marquis de Saint-Ange, comte de Moret, seigneur de Caumartin, Boissy-le-Châtel, Villecerf, Dormelle, Ville-Saint-Jacques, Plagy, etc., prévost des marchands de 1778 à 1784, grand'croix, chancelier et garde des sceaux de l'ordre de Saint-Louis.

Metz, 1754. — *Lille*, 1756 à 1778.
† D'azur à cinq trangles ou burelles d'argent.
Jeton cuivre : Cas. Ant. L. F. Metz. de Caumartin. L'écu Caumartin appuyé sur un vase au-dessus duquel plane un oiseau. Revers : *Patriæ spes altera surgit*. Légende : *Præfecto*.
Livre rouge, 6me livrais., p. 8.

Le Febvre de Caumartin de Saint-Ange (Marc-Antoine).

Bretagne, 1784. — *Besançon*, 1784 à 1790.
† D'azur à cinq trangles ou burelles d'argent.

Le Febvre d'Ormesson (André-Robert), seigneur d'Eaubonne, de Rizeis, de Bazoche et de Longueval, né le 12 mai 1681, conseiller au parlement de Paris le 1er juillet 1705, maître des requêtes le 12 décembre 1709, président du grand conseil le 22 avril 1720. Mort le 25 mai 1735.

Soissons, 1714.
† D'azur à trois lys de jardin d'argent, fleuris d'or, tigés et feuillés de sinople.

Le Febvre (Antoine), chevalier, seigneur de la Barre, maître des requêtes le 4 mars 1653. Mort le 4 mai 1688.

Moulins, 1644. — *Grenoble*, 1655. — *Riom*, 1660.

† Écartelé : aux 1 et 4 d'azur à un chevron sommé d'une tour et accompagné en chef de deux étoiles et en pointe d'une fleur de souci tigée et feuillée, le tout d'or (Le Febvre); 2 et 3 d'azur au chevron d'or accompagné en chef de deux étoiles du même et en pointe d'un mouton passant d'argent (Séguier).

Le Fèvre ou Lefèvre (Olivier), seigneur d'Ormesson en Brie et d'Amboille, né le 28 décembre 1616, conseiller au parlement le 23 août 1636, maître des requêtes le 19 février 1643, adjoint, en 1650, à Nicolas Fouquet, pour exercer les fonctions d'intendant de généralité de Paris, rapporteur du procès de Fouquet; épousa Marie de Fourci. Mort le 4 novembre 1685 et inhumé à Saint-Nicolas-des-Champs.

Amiens, décembre 1656. — *Soissons*, 1662.
Portraits gravés : 1° par Masson, 1665, in-f°; 2° par Simon, in-f°.
† D'azur à trois lys de jardin d'argent, fleuris d'or, tigés et feuillés de sinople.

Le Fèvre (André), seigneur d'Ormesson et d'Amboille, né à Paris le 8 août 1644, conseiller au grand conseil le 17 janvier 1671, maître des requêtes en 1676. Mort le 13 août 1684.

Lyon, 27 mai 1682.
Portrait gravé par M. Boulanger d'après T. Blanchet, Lug. in-f°.
† D'azur à trois lys de jardin d'argent, fleuris d'or, tigés et feuillés de sinople.

Le Fèvre (Antoine-François-Paul), baron du Cheray, seigneur d'Ormesson, de la Sacière-les-Tournelles, maître des requêtes. Mort le 21 février 1712.

Rouen, 1695. — *Riom*, 1695. — *Soissons*, 1705.

† D'azur à trois lys de jardin d'argent, fleuris d'or, tigés et feuillés de sinople.

LE FÈVRE D'ORMESSON (OLIVIER, FRANÇOIS DE PAULE), baron de Cheray. Né le 2 septembre 1686, mort en 1718.

Besançon, 1717.
† D'azur à trois lys de jardin d'argent, fleuris d'or, tigés et feuillés de sinople.

LEGENDRE (GASPARD-FRANÇOIS), seigneur de Lormoy, maître des requêtes.

Montauban, 1700 à 1714.
† D'azur à la fasce d'argent accompagnée de trois têtes de femmes de carnation.

LE GENDRE (GASPARD-FRANÇOIS *alias* GASPARD-HONORÉ), vicomte de Montclar, baron de Salvagnac, seigneur de Puycelsy et Montdurause.

Auch et *Pau*, 29 mars 1716 au 5 juillet 1718. — *Tours*, 1718.
† D'azur à la fasce d'argent accompagnée de trois têtes de femmes de carnation.

LE GENDRE (GILBERT-CHARLES), marquis de Saint-Aubin.

Tours, 1720.
† D'azur à la fasce d'argent accompagnée de trois têtes de femmes de carnation.

LE GOUX (PIERRE-URBAIN), seigneur de la Berchère, marquis de Dinteville et Santenay, comte de la Rochepot, baron de Choisy *alias* Toisy, conseiller du roi en ses conseils, maître des requêtes ordinaire.

Moulins, 1681. — *Riom*, 1684. — *Montauban*, 1685. — *Rouen*, 1692.

† D'argent à la tête de maure de sable liée d'argent, accompagnée de trois molettes de gueules.

Le Gras (N...).

Orléans, 1652.

Le Gras du Luart (François), mort en 1737.

Perpignan, 1723.

Le Guerchoïs (Pierre-Hector), chevalier, seigneur de Sainte-Colombe, de Rosé, de Percy, de la Garenne, d'Averton, de Coursite. Mort conseiller d'État, 1740.

Alençon, 1705. — *Besançon*, 1708.

† D'azur au lion d'argent lampassé de gueules.

Legay.

Riom, 1616.

Le Jay (Charles), baron de Tilly et de la Maison-Rouge, de Saint-Fargeau et de Villiers-sur-Seine, les Solles, conseiller au grand conseil en 1638, maître des requêtes le 28 février 1642. Mort en 1671.

Lorraine, 1652. — *Metz*, 1652. — *Tours*, 1661. — *Bordeaux*, 1663. — *Limoges*, 1664.

† D'azur à une aigle d'or, cantonnée d'un soleil et de trois aiglons de même.

Le Maistre de Bellejambe (Louis), conseiller au

parlement en 1618, maître des requêtes en 1628, conseiller d'État en 1646. Mort en 1666.

Amiens, 12 mars 1636.

† D'azur à la fasce d'argent chargée de trois merlettes de sable accompagnées de trois soucis d'or.

LENAIN ou LE NAIN (JEAN), chevalier, baron d'Asfeld, né en 1698, maître des requêtes en 1736, conseiller d'État en 1748. Mort à Montpellier, le 28 décembre 1750.

Poitiers, août 1731. — *Languedoc,* septembre 1743.
† Échiqueté d'or et d'azur.

Jeton cuivre: Armoiries Lenain. Revers. Jeton de M. Le Nain, con^{er} d'État intend^t du Languedoc, 1748.

LENAIN (JEAN-VINCENT-CLAUDE), fils du précédent, baron d'Asfeld, né en 1725, conseiller au parlement en 1746, maître des requêtes en 1752, président au grand conseil en 1754. Mort à Savigny, le 18 août 1762.

Moulins, 1760.
† Échiqueté d'or et d'azur.

LE PELLETIER (CHARLES-ÉTIENNE), seigneur de Beaupré, né le 27 juillet 1702, conseiller au parlement et maître des requêtes en 1722, conseiller d'État en 1749, premier président du grand conseil.

Châlons, 1730.
† D'azur à la croix pattée d'argent chargée en cœur d'un chevron de gueules et en pointe d'une rose de même, boutonnée d'or, le chevron accosté de deux molettes d'éperon de sable sur la traverse de la croix.

LE PELLETIER (FÉLIX), seigneur de la Houssaye,

Signy et Chateaupoissy, conseiller au Châtelet, puis au parlement en 1697, maître des requêtes en 1690, conseiller d'État en 1708, chancelier et garde des sceaux du duc d'Orléans en 1719, contrôleur général des finances en 1720. Mort le 20 septembre 1723, âgé de soixante ans, enterré aux Feuillants.

Soissons, 1696. — *Montauban*, 1698. 1ᵉʳ — *Alsace*, 1706.
† D'argent au chêne arraché de sinople accompagné de trois roses de gueules.

Le Pelletier (Louis), marquis de Montméliant, seigneur de Mortefontaine, Blacy, etc., né le 6 avril 1730, conseiller au parlement en 1749, maître des requêtes en 1754.

La Rochelle, 1764. — *Soissons*, 1765 à 1784.
† D'azur à la croix pattée d'argent chargée en cœur d'un chevron d'azur et en pointe d'une rose de même, boutonnée d'or, le chevron accosté de deux molettes de sable sur la traverse de la croix.

Le Pelletier (Michel), seigneur de Souzy, né le 12 juillet 1640, descendant par les femmes de Pierre Pithou, conseiller au parlement en 1666, plus tard intendant des finances, directeur général des fortifications, conseiller d'État, 1683, membre du conseil de régence, membre de l'Académie des Inscriptions et Belles Lettres. Mort le 10 décembre 1725, à l'abbaye de Saint-Victor, où il s'était retiré.

Besançon, février 1668. — *Lille*, 1683.
Portraits gravés: 1° par G. Edelinck, d'après Vanoost, 1679 ; 2° par Corn. Van Caukerkcen, d'après Ladame, in-f°.

† D'azur à la croix pattée d'argent chargée en cœur d'un chevron d'azur et en pointe d'une rose de même, boutonnée d'or, le chevron accosté de deux molettes de sable sur la traverse de la croix.

(Éloge à l'Assemblée générale de l'Académie des Inscriptions et Belles Lettres, 1726.)

Le Picart (Jean-Baptiste), seigneur de Périgny, maître des requêtes.

Soissons, 1643.
† D'azur au lion d'or, armé et lampassé de gueules.

Le Prévost (Jacques), seigneur d'Herbelay, conseiller du roi en ses conseils, maître des requêtes.

Lyon, 1637. — *Orléans*, 1739.
† Échiqueté d'or et d'azur au franc quartier d'or à l'hydre de sable.

Leroy (Charles), seigneur de la Poterie, conseiller du roi en ses conseils.

Aix, 1633. — *Caen*, 1639.
† D'azur à un chevron d'or accompagné de trois ombres de soleil de même, à huit rayons ondés.

Lescalopier, l'Escaloppier ou l'Eslalopier (César-Charles), conseiller au parlement, maître des requêtes, conseiller d'État et premier président du grand conseil. Mort le 6 février 1753.

Châlons, 1711 à 1730.
† De gueules à la croix d'or cantonnée de quatre croissants montants du même.

L'Escaloppier (Gaspard-César-Charles de), fils du précédent, conseiller au parlement, maître des requêtes. Mort en 1812.

Montauban, 1740. — *Tours*, 1756 à 1766.
Portrait gravé par Wille, in-4°.
† De gueules à la croix d'or cantonnée de quatre croissants montants du même.

Le Tellier (Michel), né à Paris en 1603, secrétaire d'État en 1643, chancelier de France en 1677. Mort à Paris le 13 octobre 1685.

Grenoble, 1640.
Portrait gravé : 1° par J. Morin, d'après Ph. de Champagne, in-f°; 2° par Roussel et d'après Parocel; 3° par M. Lasne, d'après Stella, in-f°; 4° par le même; 5° par Daret, d'après J. Stella, in-f°; 6° anonyme, copie du précédent; 7° par Nanteuil, d'après Champagne, in-f°; 8° par Nanteuil, le 1ᵉʳ juillet 1658, in-f°; 9° par le même, 17 août 1658, in-f°; 10° par le même, 20 juin 1659, in-f°; 11° par le même, 23 juillet 1659, in-f°; 12° par Boulanger d'après Chauveau et un buste par Nanteuil dans des ornements, in-f° oblong; 13° par M. Lasne, 1661, in-f°; 14° par Nanteuil, 1661, in-f°; 15° par le même, 1667, in-f°; 16° par Van Schuppen d'après Nanteuil, 1665, in-f°; 17° par le même, 1674, in-f° maj.; 18° par le même, 1678, in-f°; 19° par Rilly, in-f°; 20° par Van Schuppen d'après Nanteuil, 1680, in-f°; 21° par Edelinck d'après Ferdinand; 22° anonyme, in-12, médaillon; 23° par Van Schuppen, 1682, in-8°; 24° anonyme, 1684, médaille avec revers: *Fortunatæ virtuti;* 25° par Bourdan; 26° par Larmessin; 27° anonyme, in-4° oblong, en robe de chancelier, conduit par un ange avec l'une de ses armes dessus; 28° par Séb. Le Clerc, vignette; 29° par Edelinck, d'après Ferdinand Vot, 1698, in-f°; 30° anonyme, dans Odieuvre, etc.

† D'azur à trois lézards d'argent posés en pals, rangés en fasce, au chef cousu de gueules, chargé de trois étoiles d'or.

Le Tellier (N...).

Lille, 1668.

† D'azur à trois lézards d'argent posés en pals, rangés en fasce, au chef cousu de gueules, chargé de trois étoiles d'or.

Le Tonnelier de Breteuil (Louis).

Languedoc, 1647.

† D'azur à l'épervier essorant d'or, longé et grilleté de même.

Le Tonnelier de Breteuil (François), marquis de Fontenay-Tresigny, seigneur des Chapelles, de Villebert, baron de Boitron, conseiller au parlement et maître des requêtes en 1671, conseiller d'État, 1685. Mort le 10 mai 1705, âgé de soixante-six ans.

Amiens, 13 août 1674. — *Flandre,* 1683.

† D'azur à l'épervier essorant d'or, longé et grilleté de même.

Le Tonnelier de Breteuil (Victor-François), ministre de la guerre du 1ᵉʳ juillet 1721 jusqu'en 1726. Renommé le 20 février 1740 et reste jusqu'à sa mort, le 7 janvier 1743.

Limoges, 1719.

Portrait gravé par Joullain d'après Vanloo, in-4°, deux portraits dans la galerie de Versailles.

† D'azur à l'épervier essorant d'or, longé et grilleté de même.

Le Vayez (Voir Rolland Levayez).

Lhuillière d'Orgeval (Geoffroy).

Soissons, 1637.

LIGNY (N... de), seigneur de Greugneul, Saint-Piat, etc.

Riom, 1648.

LOZIÈRES (PIERRE-YVON de).

Grenoble, 1645.

LUCAS DE MUYN (HONORÉ).

Pays d'Aunix, ville et gouvernement de la Rochelle, Brouage, îles de Ré et d'Oléron et côtes adjacentes, 1674 à 1685.

† D'argent à la fasce d'azur, chargée de trois glands d'or et accompagnée de trois oiseaux de sinople.

M

MACHAULT (CHARLES de), seigneur d'Arnouville, né en 1587, conseiller au grand conseil en 1608, maître des requêtes le 21 août 1619, conseiller d'État. Mort le 16 janvier 1661, inhumé à Saint-Nicolas-des-Champs.

Dijon, 1636. — *Bordeaux*, 1638. — *Languedoc*, 1640. — *Dijon*, 1644.

† D'argent à trois têtes de corbeaux de sable dégouttantes de gueules.

MACHAULT (LOUIS de), sieur de Soisy, Mitry, Cernay et Rilly, né en 1623, conseiller au grand conseil en 1644, maître des requêtes en 1649. Mort le 12 février 1695, inhumé à Saint-Nicolas-des-Champs.

Montauban, 1655. — *Châlons,* 1663. — *Amiens,* 1665. — *Orléans,* 1667. — *Soissons,* 1669.

† D'argent à trois têtes de corbeaux de sable dégouttantes de gueules.

Machault (Jean-Baptiste de), seigneur d'Arnouville, né le 13 décembre 1701, maître des requêtes en 1728, président au grand conseil en 1738, contrôleur général en 1745, ministre d'État en 1749, garde des sceaux en 1750, ministre de la marine de 1754 à 1757, mort en prison sous la Terreur.

Voir *Vie privée de Louis XV.* 245. 270.
Valenciennes, mars 1743.
Portrait dans la galerie de Versailles.

† D'argent à trois têtes de corbeaux de sable dégouttantes de gueules.

Maignart (Charles-Étienne), marquis de Bernières, maître des requêtes, intendant des armées de Flandre, etc., né le 1er août 1667, mort le 20 décembre 1717.

Maubeuge, 1702. — *Dunkerque,* 1706. — *Lille, Flandre Wallonne,* 1708. — *Flandre Maritime,* 1716.
Portr. grav. par Et. Gantrel, in-f°.

† D'azur à la bande d'argent chargée de trois quintefeuilles de gueules.

Maillard ou Mailhard de Balosre (Paul).

Auch, février 1735, mars 1737.

† D'or à un feu de trois flammes de gueules et un maillet de sable posé en bande, au chef de gueules, chargé de trois étoiles d'or.

Mangot (Jacques), seigneur d'Orgères, conseiller au grand conseil, maître des requêtes en 1636. Mort à Dijon le 21 avril 1643.

Dijon, 1638.

† D'azur à trois éperviers d'or membrés longés et becqués de gueules, chaperonnés d'argent.

Mangot (Anne), seigneur de Villarceaux, conseiller au grand conseil en 1619, et au parlement en 1623, maître des requêtes en 1627, puis conseiller d'État. Mort le 10 juin 1655.

Metz, 1636.

† D'azur à trois éperviers d'or membrés longés et becqués de gueules chaperonnés d'argent.

Mansart (François), chevalier, comte de Sagonne.

Moulins, 1708.

† D'azur à la colonne d'argent, la base, le chapiteau et le piédestal d'or, surmontée d'un soleil de même. Ladite colonne accotée de deux aigles d'or affrontées et fixant le soleil.

Marca (Pierre de), président au parlement de Navarre, évêque de Couserans en 1642, archevêque de Toulouse en 1652, de Paris en 1662. Mort le 29 juin 1662.

Béarn, 17 novembre 1631 à 1638.

Portrait gravé : 1° par Edelinck, 1695, in-f°, en archevêque ; 2° par Van Schuppen en 1663, in-f°, en archevêque ; 3° par Rousselet, id. ; 4° par Bernigeroth, in-f° ; 5° par Chevillet, d'après de Seve, in-8° ; 6° par Desrochers, in-8°.

Marillac (René de), seigneur d'Ollainville et d'Attichy, avocat général au grand conseil en 1663, conseiller d'État en 1682. Mort à Paris le 15 septembre 1719, à quatre-vingt-un ans.

Poitiers, 1673. — *Rouen*, 1686.

Portrait gravé par J. Lenfant, 1663, in-f°; autre, par Fr. de Poilly, 1657, n° 76 de son œuvre?

† D'argent maçonné de sable, la pièce en cœur d'azur chargée d'un croissant de sable.

MARIN (ARNOUL), seigneur de la Châteigneraye, premier président au parlement de Provence en 1674.

Orléans, 1671.

Portrait gravé par Jacques Cundier, en 1674 et 1724, in-f°. Portrait dessiné à la bibliothèque Impériale.

† D'azur à la fasce d'or accompagnée en chef de trois croissants d'argent rangés en fasce et en pointe d'un coq d'or secqué et membré de gueules.

MARGUERIE (Voir LA MARGUERIE).

MARLE (JACQUES-HECTOR de), seigneur de Beaubourg et de Clertomont.

Metz, 1646. — *Lorraine*, 1646.

† Écartelé 1 et 4 d'azur à trois tours d'or (Hector), et 2 et 3 d'argent à la bande de sable chargée de trois molettes d'argent (Marle).

MARLE (BERNARD-HECTOR de), seigneur de Versigny, conseiller au parlement, puis maître des requêtes le 28 mai 1665. Mort en 1694.

Alençon, 1666. — *Riom*, 1672.

† Écartelé 1 et 4 d'azur à trois tours d'or (Hector), et 2 et 3 d'argent à la bande de sable chargée de trois molettes d'argent (Marle).

Maslon (Anne-Louis-Jules de), seigneur de Bercy, Conflans, Charenton, les Carrières, etc., conseiller aux parlements de Metz et de Paris, maître des requêtes en 1674, mort le 5 octobre 1706, âgé de soixante-trois ans.

Riom, 1682. — *Moulins*, 1683. — *Lyon*, 1684.
† D'azur à trois merlettes (*alias* canettes d'or).

Maussion (Étienne-Thomas de), seigneur de Jambville, Fremainville. Mort sur l'échafaud en 1794.

Rouen, 1786-1790.
Portrait gravé par Quenedey.
† D'azur au chevron d'or accompagné de trois étoiles d'or et en pointe d'un cyprès appuyé sur une montagne d'argent *alias* d'un if de sinople sur un tertre de même.

Maynon (Étienne), seigneur d'Invau, Cerbonne et Villemanache, chevalier, conseiller du roi en ses conseils, maître des requêtes, nommé conseiller d'État le 6 octobre 1766, et en 1768, contrôleur général.

Amiens, 24 août 1754.
† D'azur à trois gerbes d'or.

Meaupéou (Gille de), chevalier, comte d'Ableiges, né vers 1650, mort en 1727.

Riom, 1692. — *Poitiers*, 1695. — *Moulins*, 1703.
† D'azur à un sanglier d'or, au chef cousu de gueules chargé de trois étoiles d'or.

Megret de Serilly (Jean-Nicolas), comte de Chapelaine, seigneur de Sommesous, Aussimont et Vassimont, maître des requêtes en 1733, intendant du commerce.

Auch, 1739 au 2 février 1744. — *Besançon,* 1744. — *Alsace,* 1750.

† D'azur à trois besants d'argent au chef d'or chargé d'une tête de lion arrachée de gueules.

MEGRET D'ÉTIGNY (ANTOINE), baron de Theil-sur-Vannes et de Chapelaine, seigneur de Passy, Etigny, Vaumort, Pont, Noé, Sommesous, Vassimont et Aussimont, disgracié en 1765, rappelé en 1766, mort à Auch le 24 août 1767.

Auch, 10 mai 1751 au 24 août 1767.

† D'azur à trois besants d'argent au chef d'or chargé d'une tête de lion arrachée de gueules.

MEL DE SAINT-CERAN.

En survivance, *Montauban,* 1784.

MELIAND (NICOLAS de), né le 17 juin 1625, conseiller au grand conseil en 1650, maître des requêtes en 1651. Mort en 1659.

Montauban, 1656.

† D'azur à la croix d'or cantonnée aux 1 et 4, d'une aigle, et aux 2 et 3, d'une ruche, le tout d'or.

MELIAND (ANTOINE-FRANÇOIS), né le 10 mai 1670, conseiller au parlement en 1692, maître des requêtes en 1698, conseiller d'État en 1721. Mort le 1er mai 1747,

Pau, 6 avril 1704 au 15 mars 1710. — *Lyon,* 1710. — *Amiens,* 1718. — *Lille,* 1718.

† D'azur à la croix d'or cantonnée aux 1 et 4, d'une aigle, et aux 2 et 3, d'une ruche, le tout d'or.

Jeton cuivre : armoiries Meliand. — A. F. Meliand. ch[er]. cons. du. roy. me. ds. re. ordi. intendt. d. l. gen. d. Lyon. Revers : armoiries de Lyon.

Meliand (Claude), seigneur de Breviande, né le 5 août 1634, maître des requêtes en 1673, conseiller d'État. Mort le 8 février 1695, inhumé à Saint-Jean-en-Grève.

Alençon, 1676. — *Caen*, 1677. — *Rouen*, 1684.

† D'azur à la croix d'or, cantonnée aux 1 et 4 d'une aigle, et aux 2 et 3 d'une ruche, le tout du même.

Meliand (Charles-Blaize), chevalier, chatelain de Toizy et de la Chapelle-Vendomoire, né le 23 juin 1703, conseiller au parlement en 1724, maître des requêtes le 8 mars 1731, conseiller d'État en 1765. Mort le 12 août 1768.

Soissons, 3 mars 1743.

† D'azur à la croix d'or, cantonnée aux 1 et 4 d'une aigle, et aux 2 et 3 d'une ruche, le tout du même.

Menars (Voir Charron).

Mesgrigny, président à mortier au parlement de Normandie, puis conseiller d'honneur au parlement de Paris.

Riom, 1635. — *Châlons*, 1638.

Portrait gravé par Lebrun, d'après Ferdinand Les.

† Écartelé 1 et 4 d'argent au lion de sable lampassé et armé de gueules ; 2 et 3 fascé, ondé, enté d'argent et de gueules.

Mesgrigny (Jean VIII m^{is} de), seigneur de Vandeuvre, vicomte de Troyes, baron de Colombey, fils de Jean VII et de Marie Bouguier, né en 1600, reçu conseiller au grand conseil en 1624, grand rapporteur à la chancellerie en 1627, maître des requêtes en 1634, nommé intendant d'Auvergne et de Bourbonnais, premier président au parlement de Provence en 1645 jusqu'en 1655, conseiller d'État réservé en 1657, m. sous-doyen le 26 avril 1678, inhumé dans la paroisse Saint-André-des-Arts à Paris.

1° Dessin à l'encre de Chine, in-4° à B. I, N a 56; 2° J. Cundier sculpsit 1724, in-folio ; 3° Jean Daret, pict. del., M. Frosne, scul. in-fol. ; 4° Jean Daret del., R. Nanteuil sculpebat in-fol.

MEULAN D'ABLOIS (MARCHES-CHARLES).

La Rochelle, 1776. — *Montauban*, 1781. — *Limoges*, 1783 à 1790.

† Echiqueté d'azur et d'or.

MICHODIÈRE (Voir LA MICHODIÈRE).

MIROMESNIL (Voir DYEL DE)

MIRON (ROBERT DE).

Montpellier, 1633.

† De gueules au miroir d'argent monté d'or.

MOLÉ (JEAN), seigneur de Champlatreux et de Lassy, président à mortier en 1657, conseiller d'État. Mort à Paris le 6 août 1682.

Châlons, 1647.

Portraits gravés : 1° par P. Landry, 1666, in-f° dans une thèse ; 2° en médaillon avec les portraits d'Édouard et de Mathieu Molé.

† Écartelé aux 1 et 4 de gueules au chevron d'or accompagné en chef de deux étoiles du même, et en pointe d'un croissant d'argent (Molé), et aux 2 et 3 d'argent au lion sablé (Mesgrigny).

MONTARGIS (MICHEL DE).

Orléans, 1708.

Montyon (Voir Auget de).

Morant ou Morand (Thomas), seigneur, baron, puis marquis du Mesnil-Garnier, comte de Penzès, né en 1616, maître des requêtes en août 1643, conseiller d'État en 1662. Mort le 6 octobre 1692.

Bordeaux et *Montauban*, 1650. — *Amiens* et *Dijon*, 1651. — *Caen*, 1653. — *Rouen*, 1659. — *Tours*, 1659.
Portraits gravés : 1° par Frosne, 1662, in-4°; 2° par Lombart, d'après Vaillant, in-folio.
† D'azur à trois cormorans d'argent, et quelques armoriaux ajoutent : écartelé de gueules au griffon d'or (Cauchon).

Morant (Thomas-Alexandre), marquis du Mesnil-Garnier, né le 21 juin 1642, maître des requêtes en 1674, premier président du parlement de Toulouse en 1687. Mort à Paris le 8 juillet 1713.

Moulins, 1675. — *Aix*, 1680.
Portrait gravé par Edelinck, d'après Largillière, 1685, in-folio.
† D'azur à trois cormorans d'argent.

Moras (Voir Peirenc de).

Moreau (Jean), chevalier, seigneur de Séchelles, maître des requêtes en 1719, conseiller d'État en 1742, contrôleur général des finances en 1754. Mort à Paris le 31 décembre 1760, âgé de soixante-onze ans.

Hainaut, 1727. — *Lille*, 1743.
Portrait gravé par Lempereur, d'après Valade, in-folio.
Jeton de la ville de Valenciennes, aux armes de Montmorency, gouvern^t de Moreau, intendant. Lég. : ex. — *Concordia et candore felicitas urbis*. Revers : assemblée des Etats ; *Laboris assidui, præmium*. Légende : *Consilium Valencenense*, *1726*.

† D'or au chevron d'azur accompagné en chef de deux roses de gueules feuillées et tigées de sinople et en pointe d'une tête de maure de sable tortillée d'argent.

Moreau (Jean-Louis), seigneur de Beaumont, né en 1715, maître des requêtes en 1740, intendant des finances en 1756, conseiller d'État.

Poitiers, mai 1747. — *Besançon*, juillet 1750. — *Lille*, août 1754.

† Mêmes armes que Moreau de Séchelles, dont il était le neveu.

Moulin de la Porte de Meslay.

Perpignan, 1775. — *Lorraine et Barrois*, 1778.

N

Nain (Voir Le Nain).

Nanteuil (Voir Boula de)

Nesmond de Saint-Disan (Henri de).
Limoges, 1672.
† D'or à trois cors de chasse de sable, liés de gueules.

Nointel (Voir Bechameil).

O

ORCEAU DE FONTETTE (JEAN-FRANÇOIS d'), seigneur d'Essoye, Verpillière, né le 13 octobre 1718, conseiller au parlement de Paris en 1738, maître des requêtes en 1745, président du grand conseil en 1749, conseiller d'État le 28 août 1775. Mort en prison le 6 août 1794.

Caen, 14 août 1752 à 1775.
† D'azur à trois fasces d'or.

ORGEVAL (Voir LHUILLIÈRE).

ORGEVAL (NICOLAS d'), maître des requêtes, conseiller du roi.

Amiens, 1651-1656.
† D'azur à trois coquilles d'or, au lion de même en abîme.

ORMESSON (Voir LE FÈVRE).

OPPÈDE (Voir FORBIN).

ORRY (PHILIBERT d'), marquis de Vignory, né le 22 janvier 1689, contrôleur général en 1730, conseiller d'État, ministre d'État, commandeur et grand trésorier des ordres. Mort le 9 novembre 1747.

Soissons, 1722. — *Perpignan*, 1727. — *Lille*, 1730.

Portraits gravés: 1° par Cars, dans une thèse in-f°.; 2° par Lépicié, d'après Rigaud, 1737, in-f° ; 3° dans la galerie de Versailles; 4° chez Crépy.

† De pourpre à un lion d'or, rampant et grimpant sur un rocher d'argent.

V. parc aux cerfs, p. 27 et 30. *Biograph. univ.* t. xxvi, p. 45.

P

Pajot (Pierre) seigneur de Nozeau, conseiller au parlement en 1713, maître des requêtes en 1719.

Montauban, 1724. — *Limoges,* 1730. — *Orléans,* 1740.

† D'argent au chevron d'azur accompagné de trois têtes d'aigles de sable, becquées et arrachées de gueules.

Pajot (Christophe), seigneur de Marcheval, né en 1724, conseiller au grand conseil en 1745, maître des requêtes en 1749.

Limoges, mars 1756. — *Grenoble,* 20 juillet 1761 à 1784.

† D'argent au chevron d'azur accompagné de trois têtes d'aigles de sable, becquées et arrachées de gueules.

Pallu (Bertrand-René), chevalier, seigneur du Ruau, conseiller au parlement de Paris en 1718, maître des requêtes en 1726.

Moulins, 1734. — *Lyon,* 1738 à 1751.

† D'argent au palmier de sinople posé sur une terrasse de même, accoté de deux mouchetures d'hermines de sable.

Paris (Claude de), conseiller du roi en ses conseils.
Rouen, 1638.

Pelletier (Voir Le Pelletier).

Pellot ou Pelot (Claude), seigneur de Port-David et Sandars, depuis premier président au parlement de Rouen, reçu maître des requêtes en 1654. Mort le 3 août 1683.

Grenoble, 1656. — Limoges et Poitiers, 1659. — Montauban, 1662. Béarn et Navarre. — Bordeaux, 1664.
Portraits gravés: 1° par Tournheysen; 2° par Noblin; 3° par Beaufrère.
† De sable à trois cotices d'or ou à la tierce d'or en bande.

Peirenc de Moras (François-Marie), chevalier, seigneur de Boisemont-Courdimanche, de Saint-Priest et de Saint-Etienne, né en 1718, contrôleur général le 17 mai 1756, devint ministre de la marine. Mort à Paris le 3 mai 1771.

Riom, 1750. — Hainaut, 1752.
Portrait gravé dans la galerie de Versailles, in-12.
† De gueules, semé de pierres d'or à la bande d'argent brochant sur le tout.

Perrin de Cypierre (Jean-François-Claude), baron de Chevilly, conseiller du grand conseil en 1747, maître des requêtes en 1749.

Orléans, 1760.

† D'or au lion de sable *(alias* d'azur) rampant contre une colonne de gueules à senestre.

PERRIN DE CYPIERRE DE CHEVILLY, fils du précédent.
Orléans, adjoint en 1784, titulaire de 1785 à 1790.

PEYRONNET DE TRESSAN.
Perpignan, 1773.

PHELIPPAUX (JEAN), de Pontchartrain, conseiller d'État, frère de Louis, chancelier en 1699, mort le 17 août 1711 ; avait épousé Marie-Anne de Beauharnais.
Paris, 1690. Se démet en 1701, reprend que!ques mois après, jusqu'en 1710.
† D'azur semé de quartefeuilles d'or, au franc canton d'hermines.

PICART (Voir LE PICART).

PINEAU (JACQUES), chevalier, baron de Lucé, seigneur de Viennay, la Peschellerie, Saint-Pater, etc. Né le 28 novembre 1709, conseiller au parlement de Paris en 1730, maître des requêtes en 1737, conseiller d'État en 1761. Mort en 1764.
Tours, 1743. — *Hainaut*, 1745. — *Alsace*, 1752 à 1760.
† D'argent à trois pommes de pin de sinople.

PINON (ANNE), vicomte de Quincy, maître des requêtes en 1686.
Pau, 8 août 1694 au 30 novembre 1699. — *Alençon*, 1700. — *Poitiers*, 1703. — *Dijon*, 1705 à 1710.

† D'azur au chevron d'or accompagné de trois pommes de pin du même.

Jeton portant au droit les armoiries de Pinon avec couronne de marquis et la légende : M^tre Anne Pinon. M^tre des req. intend. en Bourg. et Bresse. Au revers les armes de Dijon avec la légende: la ville de Dijon, 1705.

PLEURRE (GABRIEL-JEAN-HONORÉ de), seigneur de Romilly, né le 26 mars 1712, conseiller au parlement de Paris en 1733, maître des requêtes en 1741, président au grand conseil en 1745. Mort le 23 juin 1749.

La Rochelle, juin 1747.

† D'azur au chevron d'argent accompagné de trois griffons d'or, les deux du chef affrontés.

POMMEREU (AUGUSTE-ROBERT), chevalier, seigneur de la Bretesche, conseiller du roi en ses conseils, maître des requêtes ordinaire, président au grand conseil, prévost des marchands, 1676. Mort le 7 octobre 1702, âgé de soixante-quinze ans.

Moulins et *Bourges*, 1658. — *Riom*, 1663.

† D'azur au chevron d'argent accompagné de trois pommes d'or, tigées et feuillées de même.

POMMEREU (JEAN-BAPTISTE de), seigneur de la Bretèche, maître des requêtes en 1685. Mort le 13 février 1732, âgé de soixante-seize ans.

Alençon, 1680. — *Rennes*, 1689. — *Châlons*, 1699.

† D'azur au chevron d'argent accompagné de trois pommes d'or, tigées et feuillées de même.

POMEREU (MICHEL-GERVAIS-ROBERT de), chevalier,

marquis des Riceys, né le 25 octobre 1685, maître des requêtes en 1713. Mort à Auch le 26 décembre 1737.

Alençon, janvier 1720. — *Tours*, août 1726. — *Auch* et *Pau*, 1ᵉʳ mai 1731 au 27 décembre 1734.

† D'azur au chevron d'argent accompagné de trois pommes d'or, tigées et feuillées de même.

PONCET DE LA RIVIÈRE (MATHIAS), comte d'Ablis, baron de Presles, conseiller au parlement en 1658, maître des requêtes en 1665, président au grand conseil en 1676. Né en 1636, mort le 20 avril 1693, âgé de cinquante-sept ans.

Alsace, 1670. — *Metz*, 1673. — *Lorraine*, 1673. — *Bourges*, 1674. —*Limoges*, 1683.
Portrait gravé : Steph. Gantrel, sculp. 1682, in-fol. A. L. (Loir) sculp. in-fol.

† D'azur à une gerbe de blé, deux tourterelles affrontées et becquetant sur la gerbe et en chef une étoile, le tout d'or.

PONT (Voir DEPONT).

PONTE D'ALBARET (V. de), président du conseil souverain de Roussillon.

Perpignan, 1698.
† D'argent au sautoir de gueules.

PONTE D'ALBARET (N. de), petit-fils du précédent. Mort en 1750.

Perpignan, 1740.
† D'argent au sautoir de gueules.

PORTE (Voir DE LA PORTE).

Potherie (Voir Le Roy de la Potherie).

Poulletier de Nainville (Pierre), intendant des finances.
Lyon, 1717 à 1738.
† D'argent à la fasce d'azur accompagnée en chef de trois poules de sable, membrées, barbées, becquées et crêtées de gueules et en pointe d'un lion léopardé de sable et lampassé de gueules.

Pradines, conseiller d'honneur au parlement de Provence.
Corse, 1771 à 1775.

Prévost (Voir le Prévost).

Pussort (N.)
Châlons, 1641.

Q

Quentin (Charles-Bonaventure), seigneur de Richebourg, marquis de Sancergues, maître des requêtes.
Rouen, 1710. — *Poitiers*, 1713 à 1766.
† D'azur à trois pommes de pin d'or.

R

Ravot d'Ombreval (Nicolas-Jean-Baptiste), lieutenant-général de police.

Tours, 1725.

† D'azur au pal d'or chargé d'un losange de gueules et accosté en chef de deux molettes d'éperon d'or.

Jeton cuivre : N. T. B. Ravot Dombreval m^e des reqtes, lieut. g^l de police de Paris, 1725. Revers : un héron, — *Vigilat ut quiescant*, *1713*.

Raymond de Trobat, président du conseil supérieur de Roussillon le 18 avril 1691.

Perpignan, 1678.

Raymond de Saint-Sauveur.

Perpignan, 1777 à 1790.

Renouard de Villazer (Jean-Jacques)

Orléans, 1638. — *Tours*, 1641.
† D'argent à la quintefeuille de gueules.

Ribeyre (Antoine de), seigneur d'Ormes ou d'Homme, né le 10 février 1632, conseiller au parlement en 1657, maître des requêtes en 1667, président au grand conseil, conseiller d'État en 1683. Mort le 7 octobre 1712.

Limoges, 1671. — *Tours*, 1672. — *Poitiers*, 1689.

† D'azur à la fasce ondée d'argent, accompagnée de trois canettes de même becquées et membrées de gueules.

Richebourg (Voir Quentin).

Richer (François), seigneur d'Aube-de-Daubec.

Caen, 1723. — *Soissons*, 1727.
Portrait gravé par Heudelot, in-4°.
† D'azur au chevron d'or accompagné de trois roses de même.

Roland-Levayez (Jacques), seigneur de Sablé.

Soissons, 1682. — *Moulins*, 1693.
† De gueules à la croix d'argent chargée de cinq tourteaux de gueules.

Rossignol (Bonaventure-Robert), seigneur de Balagny.

Riom, 1734. — *Lyon*, 1750.
† Écartelé : 1 et 4 d'or à l'arbre de sinople, 2 et 3 d'azur à trois rossignols d'argent onglés et becqués de gueules.

Rouillé (Pierre), sieur du Coudray et du Plessis, conseiller au grand conseil, maître des requêtes en 1668, et conseiller au parlement la même année. Mort en 1678, inhumé à Saint-Eustache.

Amiens, 1662. — *Poitiers*, 1669.
Portrait gravé par Landry, 1673, in-fol.
† De gueules à trois mains dextres appaumées d'or au chef du même chargé de trois molettes du champ.

Rouillé (Jean), comte de Meslay, conseiller à la cour

des aides, maître des requêtes en 1653. Mort le 30 janvier 1698.

Aix, 1672.

Portraits gravés: 1° par Edelinck en 1702, d'après Nanteuil (1655) in-fol.; 2° par Jacques Cundier, in-4°.

† De gueules à trois mains dextres appaumées d'or au chef du même chargé de trois molettes du champ.

Rouillé d'Orfeuil (Gaspard-Louis).

La Rochelle, 1762. — *Châlons*, 1764-1790. Depuis 1786 son fils, Antoine-Louis, lui était attaché comme sous-intendant.

Deux portraits gravés par Varin, in-f° et in-4°.

† De gueules à trois mains dextres appaumées d'or au chef du même chargé de trois molettes du champ.

Rouillé (Jean), seigneur de Fontaine-Guérin.

Limoges, 1703.

† D'azur au chevron d'or accompagné en chef de deux roses feuillées et tigées d'argent, et en pointe d'un croissant du même.

Roujaut ou Roujault de Villemain (Nicolas-Etienne), président à Poitiers.

Bourges, 1702. — *Hainaut*, 1706 (A. R.). — *Poitiers*, 1708. — *Rouen*, 1712.

Portrait gravé par Cars, in-folio.

† D'or à trois billettes de gueules, 2 et 1, au chef d'azur chargé de trois étoiles de champ.

S

Sanson (Claude-Joseph de).

Béarn, 17 avril 1692 au 8 août 1694. — *Montauban*, 1698. — *Soissons*, 1698. — *Rouen*, 1704.

Savalette de Magnanville (Charles-Pierre).

Tours, 1745 à 1756.

† D'azur au sphinx d'argent accompagné au chef d'une étoile d'or.

Senac de Meilhan (Gabriel), né à Paris en 1736, mort à Vienne le 5 avril 1803.

La Rochelle, 1766. — *Aix*, 1773. — *Valenciennes*, 1775 à 1790.

Portrait gravé par Ch.-Cl. Bervic, d'après P. S. Duplessis, 1783. L'original de ce portrait fut placé, en 1783, dans l'hôtel de ville de Valenciennes. 2me portrait in-8°, en buste.

† Parti d'or à deux fasces d'azur et d'argent, au bâton d'argent entortillé d'un serpent d'or, brochant.

Médaille : la face représente la silhouette de la ville de la Rochelle, avec cette légende : *Ditat et ornat*. Le revers est entouré d'une couronne de lauriers avec ces mots : *Auspiciis Gab. Senac portus restitutus*.

Séraucourt (Louis-François de), ancien conseiller à la cour des aides, maître des requêtes en 1681. Mort à Paris en 1744, âgé de cent ans.

Bourges, 1682.

† D'argent à la bande de sable accompagné de 6 billettes du même posées, 4 en chef, 2 et 2; 3 en pointe, 2 et 1.

SERILLY (Voir MEGRET).

SÈVE (ALEXANDRE de), seigneur de Chassignonville, conseiller d'État et du conseil royal des finances, prévôt des marchands de Paris.

Grenoble, 1640. — *Riom*, 1644. — *Aix*, 1648.

Portrait gravé par Nanteuil, 1662, 2° in-f°, à genoux avec les échevins à une réception de Louis XIV, attribué à Chauveau.

† Fascé d'or et de sable à la bordure contre-componée de même.

Jeton: de la prévosté de Mre Alexandre de Seve. armoiries. Revers: *Nec saxa nec ignes. 1655*. Le vaisseau de la ville de Paris.

SÈVE (GUILLAUME de), seigneur de Châtillon, le Roi, Izy et Grigneville, premier président du parlement de Dombes, du parlement de Metz.

Montauban, 1669. — *Bearn*, 6 septembre 1672 à 1676. — *Bordeaux*, 1675. — *Metz*, 1691.

Portrait gravé par G. Audran, in-f°.

† Fascé d'or et de sable à la bordure contre-componée de même.

T

Taboureau (Louis-Gabriel), seigneur des Réaux, conseiller au Parlement, contrôleur général des finances en 1776, donna sa démission le 2 janvier 1777.

Valenciennes, 1764 à 1775.

† D'azur au chevron d'or accompagné en chef de trois étoiles mal ordonnées et en pointe d'un croissant, le tout du même.

Talon (Jacques), conseiller ordinaire du roi en ses conseils, puis avocat général au parlement de Paris.

Grenoble, 1635. — *Rouen*, 1637.

Portrait gravé par Michel Lasne.

† D'azur au chevron d'or, accompagné de trois épis sortant chacun d'un croissant, le tout aussi d'or.

Talon (Jean), commissaire de l'armée en 1653; fut intendant au Canada de 1665 à 1667 et de 1672 à 1674. Depuis lors, il fut secrétaire du cabinet, puis valet de chambre du roi.

Hainaut, 1655 à 1665.

† D'azur au chevron d'or, accompagné de trois épis sortant chacun d'un croissant, le tout aussi d'or.

Tellier (Voir Le Tellier).

Terray (Antoine-Jean), chevalier, neveu du contrôleur des finances, guillotiné en 1793.

Montauban, 1773. — *Moulins*, 1781. — *Lyon*, 1784 à 1790.

† D'azur à une fasce d'argent chargée de cinq mouchetures d'hermines de sable et accompagnée de trois croix tréflées d'or, 2 en chef et 1 en pointe, au chef d'or chargé d'un lion issant de gueules.

Thiersault (Pierre), chevalier, seigneur de Conches.

Alençon, 1636.

† D'azur au tiercelet couronné perché sur un chicot et essorant d'or, portant au bec trois épis de même.

Thiroux (Louis), seigneur de Crosne, lieutenant général de police le 11 août 1785. Mort sur l'échafaud le 28 avril 1794.

Rouen, adjoint en 1767, titulaire en 1768. — *Lorraine*, 1777-1778.

† D'argent à la fasce d'azur chargée de trois bandes d'or, accompagnée en chef d'une croisette ancrée de gueules et en pointe de trois têtes de lion de même.

Voir Parc aux Cerfs, p. 184.

Thou (François-Auguste de), baron de Meslé, maître des requêtes le 25 août 1631, décapité à Lyon le 12 septembre 1642.

Dijon, 1632.

Portrait : 1° in-12 d'après Charbonnet ; 2° par J. Porreau, d'après le même.

† D'argent au chevron de sable accompagné de trois mouches ou taons de même.

Tonnelier (Voir Le Tonnelier).

Tourny (Voir Aubert de Tourny).

Trimond (Daniel-Victor de).
Montauban, 1783 à 1790.
† D'azur à la cloche d'argent surmontée d'une croix, fleurdelisée d'or.

Tronchay (Voir Du Tronchay).

Trudaine (Charles), chevalier, seigneur de Montigny, maître des requêtes en 1689, prévôt des marchands de Paris.
Lyon, 1704. — *Dijon*, 1710 à 1712.
† D'or à trois daims de sable.

Trudaine (Daniel-Charles), seigneur de Montigny, intendant des finances en 1734.
Riom, 1730.
† D'or à trois daims de sable.

Tubœuf (Charles), chevalier, baron de Vert et de Blanzat (*alias* Blanzac), maître des requêtes le 12 décembre 1661. Mort en 1680.
Montpellier, 1665. — *Bourges*, 1668. — *Moulins*, 1669. — *Tours*, 1674.
† D'argent à trois faucons volants de sable *alias* d'argent à trois aigles volantes de sable, le vol abaissé, *alias* des hirondelles.

Turgot (Dominique), de Soubsmont, maître des requêtes. Mort le 12 septembre 1670.
Tours, 1667.
† D'hermines fretté de gueules de dix pièces.

Turgot de Saint-Clair (Antoine), chevalier de Malte, conseiller au parlement en 1660, maître des requêtes en 1667. Mort en 1713, à quatre-vingt-huit ans.

Limoges, 1671.
Portrait gravé par Masson, 1668, in-f°.
† D'hermines fretté de gueules de dix pièces.

Turgot (Jacques-Etienne), chevalier, seigneur de Soubsmont, Brucourt, etc., maître des requêtes, grand père du contrôleur général. Mort le 28 mai 1722.

Metz, 1696. — *Tours*, 1701. — *Moulins*, 1710.
† D'hermines fretté de gueules de dix pièces.

Turgot (Marc-Antoine), seigneur de Saint-Clair, Bon-Brincourt, maître des requêtes. Mort le 3 mars 1748.

Riom, 1708. — *Moulins*, 1714. — *Bourges*, 1716. — *Soissons*, 1720.
† D'hermines fretté de gueules de dix pièces.

Turgot (Anne-Robert-Jacques), baron de l'Aulne, né le 10 mai 1727, ministre de la marine, contrôleur général des finances en août 1774-1776. Mort le 20 mars 1781.

Limoges, 8 août 1762.
Portrait gravé par Wattelet, d'après Cochin, médaillon in-4°, et dix-huit portraits de divers formats.
† D'hermines fretté de gueules de dix pièces.

Turmenyes (Jean de), seigneur de Nointel.

Moulins, 1700.
† D'azur à trois larmes d'argent accompagnées en chef d'une étoile d'or.

V

Vanolles (Barthélemy de).

Moulins, 1729. — *Roussillon*. — *Besançon*, 1734 — *Alsace*, 1744 à 1750.

✝ D'argent à sept annelets de sable.

Vaubour (Maretz de).

Besançon, 1698.

Vauquelin des Yveteaux.

Languedoc, 1636 et 1642.

✝ D'azur au sautoir engrelé d'argent, cantonné de quatre croissants d'or.

Verthamon (François de), comte de Villemon et de Ceveron ou Sernon, seigneur en partie de Brie-Comte-Robert, conseiller au parlement, maître des requêtes. Mort le 24 juin 1697, âgé de quatre-vingt-douze ans.

Montauban, 1631. — *Riom*, 1658.

Portrait gravé par J. Grignon, d'après C. Le Febvre, in-f°.

✝ Écartelé : 1 de gueules au lion léopardé d'or, 2 et 3 à cinq points d'or équipolés à quatre d'azur, 4 de gueules plein.

Vignier (Nicolas), baron de Ricey.

Metz, 1641. — *Lorraine*, 1642.
† D'or au chef de gueules à la bande componée d'argent et de sable de six pièces brochant sur le tout.

Vignier (Claude), baron de Babezieux, de Villemor, de Jully et de Saint-Lyebault, sire de Tanlay, conseiller du roy en ses conseils d'Etat et privés, président en sa cour de parlement de Metz.

Champagne, 16 août 1636.
Voir *Archives départementales* du Baillage de l'Aube, 5ᵉ reg. des mandements de Troyes.

Villarceau.

Lorraine, 1637.

Villedeuil (Pierre-Charles-Laurent de), né à Bouchain, fils d'un ingénieur auquel Louis XV accorda des lettres de noblesse en 1756, sieur de Villemon, Bras-de-fer, Bombon, secrétaire d'État.

Rouen, 1785.

Villemontée (François de), chevalier, seigneur de Montaiguillon, conseiller d'État, intendant de justice, police, finances et marine de Poitou, Angoûmois, Saintonge, Aunis, ville et gouvernement de La Rochelle, Brouage et îles d'entre Loire et Garonne, fut évêque de Saint-Malo en 1657. Mort en 1662.

Poitiers, 1635. — *Soissons*, 1656.

Portraits gravés : 1° par J. Morin, d'après Ph. de Champagne; in-f°; 2° par R. Lochon, in-f°; 3° par Mellan, 1660 (en évêque), 4° par Michel Lasne, 1663, in-f°; 5° par N. Pittau, in-f°.

Un jeton porte : Mre F. de Villemontée, ch^er seigneur de Montaiguillon et de Villenauxe, C^r D'Estat ordre et int. de la justice, police, finance et marine en Poictou, Aulnis, Xaintonge et Engoumois. Sur l'autre face, on voit deux personnages, l'un à genoux et l'autre debout, la main droite armée d'un glaive, la main gauche tenant des balances, autour la légende : *Non ensis sed mentis opus.* *1637.*

Autre jeton : Mre F. de Villemontée ch^er seig^r de Montaiguillon et de Villenauxe, c^r d'É^t, m. des req^tes et int. de la justice pol. fin. et mar. à la Rochelle prov. et isle d'entre Loire et Garonne. Écu aux armes. Revers : Navire arrivant au port. Légende : *Capiet. rursus. hoc. auspice. portum.* *1632.* — Même face: Revers : Navire arrivant au port: *Nunc victa quiesco.*

† D'azur au chef endenté d'or chargé d'un lion léopardé de sable.

Voyer (N. de) d'Argenson.

Limoges, 1632.
† D'azur à deux léopards couronnés d'or.

Voyer d'Argenson (René de), né en 1596, maître des requêtes 1628, ambassadeur à Venise. Mort en 1651.

Riom, 1633. — *Poitou,* 1640.
Portrait gravé : 1° par Piccini à Venise, in-f°; 2° le même, in-4°; 3° par Petit, 4° avec son épitaphe par Piécini, Venise, in-f° m.
† D'azur à deux léopards couronnés d'or.

Voyer de Paulmy (René-Louis de), chevalier, marquis d'Argenson, grand croix de l'ordre de Saint-Louis, conseiller d'Etat. Mort le 26 janvier 1757.

Hainaut et *Cambresis*, 1720.

Portrait gravé : 1° par Fessard, 1746, in-4°; 2° par Dieu.

† D'azur à deux léopards couronnés d'or.

Voyer (Pierre-Marc de), de Paulmy d'Argenson, lieutenant de police, d'abord titré baron des Ormes, fils du garde des sceaux, frère du ministre des affaires étrangères. Mort le 20 août 1764.

Tours, 1720. — *Paris*, 4 août 1740.

Portrait gravé : 1° par Petit, d'après Rigaud; 2° par Marcenay, d'après Nattier, 1772, in-f° dans la galerie française, in-4°; 3° par Blanchard, d'après Rigaud, pour la galerie historique de Versailles, série X, section 6.

† D'azur à deux léopards couronnés d'or.

Voysin (Daniel), seigneur de Cerisay, du Plessy-aux-Bois, d'Iverny, de la Malmaison, etc., maître des requêtes, conseiller d'État, prévôt des marchands de Paris. Mort le 22 novembre 1693.

Riom, 1648. — *Châlons*, 1656.

Portrait gravé : 1° par Regnesson, d'après Ph. de Champagne, in-f°; 2° par N. Pittau, d'après Mignard, in-f° maj., 1668; 3° (le même retouché); 4° par Édelinck, d'après Mignard, in-f° m. dans une thèse de M. Lamoignon; 5° par Sauvé.

† D'azur au croissant d'argent, accompagné de trois étoiles d'or.

Jeton argent : Mre Voysin, m^e des req^{tes}, prévost des mar^{ds} 2 cl. aux armes. Revers : Armes de Paris. Légende : *Tuta. etsine. sorde. 1667*. En cuivre : même face. Armes de Paris. Légende : *Commercia terris cunctis renovat 1665*.

Id. légende : *Meliore via ditescet*, 1666.

Id. légende : *Stella regens portusque novus mea gaudia, 1663*.

Voysin (Jean-Baptiste), seigneur de la Noiraye et du Mesnil, conseiller au grand conseil, maître des requêtes en 1651. Mort à Tours en 1672.

Amiens, 1664. — *Rouen*, 1665. — *Tours*, 1665.
† D'azur au croissant d'argent accompagné de trois étoiles d'or.

Voysin (Daniel-François), ministre de la guerre en 1709.

Hainaut, 1684 à 1698.
† D'azur au croissant d'argent accompagné de trois étoiles d'or.

LES

TAPISSERIES TISSÉES

DE

HAUTE OU BASSE LISSE

Parmi les arts secondaires il en est un qui tient, à coup sûr, le premier rang et qui, cependant, a été singulièrement négligé par les historiens et les critiques d'art; il s'agit de la tapisserie tissée de haute ou basse lisse qui a reproduit et reproduit encore avec succès les chefs-d'œuvre des peintres de tous les temps et de toutes les écoles. La numismatique, la céramique, la peinture sur émail, la gravure, etc., ont donné lieu à de nombreux traités et monographies; on ne connaît que très peu d'ouvrages didactiques à consulter sur l'art de la tapisserie tissée, et ces ouvrages, en tête desquels il faut citer : Les Tapisseries historiées, de M. Jubinal, La Notice historique sur les Gobelins, de M. A. L. Lacordaire, n'abordent qu'une partie spéciale. —

Nous citons ce préambule d'une conférence sur les tapisseries faite devant la section d'histoire de l'art de la Société Française de Numismatique et d'Archéologie, le 24 mars 1874, pour prendre date et constater que nous avions pressenti la complète et prochaine réhabilitation du premier des arts industriels; le rapport du directeur des Beaux-Arts, inséré au Journal Officiel du 16 avril 1876, proposant au ministre de l'Instruction publique, des Cultes et des Beaux-Arts, l'organisation de l'exposition spéciale qui a eu lieu au Palais de l'Industrie, a confirmé notre opinion et désormais « l'art de Minerve » va prendre la tête de la curiosité, de la curiosité aristocratique, car en raison de sa valeur, de son prix et de sa destination, la tapisserie ne hante que les palais et les châteaux.

C'est ce que disaient déjà les tapissiers sarrazinois au XIII siècle, lorsque, réclamant leurs privilèges, ils faisaient valoir « que leur mestier n'appartient que aux « yglises et aux gentizhommes comme au roi et à « comtes. »

On a fait de grands éloges de l'exposition organisée en 1876 par les soins de l'Union centrale des Beaux-Arts appliqués à l'Industrie qui a déjà rendu de si grands services à l'art, à l'industrie et à la curiosité, mais il faut bien le dire, cette exposition était loin d'être complète, la disposition et le classement des tentures étaient défectueux, le catalogue insuffisant; son principal mérite est d'avoir attiré l'attention publique sur le premier des arts industriels et d'avoir donné lieu à de nombreux comptes rendus en tête desquels il faut placer le rapport adressé au Ministre de l'Instruction publique et des Beaux-Arts par M. Denuelle, au nom de la commission de la manufacture nationale des Gobelins; à ce dernier nous reprocherons cependant de n'avoir pas rendu complètement justice aux écrivains et aux érudits qui les premiers ont mis en lumière la beauté et l'intérêt des tentures de haute et basse lisse, notamment à MM. Jubinal et Lacordaire.

Depuis plusieurs années, ces notes et documents sur l'histoire, l'art et l'industrie de la tapisserie, dans tous les temps et chez tous les peuples, sont recherchés, recueillis et classés en vue d'une histoire complète de la peinture sur laine. Nous laisserons à d'autres le soin d'entreprendre cette œuvre étendue et nous nous bornerons à publier une série de monographies qui faciliteront peut-être la tâche de l'historien.

BIBLIOGRAPHIE

Académie des Sciences de Paris (Comptes rendus de l'). — Réponse aux allégations contenues dans un rapport de M. A. Gruger sur l'exposition de Londres en 1871 à propos des tapisseries des Gobelins, par M. Chevreul ; tom. DXXV, n° 18.

Almanach général des marchands, négociants et amateurs. Paris 1770, 1772, 1785.

Ankershofen. — Communications de la commission centrale allemande pour la recherche et la conservation des peintures murales ; V^e année, 1860, n° 3, et année 1872, Vienne: Explication symbolique des tapisseries du château de Strasbourg (Carinthie).

Archives nationales de France : Cartons 0'2037-2045.

Armengaud — Les galeries publiques de l'Europe. Rome. Paris, 1856.

Archives de l'Art Français, recueil de documents inédits relatifs à l'histoire des arts en France, publié sous la direction de M. Anatole de Montaiglon: 11 vol. in-8º, 1862, Paris, Dumoulin.

Art (l'), revue hebdomadaire illustrée. — Paris, A. Ballue, 1876.

Aubusson. — Lettres patentes et arrêt du Conseil d'État du Roy concernant la manufacture de tapisseries d'Aubusson ; à Moulins, de l'imprimerie de Vernoy fils, imprimeur ordinaire de Monseigneur l'Intendant. 1733.

Bahlenbeck. — Les tapisseries des Rois de Navarre. — Gand, 1868, 43 pages. Extrait du « Messager des Sciences historiques ou Archives des Arts et de la Bigliographie de Belgique. » 1868, 3ᵉ livraison.

Bailly. — Devises pour les tapisseries du Roi.

Barbier de Montault. — Les tapisseries d'Angers, classées et décrites selon l'ordre chronologique, par l'historiographe de la cathédrale du diocèse d'Angers. 1863.

Barraud. — Les tapisseries de la cathédrale de Beauvais. Mémoires de la Société Académique de l'Oise (2ᵉ vol. 1853).

Beaune (Henri). — Les dépouilles de Charles-le-Téméraire à Berne, in-4º, 1873.

BEAUVAIS. — Manufacture Royale. Exposition de 1837. Beauvais. Ach. Desjardins, in-12, 7 feuilles. — Manufacture royale de Beauvais Exposition de 1840. Livret vendu au profit des incendiés de Troisseveux. Beauvais, A. Desjardins, in-12, 8 feuilles.

Arrêt du Conseil d'Estat du roy, concernant la manufacture de tapisseries de Beauvais du 15 juillet 1722.

Second arrêté de M. le bailli de la ville, bailliage et comté-pairie de Beauvais, concernant la manufacture royale de tapisseries de Beauvais, du 14 février 1783, in-4º, 32 pages.

BECHSTEIN et BIBRA. — Monuments des arts en Allemagne depuis les temps les plus reculés jusqu'à nos jours. Chapitre III : les grandes tapisseries actuellement au Musée national de Munich. — Schweinfurt. 1844.

BECHSTEIN et LUDER. — Monuments des arts en Franconie et en Thuringe. Un tapis de Byzance. — Schweinfurt, 1844.

BELGRANO. — Della vita privata dei Genovesi. — Genova, 1875, un vol. in-8º.

BERARD. — Dictionnaire biographique des Artistes français du XIIe au XVIIe siècles, suivi d'une table chronologique et alphabétique comprenant en vingt classes les arts mentionnés dans l'ouvrage. — Paris, Dumoulin, 1872.

Bergerat (E.). — Histoire de la Tapisserie. — Journal Officiel, 31 août, 16 septembre 1876.

Blanc (Charles). — Le Musée des tapisseries. — Journal Le Temps, n° du 4 septembre 1876.

Blenheim. — New description of Blenheim.

Bock. — Histoire des tentures liturgiques du Moyen-Age. Bonn, 1859. Ier volume, 2me chapitre : Histoire du progrès de l'art du tissage au Moyen-Age.

Catalogue de l'ancienne collection de Bock sur les tissus et les tapisseries du Moyen-Age et de la Renaissance actuellement au Musée autrichien. Vienne, 1865.

Catalogue des tissus et des tapisseries de l'ancien temps qui se trouvent au Musée germanique. Nuremberg, 1869.

Borde (Cte de la). — Les ducs de Bourgogne ; 3 vol. in-8°, Paris, 1849 à 1852.

La renaissance des arts à la cour de France, ou études sur le XVIe siècle.

Le Palais Mazarin et les grandes habitations de ville et de campagne du XVIIe siècle.

Notice des émaux, bijoux et objets divers exposés dans les galeries du musée du Louvre ; 2 vol. in-12. Paris, 1853.

Boyer de Ste-Suzanne (B^{on} de). — L'inventaire du Cardinal de Mazarin, dressé en 1661. — Les écoles professionnelles en France à partir du XVIe siècle. — Les anciennes tapisseries. — Marques de Tapisseries. — Inscriptions des anciennes tapisseries. — Tapisserie confirmant l'attribution des faïences d'Oiron (Comptes rendus de la Société française de Numismatique et d'Archéologie, tom. V, année 1874).

BULLETINS du Comité des travaux historiques et de la Revue des Sociétés savantes; Bulletin archéologique des arts et monuments, 1837 à 1849 : A, I, pag. 120, 152, 269. — Aª, I, p. 136 — A, II, p. 272, 283, 412, 572; III, p. 66, 311; IV, p. 112. Bulletin du Comité historique des arts et monuments, 1849-1851 : C, I, p. 74; — IV, p. 120. Bulletin du Comité de la langue, de l'histoire et des arts : E, II, p. 721; — IV, p. 160.

BURTY. — Chefs-d'œuvre des arts industriels.

CABINET DES ESTAMPES à la Bibliothèque Nationale de Paris :

Armoiries et devises des rois et des seigneurs français relevées sur des tapisseries (Collection Gaignières).

Desseins de tapisseries de Saint Barthélemy dont les sujets sont tirés de l'histoire de ce saint et faits par un ancien peintre français. Les trois noms qui se rencontrent sur quelques-uns de ces dessins font croire que ce recueil a successivement appartenu à ces trois amateurs : MM. Hotman, de la Haye, de la Noue; ce dernier amateur très connu sous Louis XIII. A. D. 103.

Tapisseries de Catherine de Médicis. Histoire de

Mausole et Artémise. Don au cabinet des estampes du Roi par M. Roussel, fermier général en 1765, A. D. 105.

Desseins pour une tenture de tapisserie composée pour la reine Catherine de Médicis, veuve de Henri II, par l'un des peintres florentins qui ont travaillé à Fontainebleau et qui a choisi l'histoire d'Artémise.

Recueil de ce qui s'est trouvé des desseings des pièces de la tapisserie de Saint-Médéric, reliez en ce livre par l'ordre de Messieurs Hennequin, Tarteron, Le Conte et Soullet, marguilliers de ladite église en l'année 1644. A. D. 103. — Ces dessins rehaussés de blanc représentant la vie de Jésus-Christ, très beaux, très finis, sont attribués à Henri Lerambert et ont été exécutés en tapisserie par Dubourg, en 1594, à la fabrique de la Trinité, pour l'église Saint-Méric.

Recueil factice de desseins de tapisseries. — On remarque deux séries de gravures relatives à la tapisserie de Bayeux, la tapisserie de Nancy, le miracle de saint Quentin, Gombaud et Macée, une tapisserie curieuse du temple de Trensadarstadar en forme de vitrail, quatre photographies de tapisseries signées J. Lefebvre, aux armes de J. J. Charron de Mesnars et de Lagrange. Trianon.

Plan de Paris en tapisserie, tissé en 1560, dessiné par les soins de Gaignières, gravé par Mlle Naudet et publié par le Marquis de Mauperché, en 1819.

Papiers de Robert de Cotte. Portefeuille portant au dos 1601 à 2300. Correspondance sur les tapisseries envoyées des Gobelins pour meubler le palais de l'Académie Royale de Rome.

Castel. — Les Tapisseries, 1 vol. petit in-8°, de 316 pages, avec figures. Bibliothèque des Merveilles. — Hachette, 1876.

Charles-le-Téméraire. — Tente de Charles-le-Téméraire, duc de Bourgogne ou tapisserie prise par les Lorrains, lors de la mort de ce prince, devant leur capitale en 1477. Nancy, 1843, in-fol., planches.

Caumont (de). — Bulletin monumental, publié par la Société Française pour la conservation des monuments :

Tapisseries ou tentures employées dans les églises au Moyen-Age, à Nantilly (Anjou), tom. I, p. 364 ; tom. II, p. 46 — à la Chaise-Dieu en Auvergne et à Pébrac, tom. VI, p. 422 — de Charles-le-Téméraire à Nancy, tom. III, p. 127 — de Saint-Martin, à Montpezat, tom. IV, p. 27 — de la salle d'honneur du Château de Blois, tom. V, p. 315 — de la cathédrale de Beauvais, tom. VI, p. 394, tom. X, p. 339 à 345 — de celle du Mans, tom. VII, p. 546 — droit de quelques églises à des redevances annuelles de tapisseries, tom. VIII, p 76. — Les tapisseries étaient souvent des tableaux d'histoire, tom. XIV, p. 283. — Tenture en cuir doré du Château d'Acqueville (Calvados), tom. XV, p. 473 — de la cathédrale de Beauvais, tom. XVI, p. 290 — de Nancy, p. 502 — d'Angers, de Saint-Saturnin de Tours, tom. XVIII, p. 147. — Les tapisseries à Rouen, tom, XVII, p. 681. — Ancienne fabrique de Saumur, tom. XVIII, p. 148. — Observations sur les tapisseries, tom. XVII, p. 93.

— Tapisseries de Montpezat, tom. XXI, p. 270. — Tapisseries d'Angers, tom. XXIV, p. 455. — Tapisseries d'Aubusson, tom. XXV, p. 745. — Tapisseries de la cathédrale de Reims, tom. XXIX, p. 474, d'Arras, p. 490. — Tapisseries du Château de Cherré (Sarthe), tom. XXX, p. 716. — Notes sur les tapisseries du Mans, 1871, p. 651.

CHEVREUL. — Des arts qui parlent aux yeux au moyen de solides colorés d'une étendue sensible, et, en particulier, des arts du tapissier des Gobelins et du tapissier de la Savonnerie. Paris, 1866, in-4º.

Les tapisseries et les tapis des manufactures nationales, XIX, Jury, Exposition de 1855, in-8º.

CHOCQUEL (W.). — Essai sur l'histoire et la situation actuelle de l'industrie des tapisseries et tapis. Paris, Guillaumin, 1863, 1 vol. in-32, 182 p.

CLOEZ (S.). — Rapport sur les progrès réalisés dans la fabrication des tapisseries et tapis des manufactures des Gobelins et de Beauvais. Paris, Vº Boudard-Huzard, 1875. Brochure in-8º de 16 pages.

COSIMO CONTI. — Ricerche storiche sull'arte degli arrazzi in Firenze. In Firenze, G. S. Sansoni, editore, 1876. Une brochure in-12, 120 p.

CHRONIQUE DES BEAUX-ARTS ET DE LA CURIOSITÉ: 5 mai 1875, 11 décembre 1875, 1ᵉʳ janvier 1876, 15 juillet 1876.

Darcel. — Exposition de l'Histoire de la tapisserie. Gazette des Beaux-Arts, 1876, 231e, 232e, 233e livraisons.

Davillier (Ch.). — Une manufacture de tapisseries de haute lisse à Gisors. In-8º de 45 pages avec planches. A. Aubry, Paris, 1876.

Delfino. — Succincte description des tapisseries appartenantes (sic) à la très illustre maison Delfino, à Venise. — Vérone, 1776, 13 p.

Depping (A. B.). — Règlements sur les arts et métiers, rédigés au XIIIe siècle et connus sous le nom de Livre des métiers d'Étienne Boileau, publiés pour la première fois en entier, d'après les manuscrits de la bibliothèque du Roi des archives du Royaume, avec des notes et une introduction. Crapelet, 1837, 1 vol. in-4º.

Deville (J.). — Recueil de statuts et de documents relatifs à la corporation des tapissiers de 1258 à 1875. Réflexions concernant cette corporation. Paris, Chaix, janvier 1875, 1 vol. in-8º, 408 p.

Deyrolle (L.). — Notice sur l'art de la tapisserie dans son rapport avec la peinture, par Deyrolle, peintre, ancien professeur à l'école de tapisseries aux Gobelins. Beauvais, in-4º, de 17 p.

Didron. — Annales archéologiques, tome XV, p. 234: Tapisseries de l'église Saint-Pierre à Rome.

Dinaux (A.). — Archives du Nord de la France, tome IV de la 1re série.

Douet-d'Arcq (L.). — Compte-rendu de l'ouvrage de M. J. Deville. Extrait de la bibliothèque de l'école des Chartes, tome 37.

Dubos. — Notice historique sur la manufacture royale de tapisseries de Beauvais, par Dubos, commis aux écritures de cet établissement, à Beauvais, Desjardins, 1834.

Dupont. — Stromatourgie ou de l'excellence de la manufacture des tapis dits de Turquie, nouvellement establie en France, sous la conduite de noble homme Pierre du Pont, tapissier ordinaire du Roi, en la maison de l'auteur, à la galerie du Louvre, 1632, 1 v. in-4º, de 42 pages.

Durieux. — Les artistes cambraisiens et l'école de dessin de Cambrai. 1 vol. in-8º, 1874.

Emeric David. — Histoire de la peinture au Moyen-Age, p. 120, note 3.

Encyclopédie ou dictionnaire raisonné des sciences, 1765. Voir : Tapisseries, tapissiers, lisse, Gobelins.

Encyclopédie méthodique. Manufactures et Arts, 1784, tom. II. Arts et Manufactures, 1787, tom. IX.

Expositions : Rapport sur l'Exposition universelle, 1851, tom. VI.

Rapport sur l'exposition universelle, 1867, tom. III.

Catalogue de l'histoire du travail, 1867.

Catalogue de la 4me exposition (1874) de l'Union centrale des Beaux-Arts appliqués à l'Industrie. Musée historique du costume, 1 vol. in-12. Paris, Chaix, 1874.

Catalogue de la 5me exposition (1876) de l'Union centrale des Beaux-Arts appliqués à l'Industrie. Histoire de la Tapisserie, 1 vol. in-12. Paris, Debons, 1876.

Farcy (E. de). — Notices archéologiques sur les tentures et les tapisseries de la cathédrale d'Angers. Angers, Lachese Belleuvre et Dolbeau, 1875, in-8º de 108 p., avec planches.

Félibien. — Les quatre éléments, peints par M. Lebrun et mis en tapisseries pour Sa Majesté. Paris, 1665, in-4º.

Les quatre saisons, peintes par M. Lebrun et mises en tapisseries pour Sa Majesté. Paris, 1667.

Ces tapisseries ont été gravées par Leclerc. Il y a une contrefaçon hollandaise.

Feuilletin. — Lettres patentes sur le règlement fait et arrêté le 15 janvier 1737, pour la manufacture de tapisseries de Feuilletin, données à Versailles le 29 janvier 1737, registrées au Parlement le 12 mars 1737, à Paris, chez P. Simon, imprimeur au Parlement, rue de la Harpe, à l'Hercule, 1737.

Fons Melicoq (de la). — Hauts-liceurs et tapisseries de haute lice du XIVe, XVe et XVIe siècles, mentionnées dans les archives de l'Hôtel de Ville de Valenciennes (Revue universelle des Arts, 10e vol., 1860, p. 317-323).

Tapisseries historiques fournies à la ville de Valenciennes par les hauts liceurs d'Audenarde. (Revue universelle des Arts, 16e vol., 1862).

François Ier. — Edit rendu à Tonnerre, le 20 avril 1542, concernant les droits sur les marchandises, tapisseries et autres. Paris, in-8°, chez Hanulin, 1550.

Franklin (A.). — Etude historique et topographique sur le plan de Paris de 1540 dit plan de tapisserie. Aubry, 1869, 1 vol. in-12.

Gand. — Notice sur les tapisseries appartenant autrefois à la célèbre abbaye de Saint-Pierre de Gand. Gand, 1821, 8 pages in-4°.

Garde-Meuble National de Paris. — Inventaires des tapisseries.

Les tapisseries décoratives du garde-meuble (Mobilier national). Choix des plus beaux motifs, par E. Guichard et A. Darcel, in-fol., planches. Paris, Baudry, 1877. 100 planches in-f° gravées en couleur ou en noir, publié en 10 livraisons. Prix : 150 francs.

Gariel (H.). — Tapisseries représentant les amours

de Gombaud et de Macée, avec une planche. — Grenoble, 1863, in-8º, 16 p.

Gazette des Beaux-Arts. — Voir la table, par Cheron.

Gentili (Pietro). — Sulla manifattura degli arazzi, cenni storici raccolti e pubblicati dall'arazziere cav. Pietro Gentili Romano. Roma, tipografia Guggiani Santini et Cie, 1874, une brochure in-12, de 100 p.

Giry. — La tapisserie de l'Apocalypse d'Angers. — L'Art, revue hebdomadaire, 1876, nº 104.

Gobelins. — Edict du Roy pour l'establissement d'une manufacture des meubles de la couronne aux Gobelins, registré au Parlement, le 21 décembre 1667, à Paris, par les imprimeurs et libraires ordinaires du Roi, 1668.

Guide des corps des marchands et des communautés des arts et métiers tant de la ville et faubourgs de Paris que du Royaume. Paris, 1766, in-12.

Guignard. — Mémoires fournis aux peintres chargés d'exécuter les cartons d'une tapisserie destinée à la collégiale de Saint-Urbain de Troyes, représentant la légende de saint Urbain et de sainte Cécile, publiés et annotés par Ph. Guignard (voir les mémoires de la Société d'Agriculture, des Sciences et Arts de l'Aube, tome XV, 1849 à 1850).

Guillaumot. — Notice sur l'origine et les travaux de la manufacture impériale des tapisseries des Gobelins, par C. A. Guillaumot, architecte administrateur de cette manufacture, an VIII. 3e édition. — Paris, Marchant.

Hampton-Court. — Guide. The Stranger's guide to Hampton-Court Palace.

Heider. — Communications de la commission australe allemande pour la recherche et la conservation des peintures murales. Vienne, année 1862, tome II Antependium de la cathédrale de Salzbourg.

Hinz. — Le trésor de l'Eglise Notre-Dame à Dantzig. Dantzig, 1870, 2e chapitre : l'art de la tapisserie, son commencement, sa fondation et sa ruine.

Histoire générale de la Tapisserie. Paris, 1878. Société anonyme de publications périodiques, quai Voltaire, 13, in-fo avec planches.

Hondoy (T.). — Les tapisseries de haute lisse de la fabrication lilloise. — Aubry, 1871, 1 vol. in-8° de 155 p.
Tapisserie représentant la conqueste du royaulme de Thunes, par l'empereur Charles-Quint. Lille, 1873, in-8°.

Hubner. — Catalogue de la galerie royale de Dresde. 1862, page 93 et 102.

Ilg. — Chronique des Arts allemands, tome XX. Les Gobelins, trophées de l'expédition de Charles-Quint contre Tunis.

Kensington. — A guide to the South Kensington Museum.

Kinkel. — Les peintures de Roger Van der Weyden dans l'hôtel de ville de Bruxelles et les copies qui ont été faites sur les tapisseries de Berne (en hollandais). Zurich, 1867, 31 p. in-4°.

Lallier (J.). — Pau. Description de la ville et du château. Les tapisseries du château.

Liège. — Les tapisseries de Liège à Madrid. Notes sur l'Apocalypse d'Albert Duver ou de Roger Van der Weyden. Liège, J. Gothier, éditeur, 1876.

L'Indicateur pour la connaissance de l'antiquité allemande :
Année 1837, p. 363. Tapis tissés du grand duc Jean-Frédéric de Saxe. 1566.
Année 1857, p. 324. Un tapis remarquable historique au musée Germanique.
Année 1866, 14° livraison. Un tapis représentant l'histoire de Tristan et d'Yseult à Erfurt, par Eye.
Année 1869, n° 9. Un tapis bourguignon, datant de la fin du XVI° siècle, par Eye.
Année 1870, n° 2. Sur un tapis de laine de la col-

lection des tissus dans le musée Germanique, par Essenvin.

Année 1870, n° 3. Ancien tapis allemand de Walburg.

Jacquemart (A.). — Histoire du mobilier, recherches et notes sur les objets d'art qui peuvent composer l'ameublement et les collections de l'homme du monde et du curieux. Paris, Hachette, 1876, 1 vol. grand in-8°.

Joannis (Jean de). — Les tapisseries de l'Apocalypse de la cathédrale d'Angers, dites du Roi René, réduites au dixième et reproduites, au trait, avec le texte explicatif. Angers, 1864, 1 vol. in-f°.

Joursanvault. — Catalogue des archives du Baron de Joursanvault, tome I, p. 132.

Jubinal (A.). — Les anciennes tapisseries historiées, ou collection des monuments les plus remarquables de ce genre qui nous sont restés du Moyen-Age, à partir du XIe jusqu'au XVIe siècles inclusivement; texte par Achille Jubinal, dessins de Victor Sanson, Paris, 1838-1839, 2 v. grand in-f°, 123 pl. coloriées; se vendait dans le principe 1,540 fr. Cet ouvrage contient la description et le dessin colorié des tapisseries de la Chaise-Dieu, d'Aix et d'Aulhac, Beauvais, du Louvre, Reims, Berne, Nancy, Bayeux, Dijon, Valencienne, Haroué, de Bayard, du Musée Cluny.

Recherches sur l'usage et l'origine des tapisseries à personnages historiés dans l'antiquité jusqu'au XVIe siècle inclusivement, Paris, Challamel, 1840, 1 vol. in-8°.

Le Moyen-Age et la Renaissance, tome II, article : Tapisseries.

La Barte (J). — Histoire des arts industriels au Moyen-Age et à l'époque de la Renaissance.

Lacordaire (A. L.). — 1º Notice sur l'origine et les travaux des manufactures de tapisserie et de tapis réunis aux Gobelins, 1 vol. in-12, de 76 p. Paris, 1852; — 2º Notice historique sur les manufactures impériales de tapisseries des Gobelins et de tapis de la Savonnerie, suivie du catalogue des tapisseries exposées. — Paris, 1853, 1 vol. in-8º. — 3º id., Paris, 1855, 144 p. — 4º id., 1859, 76 p.

Ces éditions offrent des variantes plus ou moins considérables. La plus complète, l'édition de 1853, comprend 200 pages avec gravures sur bois. — Il y a une brochure anonyme attribuée par M. J. La Barte à M. Darcel qui est intitulée : Notice historique sur les manufactures impériales de tapisseries des Gobelins et de tapis de la Savonnerie, précédée d'un catalogue des tapisseries qui y sont exposées. Paris, à la manufacture, 1861. Paris, H. Plon. Sauf quelques lignes, cette notice est la reproduction de la notice de M. Lacordaire; elle a été rééditée en 1872.

Laffemas. — Le naturel et profil admirable du Meunier. Paris, 1604, in-8º.

Lehner. — Musée princier de Hohenzollern. Catalogue des ouvrages textiles. Sigmaringen, 1874.

Lenoir. — Description d'une tapisserie rare et curieuse, faite à Bruges, représentant, sous des formes allégoriques, le mariage du roi de France Charles VIII avec la princesse Anne de Bretagne, 1819, in-8º de 29 pages, planches.

Loriquet (Ch.). — Les tapisseries de Notre-Dame de Reims. 1 vol. in-12. Giret, Reims, 1876.

Lutzow. — Ouvrage sur l'art plastique, 1869. Historique de l'art de la tapisserie, depuis son origine jusqu'à l'époque de la décadence, au XVIª siècle.

Louvre (Le). — Galerie des dessins. Cartons de Jules Romain, Le Brun, Le Poussin, Mignard, Antoine Coypel, Noël Coypel, Hallé, Natoire, Vanloo, de Troy, Vien, Layr, Chatelain et Yvart, Desportes, Philippe de Champagne, Van der Meulen, Joardens, Albane, Zampieri.

Madrid. — Museo espanol de Antigüedades, tome VII, p. 57. Seqq. tapices. Real fabrica de Madrid. Noticias historicas y principales obras.

Malegne (H). — Album photographique des tapisseries de la Chaise-Dieu, Le Puy, 1860.

Manuscrits. — Bibliothèque nationale: Collection Fontanieu, vol. 452, 453, janvier 1608. Notice sur les ateliers des galeries du Louvre.
Inventaire du roi Charles V (1380) à partir du nº 3663 collection des 500 de Colbert.

Les trois tapisseries de Turquie, manuscrits du XV⁰ siècle. — Collection Delamarre. Manufactures, tome II, 21,786 et 21,799. — Mélange de Colbert, 75. Inventaire de Mgr le Cardinal.

C'est l'inventaire de la tapicerie de M. Phelippe, duc de Bourgogne et de Brabant, 1420. 52 articles. — Collection des 500 de Colbert.

Inventaire général des Gobelins de 1699 à 1833. — N°s 7820 à 7830.

Comptes royaux, tome 961-962.

Archives départementales de Dijon. Les comptes des ducs de Bourgogne.

MAUPERCHÉ. — Notes sur le premier plan de Paris, connu sous le nom de plan de tapisserie.

MERCURE GALANT. — Année 1673.

MICHEL (FRANCISQUE). — Recherches sur le commerce, la fabrication et l'usage des étoffes de soie, d'or, d'argent, pendant le Moyen-Age. Paris, 1852, 1854, 2 vol. in-4°.

MONITEUR. — Le moniteur des Arts. Année 1859.

MUNTZ (EUG.). — Notices sur les manufactures italiennes de tapisseries du XVe et du XVIe siècles. (BULLETIN DE L'UNION CENTRALE, 1876. N° 21 et 24). GAZETTE DES BEAUX-ARTS 1876, tome 11, page 176. — CHRONIQUE DES ARTS, 1877. N°s 12, 13, 14, 26.

Ouin-Lacroix. — Histoire des anciennes corporations d'arts et métiers de la capitale de la Normandie.

Owen Jones et Wyatt. — Textile Fabrics, London, in-fol., pl.

Oxford. — La collection Gaignières de la bibliothèque Bodleienne à Oxford contient une suite de tapisseries du XIIIe siècle qui étaient dans l'église de Saint-Médard-en-Lisle à Paris, au commencement du XVIIIe siècle et figuraient la légende du patron de l'Eglise.

Paris (L.) — Toiles peintes et tapisseries de la ville de Reims, ou la mise en scène du théâtre des confrères de la Passion, 1843, in-4° avec atlas.

Perathon. — Notice sur les manufactures de tapisseries à Aubusson, Felletin et Bellegarde, par Cyprien Perathon, président de la Chambre consultative des arts et métiers d'Aubusson. Limoges, 1862, in-8° de 120 pages.

Pinchard (A.) — Rapport sur l'histoire de la tapisserie de haute lisse dans les Pays-Bas. (Voir le Bulletin de l'Académie royale des Sciences, Lettres et Arts de Belgique, 1859, p. 14).

Notice sur deux tapisseries de haute lisse du XVIe siècle, conservées au musée royal des antiquités, à Bruxelles. Bruxelles, 1864, 19 pages.

Bulletin des commissions royales d'art et d'archéologie, quatrième année, p. 322. Bruxelles, 1856.

Notice sur Roger Van der Weyden et les tapisseries de Berne. Bruxelles, 1864, 26 pages.

Bulletin de l'Académie Royale de Belgique, deuxième série, tome XVII.

Les artistes étrangers dans les Pays-Bas. (REVUE UNIVERSELLE DES ARTS, 7ᵉ vol. 1858, p. 390.)

PINE. — The tapestry hangings of the house of Lords representing the Several engagement between the English and Spanish Fleets, in 1588, by J. Pine. — London, 1739, in-fol.

POOL AND JAUNTON. — Convetry Sᵗ-Maryshall.

PORTIEZ (L.) — Député à la Convention Nationale par le département de l'Oise, à ses collègues, sur la manufacture, ci-devant royale des tapisseries, établie à Beauvais. Imprimerie Nationale, in-8° de 8 pages.

PROYART. — Recherches historiques sur les anciennes tapisseries d'Arras. Arras, 1863.

PYL. — Journal de l'Art Allemand, année 1854, n° 26; un ancien tapis à Gripswald.

RAHLENBECK. — Les tapisseries des rois de Navarre. Messager des sciences historiques, des arts et de la bibliographie de Belgique. 3ᵉ livraison, 1868.

RAPHAEL. — Leonis X, admirandœ virtutis imagines

a Raphaele Urbinatis expressœ in aulis Vaticanis : P. S. Bartolus delineavit, J. J. de Rubeis incidit. Romœ (absque anno) in-fol. ob. 14 p.

Les tapisseries du Pape, dessinées d'après Raphaël, par Antonio Lafreri, et publiées à Rome en 1655 par Giacomo de Rossi, petit in-fol.

Les célèbres tapisseries de Raphaël d'Urbin, connues sous le nom d'Arazzi, qui sont au Vatican, gravées par L. Sommereau, Rome, 1780.

Cartonensia, or and historical ad critical account of the tapestries in the palace of the Vatican, by W. Gunn. London, 1831, 2ᵉ édition, 1832.

Raphaël Vindicated. — W. Spull, 1840.

Notices sur les tapisseries appartenant autrefois à l'Église de Sᵗ-Pierre de Gand, exécutées au commencement du XVIᵉ siècle, à Audenarde, sur les dessins de Raphaël. Gand, 1821, in-4º de 8 pages.

Le couronnement de la Vierge, d'après un carton de Raphaël, tapisserie retrouvée au Vatican, par Paliard. Gazette des Beaux-Arts, 1873.

Les cartons d'Hamptoncourt, 8 pièces y compris le titre, petit in-fol., gravés par Gribelin Simon.

Les tapisseries du Vatican, gravées par Grignou, Dalton, Basire et Vivarès.

Recueil — des règlements généraux et particuliers qui regardent les six corps de marchands, les arts et métiers avec les lettres patentes, édits, déclarations du roy et arrêts du conseil, de la cour de parlement et sentences données en conséquence, avec les statuts et règlements intervenus depuis l'établissement de la communauté des maîtres et marchands tapissiers avant leur incorporation et après 1636, ouvrage très utile pour instruire les avocats et procureurs et pour former un parfait tapissier et garde juré, imprimé suivant la délibération de la communauté, des anciens gardes et des douze petits jurés auditeurs de comptes, du 29 décembre 1716, au dépens de la communauté et par les soins de Charles Motel, Antoine Rougeot, Claude de Barbassy et Charles Fournier, tous maistres et gardes jurez en l'année 1718 ; à Paris, de l'imprimerie de Guillaume Valleyre, rue et vis-à-vis Saint-Séverin, à la ville de Rouen, 1718, in-fol.

Nouveau Recueil — des statuts et règlements des corps et communautés des maîtres marchands tapissiers, hauteliciers, sarrazinois, rentrayeurs, contrepointiers, couverturiers, coustiers, sergiers, de la ville, faubourgs et banlieue de Paris, ensemble de plusieurs arrêts et sentences intervenues en conséquence et pour l'exécution d'iceux, avec une préface qui contient l'histoire des six communautés dont ce corps a été formé, celle de leurs statuts et privilèges ; à Paris, de l'imprimerie de Gissey, rue de la Vieille-Boucherie, à l'arbre de Jessé, 1756, in-4°.

Revue Archéologique. — Tapisseries représentant la guerre des deux Roses, tome II, p. 592 ; — mentionnées dans l'inventaire de Marguerite d'Autriche, tome VII, p. 80 ; — du duc de Bourgogne à Nancy, tome VII, p. 549 ; — de l'époque de Louis XII au musée

Cluny, tome VII, p. 757; — Inventaire du roi Charles V, p. 731 ; — Orientales du Château de Boussac, p. 175.

Rock (Daniel). — Textile fabrics, a description catalogue of the collection of church. Vesments', dresses, silkstuffs needlework and tapestries forming that section of the south Kensington museum. London, 1870, 1 vol. in-8º, avec pl.

Roy-Pierrefitte. — Notice historique sur la manufacture de tapisseries de Felletin. Limoges. Chapoulard frères, 1855.

Ronchaud (L. de). — Le Péplos d'Athéné Parthenos. Etude sur les tapisseries dans l'antiquité et sur leur emploi dans l'architecture. Extrait de la Revue Archéologique, 1872, tirage à part, in-8º de 40 pages.

Sᵗ-Génois (de). — Les dernières tapisseries des fabriques d'Audenarde, 5 p. — Annales de l'Académie d'Archéologie de Belgique, tome III.

Santerre. — Les tapisseries de Beauvais, 1842, Clermont (Oise).

Sauval. — Histoire et recherche des antiquités de la ville de Paris, tome IX.

Springer. — Communications de la commission centrale pour la recherche et la conservation des peintures murales. Vienne, 1860, nº 3. Cartons de tapisseries.

Thierry (A.). — Histoire du Tiers État. Documents inédits, tome II, p. 245, 453.

Turgan. — Les grandes usines de France, 1860.

Van Cauwenberghe. — Quelques recherches sur les anciennes manufactures de tapisseries à Audenarde. — Anvers, S. Buschman, 1856, 71 p. (Extrait des Annales de l'Académie d'Archéologie de Belgique.)

Van de Casteele. — Lettres de Charles van Hulthem sur les anciennes tapisseries, adressées au duc Bernard de Saxe-Weimar. Liège, 1873.
Documents concernant la corporation des tapissiers d'Alost. Bruges, 1873. 52 p.

Vanderstraeten. — Les tapisseries de l'ancien hôtel d'Escornaix, à Audenarde, 7 p.

Van de Graft. — Les fabriques de tapis des XVIe et XVIIe siècles, suivies d'une description historique des sept tapisseries tendues dans la grande salle des réunions des États de Zélande, à Middelbourg, avec un album. Middelbourg, 1869, 193 p.

Van Drival. — Les tapisseries d'Arras (voir les Mémoires de l'Académie d'Arras, tome XXXVI, année 1864.)
Réponse de M. Van Drival aux observations dont sa première étude sur les tapisseries a été l'objet.

Van Loo. — Thésée, vainqueur du taureau de Marathon. Tableau de M. Carle Van Loo, pour les tapisseries du Roy, Paris, 1745, in-12.

Vergniaud - Romagnesi. — Tapisseries de Jeanne d'Arc au musée d'Orléans, 1859, in-8° de 6 p.

Vienne. — Les tentures bourguignonnes de la chambre du trésor du musée autrichien pour les arts et l'industrie. Vienne, 1864.

Violet-Leduc. — Dictionnaire d'Architecture.
Dictionnaire raisonné du mobilier français de l'époque Carlovingienne à la Renaissance.

Voisin. — Notice sur les anciennes tapisseries de la cathédrale de Tournai et sur les corporations des hauts lisseurs de cette ville. Tournai, 1863, 67 p.

Vorepierre. — Dictionnaire encyclopédique.

Wasserman. — Spécial catalogue of the royal museum. Berlin.

Weininger et Hans. — Communications de la commission centrale pour la recherche et la conservation des peintures murales, 8ᵉ année, n° 3, Vienne. Les tapis du Moyen-Age à l'hôtel de ville de Ratisbonne.

Winzel et Mercklas. — Communications, etc. 8ᵉ année, n° 10, Vienne. L'ancien tapis de l'Église Saint-Jacques, à Leutchan.

TECHNOLOGIE

Le travail de tapisserie se fait sur des métiers à tisser dont la chaîne est tantôt verticale, tantôt horizontale. Les pièces de bois du bâti qui sont parallèles à la chaîne, et qui portent, à l'une des extrémités, le cylindre où la chaîne s'enroule et, à l'autre extrémité, le cylindre où l'on enroule le tissu confectionné, ces pièces de bois, appelées lisses, se dressent verticalement dans le premier cas; elles sont toujours parallèles au sol dans le second cas. De là est venu, pour le premier métier, le nom de métier à haute lisse, celui de métier à basse lisse pour le second, et, par suite, le nom de tapisserie de haute ou basse lisse, suivant que le tissage a été fait sur l'un ou sur l'autre. Seuls, les hommes spéciaux peuvent distinguer, à première vue, une tapisserie de haute lisse d'une tapisserie de basse lisse, aux coutures faites pour réunir les morceaux et aux bouts ras qui sont plus nombreux et plus épais dans les tapisseries de basse lisse examinées à l'envers.

Les tapisseries de haute lisse étaient désignées jadis sous le nom de tapisseries de Paris.

Les opérations du tapissier, dit M. Chocqueel, peuvent se réduire à trois : le décalquage, l'ourdissage et le passage de la trame :

Le décalquage, c'est l'opération par laquelle on décalque les traits du modèle sur un papier huilé qui est reporté sur la chaîne où ces traits sont marqués à la pierre noire ou autrement; l'ourdissage, c'est la préparation et l'attache des fils de chaîne que les lices soulèveront par masses, lorsque l'ouvrier tissera son tapis, c'est-à-dire fera passer en largeur les différents fils colorés de la trame, d'après les indications du trait marqué. Ces fils colorés sont dévidés d'avance sur les navettes qui s'appellent broches ou flûtes ; deux passes de la trame, en allant et en revenant, forment ce que l'on nomme une duite. Chaque fois que la trame passe, l'ouvrier la serre contre le tissu déjà fait, avec la pointe de sa broche, puis, pour assurer tout à fait la solidité de l'ouvrage, il la resserre avec un lourd peigne d'ivoire qui agit de haut en bas. Les fils colorés de la trame sont attachés à l'envers du tissu au point où il a fallu commencer à s'en servir et au point où on a dû changer de couleur. Quand un petit morceau de tissu est ainsi fait, l'ouvrier regarde l'endroit du tapis et, avec une grosse aiguille dite « aiguille à presser », il tasse et serre encore l'étoffe partout où le dessin manque de netteté. Là où il a fallu changer de fil de trame il se produit des vides ou des « relais ». On peut les éviter avec du temps et des frais, mais, ordinairement, on attend que la tapisserie soit achevée entièrement pour reprendre ces « relais » et les remplir. Ce travail s'effectue encore à l'envers du tissu.

Une paire de ciseaux courbes et un compas sont, avec la broche, le peigne, l'aiguille, et, pour les tapis veloutés, le tranche-fil, les seuls instruments du tapissier.

Quel que soit le métier, le tapissier ne tisse que partiellement son tapis, ne levant de la chaîne qui est en laine, en coton ou en soie, à quatre ou cinq brins retors, que le nombre de fils qui lui est nécessaire pour chaque teinte, de sorte qu'une tapisserie est, en définitive, une mosaïque de laine et soie formée d'une foule de morceaux juxtaposés et fabriqués sur la même chaîne. On peut le reconnaître puisqu'il y a solution de continuité, lorsque le changement de couleur se fait brusquement entre deux fils de laine.

L'expression de « point » appliquée à la tapisserie est complètement fausse puisqu'il ne s'agit pas d'une broderie sur canevas, mais d'un tissu composé d'une trame et d'une chaîne; cette trame et cette chaîne peuvent être plus ou moins fines et donner à la tapisserie l'aspect d'un tissu plus ou moins gros.

Cette obligation de tisser les tapis, fil à fil, pour ainsi dire, de quitter et de reprendre à tout instant chaque fil de trame, de l'arrêter, de le nouer et de le couper, suivant les nécessités du dessin, a forcé le tapissier d'exécuter à l'envers les tapis ras.

Dans la tapisserie de haute lisse l'ouvrier a, pour se guider, un dessin tracé sur l'endroit et l'envers des fils de la chaîne, d'après le modèle peint, qui reste placé derrière lui; il travaille à l'envers du tissu, mais à chaque instant il peut passer de l'autre côté du métier et vérifier son ouvrage. Dans la basse lisse, l'ouvrier penché sur l'ensouple, ne voit son modèle qu'à travers la chaîne, et ne peut juger son œuvre qu'à l'envers; ne relevant son métier qu'à de longs intervalles de temps, il ne peut juger du travail à chaque instant que par l'envers, et les bouts de laine et soie, dont cette partie est toujours couverte, ne permettent pas de saisir l'effet des mélanges, l'accord de l'ensemble et l'entente de toutes les nuances. En 1738, Vaucanson imagina un mécanisme à l'aide duquel on peut dresser les métiers de basse lisse et connaître l'œuvre sans détendre la pièce ; cependant l'opération n'est pas si facile et si prompte qu'on puisse la renouveler fréquemment, elle ne se fait qu'à chaque pliée et par suite de la difficulté d'examiner et de comparer aussi souvent qu'à la haute lisse, les productions de la basse lisse sont inférieures; les choses d'éclat, les fleurs, les animaux, les ornements peuvent être bien rendus en basse lisse, mais la correction du dessin, l'accord et l'ensemble d'un tableau n'y sauraient être exprimés avec la même facilité qu'à la haute lisse. La haute lisse rend ses copies dans le sens de l'original, l'ancienne fabrication de basse lisse ne les reproduisait qu'à contre-sens, on n'évitait ce grave inconvènient qu'en faisant des cartons dans le sens inverse des tableaux originaux; la Bataille de Porus, le Passage du Granique et d'autres sujets de l'histoire d'Alexandre ont été peints à l'envers en basse lisse par les peintres des Gobelins, Revel et Yvart fils; aujourd'hui on fait le décalque à contre-sens et on le reporte dans le sens de l'original.

Le travail de basse lisse se fait plus vite d'un tiers que celui de haute lisse. On ne fabrique plus cette dernière qu'aux Gobelins, la basse lisse est restée, en tant que procédé plus industriel, la spécialité de Beauvais, Aubusson, etc.

Les anciennes tapisseries étant plus longues que hautes, étaient exécutées latéralement, afin de donner moins d'écartement aux montants et plus de solidité au métier. La chaîne est horizontale lorsque le tapis est en place et les hachures résultant d'une ou de plusieurs teintes sont verticales; en outre, les tentures du Moyen-Age se fabriquaient par fragments que l'on rapprochait en les recousant, tandis que les tapisseries modernes s'exécutent, en général, d'une seule pièce.

Le tapis de la Savonnerie est formé, comme le velours, de fils noués autour de la chaîne, la dépassant en longues mèches qui sont coupées à leur extrémité, mais dans les anciens tapis veloutés, le velouté est formé par des fils de soie et de laine arrêtés par un nœud sur chaque fil de la chaîne et maintenus par des jetés de fil de chanvre entre chaque rangée de ces nœuds, sur toute la longueur du tapis.

Chaque teinte de laine employée aux Gobelins a sa gamme, c'est-à-dire 24 tons environ, se dégradant de l'intense au plus pâle; l'ensemble du cercle chromatique établi par M. Chevreul comprend 14,420 tons. L'emploi des hachures donne l'harmonie à l'ensemble et la gradation aux tons intermédiaires.

Pour les morceaux précieux, on se servait de chaîne de soie préparée torse, doublée et retorse; on obtenait plus de finesse dans le tissu, plus d'exactitude et de correction dans le dessin, plus de ce bel uni que donne la soie et auquel nuit un peu l'élasticité de la laine qui porte l'étoffe à se gripper lorsqu'elle n'est plus sur le métier. On ne l'employait que pour la chaîne; en effet, comme la soie et la laine ne se teignent pas avec les mêmes ingrédients, que la même couleur sur l'une ou sur l'autre matière n'a pas le même degré de ténacité, que l'influence de l'air sur chacune est différente, l'harmonie est détruite avec le temps. La laine seule, très-fine, bien assortie, tissée et dégradée suivant les règles de l'art, quelque tendre et légère que puisse être la couleur, ne perdra rien de l'ensemble des nuances, ses dégradations beaucoup plus lentes seront toujours uniformes et constantes.

L'emploi de la chaîne de soie était fort rare attendu qu'il fallait le double de fils de soie comparés à ceux de laine pour une pièce de la même dimension et par suite il fallait le double de temps pour la travailler.

Sous Louis XIV, les Gobelins tiraient leurs laines d'Angleterre et de Bruxelles; un marchand huguenot d'Amiens, nommé Mangart, qui avait des correspondants sur les côtes d'Angleterre, faisait venir la laine la nuit par des barques de pêcheurs; comme on ne savait filer assez fin, on l'envoya à Londres pour acheter les machines nécessaires. Mangart ayant émigré, on s'adressa, pour continuer les acquisitions, à un nommé Michel, marchand de laines d'Amiens. Les laines blanches de France qui étaient très grosses coûtaient 50 sols, les anglaises un écu de trois livres.

Il y a, aux Gobelins, un atelier spécial qui s'occupe de la rentraiture; la rentraiture consiste à réunir les parties de tapisseries faites séparément sur le métier, à faire disparaître les défauts des tapisseries nouvelles et à restaurer les tapisseries anciennes ; les trous, les taches disparaissent comme par enchantement sous la main du rentrayeur. Les curieux qui ont obtenu l'autorisation administrative peuvent avoir recours aux bons offices des rentrayeurs des Gobelins ; ils peuvent encore s'adresser à la manufacture pour obtenir des renseignements sur l'origine des tapisseries de prix dont ils ignoreraient la provenance.

Au Moyen-Age, les custodes des églises étaient chargés de l'entretien des tapisseries avec obligation de leur faire prendre l'air au moins quatre fois l'an, de les battre, épousseter, nettoyer avec toute l'attention possible, désignant les pièces qui demandaient à être reprises, rentraitées, doublées ou rafraîchies.

Les tapisseries les plus riches étaient cachées par des volets sur lesquels on collait les cartons ou des figures allégoriques appropriées au sujet.

Terminons ce sujet aride par la définition des termes techniques ; nous ne reculerons pas devant les répétitions, car, en pareille matière, la clarté est de première nécessité :

LA TAPISSERIE. — (Peripetasma, auleum, tapis, pictura textelis) est un tissu de laine ou de soie, fabriqué sur un métier analogue à celui du tisserand, broché sur la chaîne fil à fil, ces fils arrêtés à l'envers, suivant les nécessités du dessin et de la couleur ; il est composé d'une chaîne et d'une trame, mais la trame paraît seule à l'endroit et à l'envers.

Tapis. — (Tapis, tapete, tapetum, tapes acu pictus ; velu d'un côté, psila, velu des deux côtés, amphitapa, amphimallum) tapis de pied velus ou veloutés, genre Savonnerie, mosquets ou moquettes; ce dernier genre fabriqué, pour la première fois, en 1604 à la Savonnerie, en 1743 à Aubusson et en 1768 à Felletin.

Tapis raz. — Tapis nostrez, ou tapis ordinaires, tapis uni de pied ou d'ameublement; l'Encyclopédie dit que le tapis était encore dit de pié parce qu'on l'achetait au pié carré.

Tapisseries. — Tentures historiées ou à personnages, verdures ou à paysages, ce qu'on appelait autrefois tapis de murailles; au Moyen-Age, les tapisseries s'appelaient assez souvent: draps, panni.

Tenture. — L'ensemble de plusieurs pièces de tapisserie, de hauteur et de largeur diverses, destinées à un seul et même appartement. Une tenture comprenait autrefois de dix à quinze pièces de tapisserie, jamais moins de cinq à six pièces, parmi lesquelles se trouvaient un ou plusieurs entrefenestres, pièces plus ou moins étroites, destinées, comme le nom l'indique, à garnir l'intervalle ou trumeau entre deux fenêtres. Sous cette dénomination de tenture, on comprenait aussi d'autres parties d'ameublement; quand le roi donnait une tenture, ce n'était pas seulement une suite de tapisseries ayant entre elles vingt ou trente aunes de cours ou de développement horizontal, mais aussi les chaises, fauteuils, canapés, tabourets, écrans, paravents composés et exécutés dans le même style que les pièces destinées à la décoration des murs. (Lacordaire.)

ARABESQUES ou RABESQUES. — Genre de décor employé pour les bordures et inventé par les Arabes qui, suivant les prescriptions du Coran, n'emploient comme ornement que des plantes, des fleurs, des feuillages, des enroulements, des lettres, à l'exclusion de toute image d'êtres animés.

Les principaux peintres d'arabesques: Squarcione, Filippo Lippi, Pinturicchio, Jean d'Udine, Panni, del Vaga, Bérain, etc.

ASSURE. — Trame de la tapisserie.

BASSE-MARCHE. — Pour basse lisse, sans doute à cause des pédales que l'ouvrier fait marcher dans le métier de basse lisse pour faire hausser ou baisser les fils de la chaîne.

BATON DE CROISURE. — Tube de verre qui sert à séparer les fils parallèles à la chaîne.

BROCHE ou FLUTE. — Navette du tapissier.

BOUTS RAS. — Extrémités des fils arrêtés à l'envers du tissu.

BERGAME. — Étoffe composée d'une trame de fil écru

et teint en fausse couleur pour le fond du tissu et d'une seconde chaîne de laine commune, diversement coloré qui formait sur le tissu de fil des zigzags, des chinés, des mosaïques, des points de Hongrie, des paysages, même des personnages, mais d'une exécution fort médiocre; au XVIIe siècle, la France en fabriquait d'assez grandes quantités à Rouen et à Elbeuf. (Chocqueel).

CADÈNE. — Tapis commun de Perse ou de Turquie, expression du XVIIIe siècle.

CHAMBRE. — On désignait, au Moyen-Age, par le mot Chambre de tapisserie, les tapisseries ou tentures diverses disposées pour la décoration d'un appartement et particulièrement pour celle du lit (courte-pointe, ciel, cheveciel, gouttière, carreaux) qui n'avait pas moins de huit pieds de long sur dix à douze pieds de large.

CARTONS. — Dessins coloriés ou peintures sur carton servant de modèle au tapissier pour les sujets qu'il doit reproduire.

Au Moyen-Age le peintre fournissait, avant les cartons de vastes dimensions, des tableaux réduits qui étaient soumis aux personnes qui commandaient les tapisseries afin de provoquer leurs observations et faire les corrections qu'il leur plairait de signaler.

Les tableaux divisés en bandes de quatre-vingt-dix centimètres environ de largeur, se plaçaient sous la chaîne du métier à basse lisse et y restaient pendant toute la durée du travail nécessaire pour les reproduire en tapisserie.

Dans la haute lisse, on appliquait les tableaux sur la chaîne pour en calquer directement les contours, ce qui les brisait en tous sens; en 1737, le métier fut modifié de manière à placer derrière l'ouvrier un rouleau destiné à suspendre le modèle à la hauteur voulue pour la reproduction successive de toutes ses parties, procédé qui abimait les toiles; le baron des Rotours, administrateur des Gobelins, remédia à cet inconvénient en établissant, derrière chaque métier, une fosse, où l'on fait, en tant que de besoin, descendre le tableau qui reste fixé sur son châssis.

Aux Gobelins les cartons furent remplacés par des tableaux sous l'Administration Le Brun.

Ici, donnons la parole à une autorité compétente s'il en fut, à la commission nommée le 31 octobre 1876 par le ministre de l'Instruction publique et des Beaux-Arts, pour étudier les questions spéciales qui concernent la prospérité de la manufacture des Gobelins et les progrès de l'art de la tapisserie. Cette commission, composée de MM. le Mis de Chennevières, Ballu, Baudry, Cabanel, Duc, Denuelle, Puvis de Chavannes et Lavastre, présidée par M. Denuelle, a publié dans le Journal Officiel du 1er avril 1877, un rapport remarquable dont nous reproduisons le premier chapitre intitulé : Règles de l'Art de la Tapisserie :

Règles de l'Art de la Tapisserie. — Le principe fondamental est que la tapisserie est un art complétement différent de la peinture. La peinture a pour objet de produire jusqu'à un certain point, chez le spectateur, l'illusion de la réalité; c'est pourquoi elle donne aux objets tout le relief et tout le modelé possibles, aux plans tout le recul nécessaire ; la tapisserie obéit à d'autres lois toutes spéciales.

De tous les arts décoratifs, la tapisserie est celui qui est le plus intimement lié à l'architecture; elle emprunte à l'architecture son caractère, son principe, son ordonnance, son style et son parti pris de coloration. Elle a pour première règle d'être en parfaite harmonie avec l'édifice qu'elle est appelée à décorer; elle obéit, comme l'architecture, à des lois spéciales de composition et de dessin. Comme elle, elle exige l'unité de style et d'effet, la science des proportions, la bonne division de l'espace, le maintien général de l'échelle donnée, et une variété de détails qui doit être combinée de manière à produire une harmonie totale d'ordonnance et d'aspect.

Elle est, comme l'architecture, du domaine purement imaginatif; le thème étant donné, elle puise dans la nature ses éléments d'exécution, elle les interprète et les transforme d'une façon toute conventionnelle pour exprimer sa pensée et lui donner un caractère hiératique, symbolique ou idéal, suivant le sujet qu'elle veut représenter.

Elle remplit, dans la décoration, le même rôle que la peinture à fresque, à laquelle elle a été substituée dans bien des cas; elle obéit aux mêmes lois de composition et doit avoir le même aspect.

Au Moyen-Age, à l'époque de la Renaissance, les tapisseries étaient en quelque sorte des fresques mobiles tissées de laine, de soie et d'or, dont on décorait les édifices civils et religieux ; le sujet et le style de ces compositions variaient en raison de ces diverses applications.

Les artistes qui composaient les cartons de ces tapisseries étaient les mêmes imagiers et peintres qui, jusqu'au XVIe siècle, décoraient de fresques les sanctuaires d'églises et les demeures princières. Ils étaient habitués, en vue de cette exécution spéciale, à faire des compositions d'un caractère absolument décoratif, d'un rendu purement fictif et conventionnel ; c'est ce qui explique cette grande simplicité de composition, ce parti franc de coloration, cette sobriété d'exécution que nous trouvons dans les tapisseries jusqu'au XVIIe siècle, et qui leur donne un caractère monumental si saisissant.

Cette sobriété était, du reste, imposée aux peintres par la nature du sujet et par les moyens restreints dont ils disposaient pour traduire leurs cartons (*).

Aussi appliquaient-ils à la composition des sujets historiques et ornementaux les règles de la peinture à fresque, dans laquelle il faut que l'ordonnance du sujet soit simple, que le style ainsi que l'effet soient un, que les masses soient équilibrées, que les proportions soient harmonieuses, que les détails soient bien à l'échelle, que la coloration générale, tout en ayant une note dominante, reste toujours claire et d'un effet brillant.

(*) On ne se servait guère, au Moyen-Age et jusqu'au XVIe siècle, que de six couleurs : le bleu, le jaune, le rouge, le brun-rouge, le tanné et le vert. On les modelait à l'aide de deux ou trois tons et par hachures.

Tout en conservant individuellement une grande originalité et une grande liberté de conception, on sent que toutes les compositions de ces artistes émanent du même principe, et sont soumises aux mêmes règles dont ils ne pouvaient s'écarter sans tomber dans la fantaisie pure et dans l'absurde.

Nous ne saurions trop le répéter, la composition d'une tapisserie doit, avant tout, être très-claire, le sujet très-écrit, les plans nettement indiqués, la proportion et l'échelle des masses et des détails bien observées, le rhythme franchement accusé. Chaque détail doit être subordonné à l'ensemble comme style et comme échelle; le dessin doit être fin et très-pur; il doit être serti d'un trait qui donne à l'objet sa forme précise. Ce trait de redessiné est caractéristique de tous les arts décoratifs qui dérivent de l'architecture.

Dans la tapisserie, il donne à l'ensemble de la composition plus de netteté, de clarté et de précision; il ajoute et contribue au modelé sans l'alourdir, il lie les sujets entre eux et les rattache au fond; nous le retrouvons dans les peintures murales, les vitraux, les émaux, la mosaïque, la céramique, et dans tous les tissus de l'extrême Orient, qui de tout temps a possédé les secrets de l'art décoratif. Ces règles s'appliquent à l'art de la tapisserie en général, qui comprend trois genres distincts: les tapisseries historiques à personnages, les tapisseries ornementales, les tapisseries pour portières, meubles et tapis de pied; chacune obéit à des conditions spéciales de composition et d'exécution.

Compositions historiques. — Les compositions historiques exigent une très-grande clarté dans l'ordonnance du sujet; le motif principal doit être nettement indiqué; tout le reste doit lui être subordonné. Les détails des fonds et des plans intermédiaires doivent être traités simplement, avec peu de modelé et un dessin précis.

La tonalité du premier plan doit être franche ; chaque détail, qu'il s'agisse d'architecture, de figures, de plantes ou d'animaux, doit être modelé par de grandes valeurs de lumières et d'ombres, le ton de lumière qui sert de base doit se retrouver dans les moindres détails de la composition ; c'est à cette condition qu'une tapisserie est décorative et murale; c'est le principe de la fresque.

Les tapisseries doivent être modelées par teintes plates juxtaposées, ombrées par hachures et rehaussées de lumières en partant du ton le plus clair.

Dans l'origine, on n'employait que trois tons, puis on en prit six; les plus belles tapisseries de Lebrun n'ont pas plus de dix couleurs dégradées par six tons; ce nombre est donc suffisant pour obtenir les effets les plus riches et les plus variés. C'est, suivant nous, tout ce que la tapisserie doit comporter.

Tapisseries ornementales. — Nous désignerons sous ce titre toutes celles dont la disposition est franchement pittoresque, où les figures isolées et les médaillons à sujets ne sont en quelque sorte que des éléments accessoires qui forment avec les ornements qui les relient un ensemble décoratif.

Ces tentures ont généralement une destination fixe ; comme style, elles se relient plus intimement que les tapisseries historiques à l'architecture qui les encadre ; le sujet et la composition ne peuvent donc être traités comme dans celle-ci avec une complète indépendance. Aussi, tout en observant les règles générales des tentures historiques, leur ordonnance doit être plus architecturale ; la proportion, le style, la tonalité du sujet principal et des bordures sont absolument imposés par le caractère de l'édifice sur lequel ils s'appliquent.

C'est surtout dans ce genre de compositions que la symétrie, le parallélisme, la répétition, les alternances, la division raisonnée de l'espace et l'échelle de l'ornementation deviennent des règles absolues.

C'est ainsi que procédaient les Mantegna, les Lucas de Leyde, les Jean d'Udine, les Ducerceau, les Bérain, les Coypel quand ils composaient ces merveilleuses tapisseries que nous admirons aujourd'hui.

Chez eux le parti décoratif est toujours très-franc, le sujet principal bien accusé ; tous les motifs accessoires en sont le corollaire et forment un tout harmonieux.

Les bordures, qui jouent un très-grand rôle dans ce genre de composition, participent toujours de l'ensemble ; elles empruntent à l'architecture, à laquelle elles se relient plus directement que le sujet principal, leur ordonnance, leur division, leur style et le caractère de leur ornementation.

Les tons de l'intérieur de la tapisserie doivent se retrouver dans tous les détails des bordures ; l'ensemble doit toujours avoir une tonalité franche et distincte, qui tranche sur le fond du sujet, soit en intervertissant les tons de l'intérieur de la tapisserie et en adoptant pour le fond de la bordure une couleur d'un ton plus clair ou plus foncé, soit en prenant une valeur toute différente, l'or, par exemple, qui ne participe d'aucun ton et les fait tous valoir, comme dans la bordure de la tapisserie de l'Histoire du Roy.

Dans l'un et l'autre cas, les tons et certains éléments décoratifs de l'intérieur doivent se trouver rappelés ; ils forment une broderie qui relie la bordure au sujet principal. Le champ doit être accompagné de bandes d'encadrement qui le limitent et le relient à la composition.

Nous ne saurions trop insister sur la nécessité de ces bandes; qu'elles soient unies ou ornées, elles sont de la plus haute importance pour préciser l'échelle de la composition. Si ces bandes sont moulurées, si elles imitent des reliefs taillés de sculptures, le modelé doit être très sobre ; il ne doit jamais simuler une réalité absolue.

Cette règle s'applique également aux bordures des tapisseries historiques.

Tapis de la Savonnerie. — Les tapis de velours dits de la Savonnerie sont de deux natures différentes : les uns décorent des panneaux dans un ensemble architectural, ou servent à l'ameublement, suivant qu'on les emploie pour portières, écrans et meubles; les autres sont exclusivement des tapis de pied.

On peut à la rigueur l'admettre dans de certains cas pour des panneaux de tenture; malgré les inconvénients que présente ce genre de tissus, tels que la déformation des lignes par la tension des étoffes et l'affadissement des tons par la poussière qui s'y incruste. Mais pour les meubles, les portières et les tapis de pied, nous ne pouvons admettre les encadrements à haut relief, les cartouches et les ornements saillants, les représentations réelles de motifs d'architecture, les figures, les fleurs, les animaux modelés et colorés avec toute la réalité que donne la nature. Comment marcher sur de pareils tissus? Le procédé d'exécution s'oppose du reste à ce genre de composition : le tapis de pied est une mosaïque de laine ; son principe est l'à-plat comme dans le tapis d'Orient. La composition doit être claire, la division symétrique et sans sécheresse, l'ornementation disposée par grandes masses avec des détails fins juxtaposés et reliés entre eux par un trait qui redessine toutes les formes.

C'est ainsi que les Orientaux ont procédé de tout temps, et que procèdent encore les manufactures de Smyrne et de Constantinople, dont nous sommes les tributaires.

Duite. — Va-et-vient de la brochure dans la croisure de la trame.

Étoffes. — Matières premières, laine, soie, argent ou or, employées dans le tissage de la tapisserie.

Grotesques. — Système de décor employé pour les tapisseries du XVIe siècle et qui se compose d'arabesques et d'animaux soit réels, soit fantastiques ; on trouva en pratiquant les fouilles dans le palais de Titus, quelques salles souterraines couvertes d'ornements de stuc et de peintures décoratives ; Giovanni d'Udine et Raphaël en prirent copie et ce genre d'ornements prit le nom de grotesques du nom des grottes où il fut découvert.

LICE. — Corde qui sert à attirer en avant certaines parties de la chaîne.

LISSES. — Pièces du métier de tapissier ; on trouve dans les ouvrages et documents spéciaux tantôt « lices » tantôt « lisses » ; les comptes des ducs de Bourgogne portent « haute-liche », le règlement de la Sargetterie et de la Bourgetterie de 1544 dit « basse-lice » ou au pied ; « lice » nous paraîtrait la véritable orthographe comme étant conforme à l'étymologie latine : « licium » trame ; néanmoins « lisse » a prévalu sans doute afin d'éviter la confusion avec l'accessoire de la chaîne indiqué ci-dessus.

NOTREZ. — Les tapissiers faisaient des tapis noués, les uns à la façon des Sarrazinois, ce qui les a fait nommer sarrazinois, les autres selon notre ancienne manière de travailler, ce qui les a fait appeler notrez. (Nouveau recueil des statuts, 1756.)

OR DE CHYPRE. — Lames d'or au naturel, tissées avec la soie. L'or et l'argent de Chypre coutaient au XIVe siècle, 16 écus la livre. Le fil de soie recouvert de fil d'or se fabriquait à Florence, Gênes, Milan, Lucques; ce dernier était inférieur.

Orfrois. — Bandes d'étoffes brodées à la manière phrygienne, d'où le nom orfrois, « auri phrygiata. »

Relais. — La disposition des fils rangés au-dessus les uns des autres, suivant les nuances, laisse de petits vides aux endroits où changent les couleurs. On nomme ces vides des relais et on les reprend à l'envers lorsque la tapisserie est achevée. Cette couture doit être faite solidement avec une soie de couleur assortie à celle de chaque relais.

Rentraiture ou Rentrayure. — Terminaison ou réparation des tapisseries.

Il y a, aux Gobelins, un atelier spécial chargé de rentraire, c'est-à-dire de réunir les parties de tapisserie faites séparément sur le métier, à refaire les parties déchirées, trouées et attaquées de vers. Le rentrayeur fait à l'aiguille ce que le tapissier fait avec la broche; il rétablit en premier lieu la portion de la chaîne endommagée ou détruite, puis la trame avec des laines de couleurs assorties à la tapisserie en réparation; il rafraîchit les couleurs par des procédés divers, il ôte ce que la vapeur de l'air, la poussière, la fumée des appartements a attaché à la surface de la tapisserie.

Sarrasinois. — On n'est pas encore bien fixé sur la signification du mot sarrasinois ou sarrasinial; M. Lacordaire croit que le travail sarrasinois consistait en une broderie d'une nature spéciale, mais cette opinion nous paraît erronée.

En Angleterre, on considère le tapis sarrasinois comme devant être une tapisserie de basse lisse très légère et très claire, pouvant être appliquée comme ornement aux vêtements sacerdotaux; l'inventaire de Saint-Paul de Londres de 1295 fait mention de plusieurs ornements, manteaux, étoles, dalmatiques, etc., bordés d'ouvrages sarrasinois.

Dans le principe, tous les tapis de pied faits en basse lisse, en raison de leur origine orientale, s'appelaient tapis sarrasinois; ces tapis ont précédé les tapisseries historiées et ce n'est que plus tard qu'on a généralisé, par suite d'une extension qui a amené la confusion, en donnant l'épithète de sarrasinois aux tapis et tapisseries de haute et basse lisse; néanmoins on désignait plus spécialement sous le nom de tapis sarrasinois, les tapis de basse lisse.

Les tapissiers sarrasinois sont antérieurs aux tapissiers hauts lissiers; lors de la fusion des deux corporations qui eut lieu en 1302, les statuts furent signés par « Audriet, de Crequi, Nicolas le Barbier, Philippot Fieux, Remi le déchargeur, Guillaume et Jehannot, frère du dit Philippot, Pierre du Castel, Guillaume le viseur, Raoul Langlais, Raoul Sterne, tous ouvriers en haute lice pour eux et le commun de leur métier; et par : Regnaut, le tapicier, Simon le Breton, Olivier le tapicier, Iehan Bonnet, Denise le sergent et Eustache de Reims, pour eux et le commun des tapiciers sarrasinois. »

Les statuts contiennent le passage suivant :

Après ce discort fut meu entre les tapiciers sarrasinois devant diz d'une part et une autre manière de tapiciers que l'on appelle ouvriers de haute-lice.

Et ce qui prouve qu'il s'agit bien d'un métier analogue :

Les sarrasinois doivent se conformer à l'ordonnance du métier pour ce que c'est aussi un semblable métier.

Les règlements de 1625 et 1627 établissent très distinctement la différence entre les tapissiers de haute lisse et les tapissiers sarrasinois ; il suffit, pour s'en convaincre, de lire attentivement les passages suivants :

Il sera enjoint à tous maîtres et ouvriers de haute lisse, *sarrazinois* et de rentraitures de faire et œuvrer toutes sortes de tapisseries de haute lisse, *tapis sarrazinois, pleins et velus de toutes sortes de façon, de Turquie et du Levant,* qu'ils ne soient de toute fine laine, soye et fleuret, or et argent et d'imiter les dessins et patrons au plus près que faire se doivent. (Art. 8).

Nul ne pourra rentraire aucune tapisserie ni *tapis sarrazinois*, dit de Turquie ou du Levant, de toutes les sortes, si rompus et gatez qu'ils puissent être si, premièrement, elle n'a chaîne de bonne et fine laine et comme elle est étoffée et fabriquée, et assortira les laines, soye et fleuret, or et argent, au plus proche que faire se doivent et le tout comme elle était fabriquée auparavant ; et quiconque chainera de fil, n'assortira au plus proche les couleurs, ni n'imitera le dessin, toutefois l'œuvre sera tenu pour faux. (Art. 10).

Voici l'opinion émise par la commission des Gobelins sur cette question :

La fabrication des tapis veloutés, appelés dans l'origine *tapis sarrazinois*, fut introduite en Occident par les Orientaux vers le XII⁰ siècle. Ce n'étaient alors que des tissus brodés en soie et or, au petit et au long point, sur une pièce de toile ou sur un fond de velours. Venise fut la première qui fabriqua ces étoffes ; de là elles se répandirent dans les Flandres, à Arras. Il y avait à Paris une fabrique sous Saint Louis en 1260. Sous Philippe le Bel, en 1302, on trouve des corporations d'ouvriers sarrazinois de haute lice.

La préface du livre contenant les statuts de la corporation des tapissiers dit nettement que le corps des marchands tapissiers a été formé de six communautés distinctes dont :

« Celle des tapissiers sarrazinois, fabricants de tapis à la façon du Levant. »

TINETTES ou TENIÈRES. — Tapisseries à sujets familiers, dans le genre des « Magots » de Teniers.

VERDURES. — Tapisseries à paysages qui offraient un mélange pittoresque de paysage et d'architecture, où les plantes et les animaux jouaient le principal rôle et où la figure humaine n'intervient qu'accessoirement.

APERÇU GÉNÉRAL

SUR

L'HISTOIRE, L'ART ET L'INDUSTRIE DE LA TAPISSERIE

De tous temps, les tapisseries tissées ont été en usage; elles constituent un objet de première nécessité pour les peuples pasteurs qui habitent sous la tente; elles deviennent un objet de luxe pour les peuples civilisés; le savant architecte allemand, M. Semper, prétend que l'art de tisser serait né avant l'art de bâtir.

Les livres saints font plusieurs fois mention des tapisseries; Moïse (chap. XXXVI, ỹ 8, du livre de l'Exode) donne la description de dix tentures destinées à la décoration du tabernacle, qui étaient faites de fil de lin retors bleu, écarlate et cramoisi, et parsemées de figures de chérubins « d'un ouvrage excellent, varié et fait au métier. » Dans les Proverbes (chap. XVI) la femme dit : « J'ai tissé mon lit avec des cordes, je l'ai couvert de tapisseries peintes apportées d'Égypte. (*)

Dans l'antiquité, les Mèdes, les Babyloniens, les Egyptiens, les Grecs et les Romains employaient les tapisseries à décorer les temples, les palais et les habitations somptueuses. Les Égyptiens se servaient de tapis pour

---

(*) Bible (Exode.)
Les hommes les plus habiles d'entre ceux qui travaillaient à ces ouvrages firent ce qui devait composer la tente du Seigneur, savoir : dix rideaux de fin lin retors de fils de couleur d'hyacinthe, de pourpre et d'écarlate deux fois teinte, parsemés de chérubins d'un ouvrage excellent, varié et fait au métier (ch. XXXVI, § 8).

Beseléel fit encore des couvertures de poils de chèvre pour couvrir les tentures précieuses du tabernacle (§ 14).

Il fit, de plus, un voile de fils de couleur d'hyacinthe, de pourpre, d'écarlate deux fois teinte et de fin lin retors ; il le fit parsemé de chérubins, d'ouvrage varié, et fait au métier (§ 35).

Il fit encore, pour l'entrée du tabernacle, un voile qui était d'hyacinthe, de pourpre et d'écarlate et de fin lin retors, d'ouvrage de broderie (§ 37).

Et fit de fin lin retors tous les rideaux du parvis qu'il mit à l'entour (ch. XXXVIII, § 16).

Pour ce qui est du voile de l'entrée du parvis, il le fit d'un ouvrage de broderie, d'hyacinthe, de pourpre, d'écarlate et de fin lin retors (§ 18).

Ooliab, fils d'Achisamech, de la tribu de Dan, qui savait travailler en bois, en ouvrages excellents et variés sur le métier, en broderie d'hyacinthe, de pourpre, d'écarlate teinte deux fois et de fin lin (§ 24).

Beseléel fit l'ephod d'or, la ceinture, le pectoral d'or, d'hyacinthe, de pourpre teinte deux fois et de fin lin retors ; on battit des lames d'or et on coupa des fils d'or qu'on fit entrer dans un tissu d'hyacinthe, de pourpre, d'écarlate teinte deux fois et de fin lin, d'ouvrage excellent et fait au métier (ch. XXXIX, § 2, 3, 5, 8).

orner les animaux sacrés. Babylone, Tyr, Sidon, Sardes, Carthage, Pergame, Milet, Alexandrie étaient des centres de fabrication dont les produits furent introduits en Grèce par Alexandre, et furent importés à Rome après la conquête de la Grèce, de l'Égypte et de l'Asie.

Aristote rapporte (Traité des récits merveilleux) qu'un Sybarite fit tisser une grande tapisserie qui portait au centre, les figures ouvrées dans le tissu des six principales divinités de la Grèce; le haut était bordé d'arabesques de Suse et le bas d'arabesques persanes. Cette tapisserie fut vendue aux Carthaginois, par Denys l'Ancien, pour cent vingt talents (666,000 francs). L'art de la tapisserie, bien qu'il ait été connu avant la fondation d'Alexandrie devint si florissant dans cette ville, que Pline lui en attribua l'invention. (Pline. Histoire naturelle, VIII).

Dans sa fameuse plaidoirie « De Signis », Cicéron accuse le prêteur Verrès d'avoir volé à Malte, Messine et Syracuse, des tapisseries historiées brodées d'or : les tapisseries dont Verrès dépouilla Heius de Messine, étaient estimées deux cent mille sesterces (environ 40,000 francs). Pline, le naturaliste, cite des tapisseries destinées à couvrir des lits de festin, fabriquées à Babylone et payées par Néron deux millions de sesterces. Au théâtre romain, la toile (auleum) était formée d'une tapisserie à personnages qui s'élevait du plancher pour cacher la scène pendant les entr'actes. Ovide donne une description exacte de la toile lorsqu'il parle dans ses « Métamorphoses » de la naissance des soldats issus des dents de dragons semées par Cadmus : « Ainsi quand on dresse la toile, au théâtre, on voit s'élever peu à peu les figures qui y sont tracées ; d'abord l'on n'en voit que la tête, ensuite elles se présentent peu à peu, se découvrent insensiblement, elles paraissent enfin tout entières et semblent se tenir debout sur le bord de la scène. »

Les anciens écrivains, tant profanes que chrétiens, parlent fréquemment de voiles (vela) suspendus aux portes des basiliques, aux arcatures de leurs portiques, aux tabernacles (ciporia) des autels, ainsi que le long des avenues des basiliques, dans l'intérieur des palais des princes, des sanctuaires, etc. Les anciens monuments figurés, païens et chrétiens, nous en offrent de nombreux exemples, mais il est rarement question de tapisseries destinées à recouvrir les murailles : la basilique de Junius Bassus, construite sur l'Esquilin, décorée de tapisseries, nous donne une idée claire et parfaite de cet usage spécial des tentures chez les anciens. Le portique de Pompée était orné de tapisseries de grande beauté. Les chrétiens avaient coutume de prodiguer dans leurs basiliques les parements d'étoffes « parature di vela, » comme on les appelle à Rome.

Dans la préface du Recueil des règlements concernant les maîtres et marchands tapissiers de 1718, les gardes jurés affirment que l'on travaillait à la tapisserie avant la naissance du Fils de Dieu, puisque, au rapport d'un écrivain sacré, lorsque le Sauveur du Monde voulut faire la Pâque avec ses disciples, il ordonna que la salle où elle devait avoir lieu fut tapissée. Jusqu'à la fin du XVIe siècle, les Papes ont continué de donner, chaque année, au jour de Pâques, à chacune des grandes basiliques, une tapisserie mentionnant leur nom et l'année de leur pontificat. Selon quelques autres historiens célèbres, saint Paul, ce grand apôtre, ne regardait pas comme un temps perdu celui qu'il employait à travailler à la haute lisse.

Anastase, bibliothécaire de l'Église romaine au IX⁰ siècle, donne l'inventaire de nombreuses et belles tapisseries qui étaient exposées aux principales cérémonies, dès les premiers temps de l'Église.

L'Orient fournit exclusivement l'Europe de tapis jusqu'au IX⁰ siècle et les Juifs y faisaient des commandes considérables pour le compte des églises et des couvents d'Europe.

Les Sarrasins, lors de leur invasion en France, sous Charles Martel (733), amenèrent sans doute avec eux des ouvriers qui créèrent des ateliers, et c'est ainsi que l'on pourrait encore expliquer le nom de sarrasinois appliqué aux tapis veloutés, ancienne façon d'Orient, dont l'usage était réservé à la noblesse, par opposition aux tapis dits nostrez ou tapis ras, de fabrication ordinaire.

Nous trouvons la première mention de l'usage de la tapisserie en France dans le « Gesta pontificum Autissiodorensium, » manuscrit de la bibliothèque d'Auxerre où il est dit que Angelelme, évêque d'Auxerre de 813 à 840, « Natione Baviarius », fit cadeau à la cathédrale de plusieurs belles tapisseries destinées à orner le chœur. Un siècle plus tard (918 à 933) l'évêque Gualdricus ou Gaudry donnait une tenture semée de lions avec une inscription grecque et une autre tenture verte semée d'hirondelles.

La chronique de Bèze cite un chanoine Eleius, de saint Mamès de Langres, qui donne au XIe siècle, à l'abbaye de Bèze, un serf habitant Flacey : « Binaque tapecia mirifica operis et enormi magnitudinis. »

A la même époque l'évêque Humbaud (1087-1114) donna à la cathédrale d'Auxerre une tapisserie ornée de figures de rois à cheval, puis trois autres ayant coûté mille sols, enfin des dorsaux de laine, aux figures de lion.

Le plus ancien atelier de France formait, en 985, une annexe du couvent de saint Florent, à Saumur, où on tissait la soie et la laine, d'après des modèles venus d'Orient au XIe siècle; on cite la ville de Poitiers comme siège d'une fabrique qui reproduisait des portraits de rois et des sujets tirés de l'Histoire Sainte. Cet art industriel s'étendit plus tard à Amiens, Aubusson, Beauvais, Felletin, Paris, Saint-Quentin, Tours et Troyes.

Ce fut la fabrique d'Arras qui eut le plus de réputation pendant le Moyen-Age, elle donna même son nom aux tapisseries historiées importées ou fabriquées en Angleterre ou en Italie. Le monopole de la fabrication passa ensuite aux Pays-Bas et pendant la Renaissance, Bruxelles, Bruges, Audenarde, Anvers, etc., fournirent tous les marchés d'Europe et envoyèrent en Italie, en Angleterre, en Allemagne, en Espagne et en Portugal plusieurs maîtres tapissiers qui créèrent des ateliers dans ces contrées; enfin vers les premières années du XVIIe siècle, Henri IV, se souvenant des magnifiques tapisseries qui ornaient le Château de Pau et le Château de Nérac, importa en France ce grand art industriel qui devait être si florissant pendant les XVIIe et XVIIIe siècles et fut pratiqué tout d'abord dans les ateliers de Fontainebleau, de la Trinité, des Galeries du Louvre, du faubourg Saint-Antoine, de la Savonnerie avant de se fixer, en 1662, à la manufacture royale des meubles de la couronne des Gobelins.

Au Moyen-Age les tapisseries furent en grande vogue; elles servaient dans les cérémonies religieuses à décorer les églises, on en formait des niches autour des tabernacles et des statues de saints « pella », des devants d'autel, « antepedium »; les côtés du chœur, les piliers étaient couverts de tapisseries que l'on changeait suivant les temps de l'année, parfois les patrons peints sur toile étaient tendus, sauf les jours de fêtes solennelles; on les remplaçait alors par des tapisseries. Au moment des processions, suivant un usage encore suivi de nos jours, les murs des maisons particulières étaient tendus de tapisseries. A Paris, dès l'année 1656, la corporation des tapissiers était tenue, moyennant une indemnité de 300 livres, de tendre de tapisseries, les jours de la fête de l'octave du Saint-Sacrement, les maisons des protestants dans la ville et les faubourgs de Paris. Les tapissiers se plaignaient, il est vrai, de l'insuffisance de l'indemnité qui ne représentait pas le tiers de la dépense, ayant plus de 800 pièces à fournir et à tendre.

Le même usage était observé à l'occasion des entrées solennelles des rois et des princes. Lors du mariage de Charles VI (1399) avec Isabeau de Bavière, la grande rue de Saint-Denis jusqu'au Pont de Paris était tendue de tapisseries ou d'étoffes d'Arras, qui, dit Froissard, représentaient « divers sujets d'histoire faisant plaisir à voir. »

Lors de l'entrée à Paris de la Reine Claude, première femme de François Ier, en 1517, « toute la grande Salle du Palais Royal feut tapissée, et les piliers garnis et couverts de tapisserie ouvrée, et enrichie de soye, faicte aux histoires des faicts de David, de Hercules, et de la destruction de Troye et des prouesses du noble Hector.

« La chambre de trépas d'Henri II estoit tapissée de riches tapisseries à grands personnages relevées de fil d'or et d'argent, le tapis fut de tapis de Turquie exactement ouvrez. »

Dans la description de l'ordre observé à l'enterrement de Pierre II, duc de Bourbon, en 1503, par Jacques de Bigue, écuyer ordinaire des rois Charles VIII et Louis XII, il est dit : « Le corps de feu Monseigneur fut apporté dedans une grande salle de parement toute tendue de riche tapisserie ; la plus part d'or, de soye ou laine, où il y avait les douze apôtres figurez, les douze prophètes, le couronnement de Notre-Dame, et les quatre Évangélistes qui sont pièces de tapisserie moult riches, et de grand valeur. »

Les habitudes nomades de la chevalerie, la disposition intérieure des châteaux, dont les gros murs devaient être isolés dans un intérêt hygiénique, rendirent l'usage des tapisseries très fréquent.

Les tapisseries aux allures majestueuses, aux personnages de grandeur naturelle, aux couleurs voyantes, veloutées et pour ainsi dire tangibles, où brillaient la soie, l'argent et l'or, comme dit Olivier de la Marche :

« Le tout brodé et chargé de perles, d'orfèvreries et d'or branlant de moult gentes façons, » aux sujets qui sautaient aux yeux et, en outre, étaient expliqués par des inscriptions historiques, sentencieuses ou grivoises, meublaient et animaient les sombres châteaux du Moyen-Age. Nos pères menaient une vie toute extérieure; la chasse, l'équitation, l'escrime, les exercices du corps prenaient tout leur temps, les agitations politiques et religieuses absorbaient toutes leurs pensées ; les moines seuls s'occupaient de Beaux-Arts, aussi les châtelains préféraient-ils les tapisseries aux tableaux perdus sur de vastes murailles, qu'il fallait regarder et interroger pendant de longues heures pour saisir les intentions du peintre et comprendre toutes les perfections de l'œuvre. Jusqu'à la moitié du XVIIIe siècle, le goût des tapisseries prima le goût des tableaux, qui exige un vif sentiment de la nature, un esprit réfléchi et une instruction cultivée.

Au XVe siècle, les tapisseries constituaient la seule décoration des appartements ; elles se mariaient très-bien avec les tons de l'orfèvrerie étincelant sur les dressoirs de chêne alors que la mode était « de s'harnacher d'orfaverie; » emportées dans les bahuts, elles suivaient leur propriétaire dans tous ses déplacements. On les employait dans les salles d'honneur, dites de parement, et, suivant leur usage spécial, on les appelait courtines (rideaux de lit), fachères (dais), aucubes (tapis de pied), trefs (toile de tente), bancquiers (tapis de siége) ; on les suspendait dans les grands appartements pour remplacer les portes. Quand on quittait une maison pour aller en habiter une autre, on disait de la première qu'on la faisait détendre. On superposait quelquefois les tentures pour faire des changements à vue. Les tapissiers fabriquaient encore des couvertures armoriées destinées aux chevaux et aux mulets, des tapis de tournois à écussons et devises.

Pour avoir une idée de la vogue des tapisseries au commencement du XVIIe siècle, il faut lire la correspondance échangée, de 1610 à 1621, entre Scipion Caffarelli, cardinal Borghèse, et Guido Bentivoglio, successivement nonce à Bruxelles et à Paris. « Aux tapisseries que j'ai déjà, dit le cardinal qui était un curieux fin et délicat, je voudrais joindre quelque autre qui fût toutefois une œuvre s'éloignant absolument de l'ordinaire. J'attacherais le principal prix au dessin qui, s'il ne venait pas d'une main excellente, ne serait point pour me satisfaire : je voudrais aussi qu'à cette perfection correspondissent le soin du travail et la finesse de la matière. »

Dans une autre lettre, le cardinal stimule le zèle de son agent et lui fait la description d'une tapisserie qu'il convoite et qui doit se trouver à Paris. « La tapisserie en question a six aunes de hauteur ; elle est fabriquée avec la matière de la plus fine qualité qui se soit jamais travaillée ; les couleurs sont des plus vives ; elle est enrichie de beaucoup d'or. La bordure, surtout, est très belle, tant en singularité qu'en magnificence, étant presque toute d'or ; toutes les figures sont de grandeur naturelle et représentent les fables de Diane. Le possesseur actuel est le maître tapissier du roi et réside au faubourg St-Marceau (aux Gobelins), il en demande 16,000 écus, et prétend en avoir trouvé 12,000. »

Le nonce fait de son mieux pour contenter le cardinal ; il parle de tapisseries à tout venant et insinue que les cadeaux de cette nature seraient très agréables à son maître ; quant à la tapisserie qui lui est signalée, il répond qu'il a été l'examiner, mais que tous les dessins sont nouveaux et de la main d'un peintre français (sans doute Dubreuil), qui n'a guère dépassé l'ordinaire ; par contre, il loue fort certaine tapisserie ancienne qui appartient à la famille de Saint-Paul, dont on demande 16,000 écus ; une tapisserie au cardinal de Joyeuse, d'après les dessins d'Albert Durer et représentant la vie humaine depuis l'enfance jusqu'à la décrépitude ; ainsi que la tapisserie représentant les gestes de Scipion, d'après Raphaël, et qui appartient à la reine. Qu'est-il advenu des démarches du nonce ? le correspondant n'en dit rien ; mais il est constant que la fameuse tapisserie de Scipion, tapisserie de Flandre achetée 22,000 écus par François Ier, a disparu du garde-meuble vers cette époque.

Etant à Bruxelles, le nonce avait procuré au cardinal une tapisserie de seize aunes de long, représentant l'histoire de Samson ; les cartons en avaient été faits sur la commande de Henri II par un peintre de Malines (sans doute Michel Coxie), qui, bien que né en Flandre, avait vécu cependant de longues années en Italie, imitant les vaillants artistes de ce temps.

Mazarin et ses contemporains étaient fanatiques de tapisseries à ce point qu'on estimait dans l'inventaire du cardinal 100,000 livres une tenture de tapisserie, alors que les peintures originales de Raphaël étaient cotées de 500 à 2,000 livres !

De 1653, date du premier inventaire, dressé lors de sa fuite, à l'époque de sa mort, en 1661, le cardinal Mazarin avait acquis dix-huit nouvelles tentures; il employait pour l'achat de ses tapisseries un certain valet de chambre du commandeur de Souvré, qui était très expert en la matière. Même en exil, il ne perdait pas de vue ses chères tapisseries; en 1651, il se plaint amèrement de n'avoir pas été prévenu à temps de leur vente, faute de quoi il n'a pu les faire racheter en sous main par le banquier Hervart; à peine rentré à Paris, il fait rechercher et racheter toutes celles qui avaient été détournées et vendues en son absence. Sa correspondance avec Colbert contient de nombreux passages relatifs à ce sujet. Le 8 juin 1654, il écrivit à Colbert : « Il ne faut plus songer à la tapisserie des Bestions de M. de Guyse ; il a eu tort de vous dire qu'il en demandait 40,000 liv., vu que l'on sçait bien que luy-même l'a laissée pour 5,000 livres. » Colbert lui répond, le 4 juillet : « J'ai acheté deux tentures de tapisserie à M. Duplessis-Bellièvre, l'une de trois aunes de cours, « Histoire d'Actéon », gothique moderne, et l'autre de vingt-cinq aunes, « Histoire Sainte », payée 5,100 livres. » Il envoie un de ses courtiers en objets d'art, Jabach, à la vente de Charles Ier, avec mission principale d'acheter les tapisseries; malheureusement sa lésinerie l'empêche d'acquérir les cartons de Raphaël, qu'il trouve trop chers à 300 livres sterlings, chefs-d'œuvre inimitables du maître des maîtres, qui font actuellement l'honneur des musées de Londres.

Quelques années après, il se rend acquéreur des tapisseries du cardinal Barberini ; enfin, peu de jours avant sa mort, le 18 janvier 1661, la reine Christine de Suède lui fait écrire qu'elle consent à revendre les tapisseries qui lui avaient appartenu et qu'elle avait achetées pendant la guerre civile.

L'inventaire de 1661 compte 71 tentures de tapisseries de haute ou basse lisse, dont 33 des Flandres, 22 d'Angleterre, 10 de Portugal, 6 de France.

Lors de la paix des Pyrénées, Mazarin avait reçu du roi d'Espagne et de don Luis de Haro trois tentures : les Travaux d'Hercule, les Douze mois, et les Fruits de la guerre ; à sa mort, le cardinal légua au roi ses diamants, les douze « mazarines », réputés les plus beaux du monde, et trois tentures de tapisserie.

Quelques années après, Madame de Sévigné écrit : « Madame de Mouci a donné à son frère une belle tapisserie de ces Bellièvres de la décollation de Saint Jean qui vaut deux mille pistoles ; qu'elle est heureuse de pouvoir faire d'aussi beaux présents ! » (Lettres de Madame de Sévigné, tom. IX, p. 260.)

Le même engouement pour les tapisseries subsiste encore au commencement du XVIII° siècle. Les Bénédictins de la confrérie de Saint-Maur, qui firent leur voyage littéraire en 1708, parlent en ces termes des tapisseries de l'église Saint-Pierre de Gand : « Ce qu'on admire davantage, ce sont les tapisseries qui représentent la vie de saint Pierre et de saint Paul. On prétend que c'est Raphaël qui en a donné le dessin ; mais quand il les aurait tirées au pinceau, il n'aurait rien fait de plus délicat que ce que l'ouvrier a fait à l'aiguille ; il y en a dix pièces qui sont estimées 20,000 florins, qui font 250,000 livres argent de France. On dit qu'un gouverneur des Pays-Bas en offrit 100,000 florins et d'en faire d'autres semblables. »

On montrait des tapisseries curieuses moyennant finances ; Tallemant des Réaux raconte que « dans l'Isle Notre-Dame on voyait pour de l'argent quatre pièces de tapisseries à l'antique les plus belles du monde. »

Les grands seigneurs tenaient à honneur de patronner et même de diriger des ateliers de tapisserie comme plus tard, sous Louis XVI, ils donnèrent leur nom à plusieurs fabriques de porcelaine ; le surintendant Fouquet fonda, en 1658, à Maincy, un atelier de tapisserie dirigé par Louis Blamard et dont les cartons étaient fournis par Ch. Lebrun ; cet atelier où étaient employés Claude Lefebvre et Lourdet fonctionna cinq ans et trois mois, produisit les chasses de Méléagre et l'histoire de Constantin en cinq pièces ; cette dernière fut rentrayée aux Gobelins afin de substituer les attributs du Roi aux chiffres et armoiries de Fouquet.

L'usage des tapisseries tend à disparaître à la fin du XVIIIe siècle ; les tentures en soie et les papiers peints inventés par Papillon en 1688 les remplacèrent. Ce fut une conséquence de la transformation du mobilier, imposée par la mode. Sous Louis XIV et Louis XV, les appartements vastes, spacieux, comportaient l'emploi de tentures et de meubles de grande dimension ; vers la fin du XVIIIe siècle on cherche avant tout le joli, le gracieux, le confortable, la variété ; et la tapisserie, avec ses allures solennelles et envahissantes, devient gênante et déplacée. Dans un chapitre intitulé « Tapisserie, » Mercier, l'auteur du « Tableau de Paris, » critique avec sa verve habituelle l'emploi des tapisseries à sujets profanes pour tendre les murs sur le passage des processions ; puis il ajoute : « On a banni des appartements ces tapisseries à grands personnages que les meubles coupaient désagréablement, et elles sont reléguées dans les antichambres. Le damas à trois couleurs et à compartiments égaux a pris la place de ces figures qui, massives, dures et incolores, ne parlaient pas gracieusement à l'imagination des femmes. Les tapisseries descendent du galetas pour le jour de la Fête-Dieu, et on les envoie aussi à la campagne pour y garnir les mansardes. »

Si nos accès de folie sont fréquents, ils sont de courte durée, et nous adorons de bonne grâce ce que nous avons brûlé. La tapisserie, si rudement traitée par la mode, reprend sa revanche ; elle descend des mansardes pour orner les salons des châteaux et les cabinets des véritables curieux.

II

L'édit de fondation des Gobelins fait ressortir ainsi l'importance de la fabrication de la tapisserie : « La « manufacture des tapisseries a toujours paru d'un si « grand usage et d'une utilité si considérable que les

« états les plus abondants en ont cultivé les établisse-
« ments et attiré dans leur pays les ouvriers les plus
« habiles par les grâces qui leur ont été faites. »

Le recueil des statuts des tapissiers contient, dans l'avertissement de l'éditeur, l'exposé des connaissances et des talents que doit posséder l'artiste tapissier pour réussir dans son art.

« Toutes les professions supposent, dans ceux qui les exercent, des talents relatifs et proportionnés. Quelques-unes même en exigent d'assez distingués ; mais combien en faut-il réunir pour former un habile tapissier ! De quelque manière qu'il travaille, en tapis sarrazinois, en tapisserie de haute et basse lisse, ne fût-ce même qu'en rentraiture, il doit posséder toutes les règles de la proportion, principalement celles de l'architecture et de la perspective, quelques principes d'anatomie, le goût et la correction du dessin, des coloris et de la nuance, l'élégance de l'ordonnance et la noblesse de l'expression en tous genres et en toutes espèces : figures humaines, animaux, paysages, palais, bâtiments rustiques, statues, vases, bois, plantes et fleurs de toutes espèces. Il doit joindre encore à ces connaissances celles de l'histoire sacrée et profane, faire une juste application des règles de la bonne fabrique et le discernement de ce qui opère la beauté du grain et des coloris, c'est-à-dire les diverses qualités des soies, laines et teintures qu'il faut souvent rabattre, rehausser, ou changer d'œil, raison pour laquelle il leur a toujours été permis de teindre les étoffes qu'ils emploient. Quand un marchand tapissier se bornerait uniquement au commerce, ces connaissances ne lui seraient pas moins utiles pour le mettre en état de distinguer les diverses fabriques, les auteurs, et de juger du prix des tentures qu'il veut acheter ou vendre. On ne dit rien de trop ici : ce n'est que par le concours de tous ces talents réunis et mis en œuvre que les tapisseries et tapis, fabriqués par les maîtres tapissiers de Paris, sous les règnes de Henri IV, de Louis XIII et Louis XIV, ont mérité l'admiration de toute l'Europe. Il est impossible d'y réussir autrement. C'est pour cela que les anciens statuts fixaient à huit ans le temps de leur apprentissage. »

Certes, ce n'est pas un travail méprisable que celui de reproduire jusque dans leurs caprices les plus imprévus les hasards de la brosse d'un peintre, les glacis, les frottés et les mille et une ficelles de la pratique picturale. La difficulté de se reconnaître dans ces paniers hérissés de broches, où l'œil profane ne pourrait distinguer le plus souvent la différence qui existe entre certaines nuances d'un même ton, l'impossibilité où l'ouvrier se trouve de revenir sur une erreur commise, la privation qu'il subit de pouvoir constater l'effet général de son œuvre avant que cette œuvre soit parachevée, tout cela constitue à l'habile artiste une somme de mérites auxquels les moins entendus rendent hommage, dit M. Emile Bergerat, dans le Journal Officiel du 31 mars 1876.

La tapisserie est, en effet, la plus haute expression de l'art industriel, c'est la peinture sur laine avec des difficultés d'exécution particulières, et les peintres célèbres de toutes les écoles ont tenu à honneur de faire des cartons pour les grandes manufactures ; on pourrait compléter l'œuvre de Raphaël, de J. Romain, etc., par la recherche des sujets qu'ils ont traités pour les tapisseries. Velasquez a peint un tableau dit les « Fileuses » dont la copie était naguère au musée Européen, dit des Copies, qui représente, au premier plan, des ouvriers filant et dévidant la laine; au second plan une femme soulève un rideau pour faire voir dans le lointain une belle tapisserie. C'est, le commencement et la fin du grand travail industriel.

Aucune notion certaine sur le style décoratif des tapis et tapisseries dans l'antiquité; M. de Witte suppose que certains vases antiques à plusieurs zônes de sujets d'animaux déposés aux galeries de Florence et du Louvre ont emprunté leurs décorations aux dessins de tapisseries.

Les tapisseries importées en Europe venaient d'Orient et le décor se ressent de leur origine; il se compose de dessins byzantins, à méandres réguliers et animaux fantastiques; la secte des Iconoclastes, qui repoussait en Orient le culte des images, empêcha la fabrication des tapisseries historiées; le tapis seul est conservé avec des décors empruntés à la flore orientale.

La seconde époque, qui a une origine nationale, prend ses modèles dans le style ogival du XIIIe siècle; les personnages commencent à faire apparition; ils sont de petites dimensions, à teintes plates. Les fonds sont unis, rouges ou bleus. Les tapisseries de cette époque n'existent plus, mais les comptes des ducs de Bourgogne, l'inventaire des tapisseries de Philippe de Bourgogne, l'inventaire général de Charles VI, contiennent des descriptions très exactes des chambres de broderies et de tapisseries qui se trouvaient dans les palais royaux. (*)

Philippe le Hardi possédait un si grand nombre de tapisseries qu'il y avait un officier spécialement préposé à leur conservation et qui prenait le titre de garde de la tapisserie.

Les tapisseries du XV⁰ siècle sont rares ; on en conserve cependant de précieux spécimens aux musées des Gobelins, du Louvre, de Cluny, à la bibliothèque nationale, au garde-meuble et dans les villes d'Angers, Auxerre, Beaune, Dijon, Beauvais, Issoire, Le Mans, Montpezat, Reims, Saumur, Sens, Salins, etc., qui permettent d'apprécier le travail et la manière des tapissiers de cette époque.

Le tapis de haute lisse a été le précurseur de la peinture historique à huile ; en effet, les sujets traités sont

---

(*) La fameuse tapisserie de Bayeux — attribuée à la Reine Mathilde de Flandre, femme de Guillaume le Conquérant, — est une broderie à l'aiguille, sur une bande de lin de 58 centimètres de hauteur ; elle représente les différents épisodes de l'invasion normande en 1066 ; cette pièce de broderie, d'une longueur de cent pieds sur une largeur de dix-neuf pouces, improprement appelée tapisserie, fut donnée à la cathédrale de Bayeux par l'évêque Eudes, frère utérin de Guillaume.

La cathédrale de Nevers possède une tenture analogue quoique d'une époque beaucoup plus récente puisqu'elle a été confectionnée de 1520 à 1540 par Marie d'Albret et ses femmes ; elle mesure 23 mètres de largeur sur 5 et représente l'histoire de saint Cyr et de sainte Juliette, elle porte en outre le monogramme et l'écusson de Marie d'Albret.

tirés de l'histoire sainte, des gestes fabuleux des héros, des saisons, des chasses, des fabliaux et poëmes chevaleresques. (*)

« Tantôt les tapisseries représentent, avec une naïveté charmante et fidèle, dit M. Jubinal, de grands évènements historiques, tantôt de joyeuses coutumes ; là c'est un siége ou un tournoi, ici un festin, plus loin une chasse, et toujours chasses, festins, tournois, siége, tout cela est « pourtraict » au vif, comme aurait dit Montaigne, tout cela nous retrace, au naturel, la vie de nos pères, nous montre leurs châteaux, églises, costumes, armes et même, grâce aux légendes explicatives, leur langage à différentes époques ; il y a mieux, si nous nous en rapportons à l'inventaire de Charles V, toute la littérature française des siècles qui précèdent celui du sage monarque aurait été, par ses ordres, traduite en laine. »

(*) Le plus ancien plan de Paris est un plan exécuté en tapisserie ; le *Journal de Paris* du 27 mai 1788 dit à ce sujet : Sous la prévôté de M. Turgot, les officiers municipaux de la ville de Paris ont fait l'acquisition de cinq tapisseries qui ont appartenu à la maison de Guise, sur lesquelles sont figurés les plans de Rome, Venise, Jérusalem et de Paris. Ces tapisseries ont été exposées jusqu'à présent le long de la façade de l'hôtel de ville, le jour de la Fête-Dieu, toute la journée, et le jour de l'octave jusqu'à midi, mais faute d'y avoir fait de temps en temps quelques réparations, elles étaient l'année dernière dans le plus grand délabrement. Hier on n'a exposé que le morceau le moins endommagé, qui offre Paris tel qu'il était il y a environ 150 ans ; c'est-à-dire sous François Ier.

Nous voyons figurer les sujets les plus variés, tels que ceux de la vie de Thésée, de la châsse de Saint-Graal, des vices et des vertus, de la pomme d'or, de Gédéon, des sept sages, de Florence, de Rome, d'Anis et d'Anne, de Guillaume de Normandie, des neuf preux, Bertrand Duguesclin, Charlemagne, Sémiramis, Godefroy de Bouillon, les joies de la benoîte sainte Vierge, sainte Anne, le Credo, la plaidoirie d'Amours, saint Antoine, l'Apocalypse, la bataille de Rosebeke et le Siége du duc Régnaut de Montauban, etc.

Des initiales, des arbres généalogiques, des armoiries, des phylactères gothiques, aident à expliquer les sujets et à faire connaître les propriétaires; il était même d'usage aux XIVe et XVe siècles de faire porter aux tapisseries les armoiries des propriétaires ou de ceux qui les avaient commandées.

Brantôme nous dit que les tapisseries donnaient des leçons d'histoire à qui voulait les étudier et étaient fréquemment consultées par les curieux de l'époque : « Au temps du Roy Charles VI, le seigneur de Carrouges, par arrêt de la cour prévotale de Paris, à faute de preuves du crime, combattit, en champ clos, un gentilhomme nommé Le Gris ; j'ay veu ce combat représenté dans une vieille tapisserie tendue dans la chambre du Roy à Bloys, des vieux meubles de céans et la première fois que je l'y vis, le Roi Charles IX, qui était fort curieux de toutes choses, les contemplait et se faisait expliquer l'histoire.» (Mémoires de Brantôme touchant les duels, Leyde, 1722.)

Dans « les vies des Dames illustres de France, » il ajoute en son langage imagé et sensuel :

« On donne le lot à la Reyne Isabelle de Bavière, femme du Roy Charles sixième, d'avoir apporté en France les pompes et les gorgiasetez pour bien habiller superbement et gorgiasement les Dames ; mais à voir dans les vieilles tapisseries de ce temps des maisons de nos roys où sont pourtraites les dames ainsi habillées, qu'elles étaient pour lors, ce ne sont que toutes drôleries, bifferies, et grosseries au prix des belles et superbes façons, coiffures, gentilles inventions et ornements de notre Reyne (Marguerite de Navarre) en laquelle toutes les Dames de la cour et de France se sont si bien moulées, que depuis paraissant à la mode parées, sentent mieux leurs grandes Dames qu'autrefois leurs simples damoiselles et avec cela cent fois plus agréables et désirables; aussi toutes en doivent cette obligation à notre Reyne Marguerite. »

A une époque postérieure, les tapisseries des Gobelins représentant les résidences royales, la visite de Louis XIV aux Gobelins, la réparation faite par l'ambassadeur d'Espagne, reproduisent les somptueux ameublements de Versailles, les chefs-d'œuvre d'art, les merveilles d'orfèvrerie, depuis dispersés, détruits ou fondus de 1690 et 1709.

Les artistes du Moyen Age, préoccupés avant tout de l'effet décoratif, négligeaient la perspective : on voulait cacher la nudité d'un mur avec une étoffe qui fût plaisante à l'œil, mais on ne prétendait pas percer, dans ce mur, la perspective d'une forêt et faire ce que l'on appelle un tableau, dit la notice des Gobelins de 1873. Sur un fond monochrome ou parsemé de fleurs de lis, d'initiales, de fleurs, de rinceaux, de feuilles, de branchages, d'oiseaux du même ton que celui du fond, les artistes alignaient les personnages à côté les uns des autres sans établir d'arrière-plan ; les personnages des premiers plans sont distribués sans égard pour le centre d'action auquel ils ne sont pas sacrifiés, ce qui faisait que l'œil ne rencontrait jamais de trous ou de vides ; d'autre part la variété d'incidents, d'épisodes et d'accessoires allégoriques, reproduisant les évènements qui précèdent ou suivent l'action principale, sans nuire à l'unité d'action, empêche l'esprit d'être fatigué par la continuité du même sujet ; un trait de contour dessinait les principales formes des personnages et de leurs vêtements, les étoffes étaient à plis nets et cassants, à ornements byzantins ; les tapis reproduits pour les fonds étaient toujours d'un style oriental ; le décor procédait par plats juxtaposés, trois tons de chaque couleur, simples et harmonieux, se reliaient entre eux par des hachures ; les couleurs sont franches ; les chairs sont déssinées par un trait rose vif ; le rose pâle est le ton local, plus coloré sur les joues, et ombré par un brun léger. Pour les draperies, c'est le bleu à trois tons éclairés par du blanc. Le rouge est éclairé par l'or ; le vert est modelé par du bleu foncé dans l'ombre et par du jaune dans la lumière ; des rehauts d'or donnaient un éclat tout particulier aux fonds.

Quelquefois les têtes et les extrémités des personnages sont simplement profilées, les détails étant laissés au travail du peintre.

La composition était pleine de mouvement et de

naïveté. Quant à la physionomie des personnages, l'artiste recherche, avant tout, le caractère et, au besoin, lui sacrifie la beauté; l'expression est intime, naïve et touchante. Les costumes sont amples, magnifiques, ruisselants d'or, d'argent et de soie. Il y a, en un mot, une analogie frappante entre le faire des maîtres tapissiers et celui des miniaturistes, des maîtres verriers, et, d'ailleurs, il faut le dire, les verrières, les tapisseries, les monuments sculptés, conviennent seuls à la décoration des églises, à l'exclusion des tableaux qui ne sont jamais en parfaite harmonie avec les styles de l'édifice religieux.

On donnait à l'artiste, chargé d'exécuter les cartons, un programme exact et complet qu'il était obligé de suivre ponctuellement dans les plus petits détails: la rédaction de ces programmes était confiée à de savants religieux qui tenaient compte des exigences de la composition dont l'exposition se déroulait, parfois, sur 40 ou 50 mètres de longueur.

Mais les cartons étaient incolores; l'ouvrier tapissier était le coloriste et son fuseau ne comportait que quelques couleurs franches.

M. Guignard a relevé, dans les comptes de la Fabrique de Troyes en 1425, les détails suivants, qui indiquent, d'une manière complète, comment on procédait pour la confection des tapis au XVe siècle :

Frère Didier, jacobin, ayant extrait et donné l'histoire de sainte Madeleine, Jacques, le peintre, en fit un petit patron sur papier. Puis Poinsète, la couturière et la chambrière, assemblèrent de grands draps de lit pour servir à exécuter les patrons qui furent peints par Jacques, le peintre, et Symon, l'enlumineur. Thibaut Clément et son neveu firent marché avec les marguilliers et frère Didier pour entreprendre le travail de haute lisse. Frère Didier revit alors ses mémoires avec Clément. Quand les tapisseries eurent été livrées, Poinsète la couturière, les doubla de grosses toiles et les garnit de cordes. Enfin on les suspendit aux crampons fixés par le serrurier Bertran, aux barres de bois posées dans le chœur par Odot, huchier.

D'autre part, des règlements détaillés prescrivaient les matières à employer, les procédés de tissage, le mode de vente et d'achat, etc.; afin d'empêcher les malfaçons et les fraudes, ils ordonnaient que chaque pièce de tapisserie serait marquée aux armes de la ville où elle avait été tissée et signée du nom ou des initiales du maître tapissier qui avait procédé à l'œuvre; la première marque se trouve ordinairement sur la bordure du bas, la seconde sur une des bordures de côté de la tapisserie. L'édit du 16 mai 1544 (90 articles) rendu par Charles-Quint, et les statuts des tapissiers de Paris de 1636 (68 articles), règlementaient le « stil » ou le métier des tapissiers des Pays-Bas et de Paris; ils servirent de type pour tous les règlements et statuts analogues.

Au commencement du XVIe siècle, le style purement décoratif tend à s'effacer, la perspective se prononce, le modèle devient plus souple, plus animé, les contours sont moins accentués et on ne les retrouve même plus pour accuser les plis des vêtements. Les semis de fleurs ou d'ornements ont des couleurs différentes de celles du fond.

Vers le milieu du XVIe siècle, la Renaissance italienne s'empare des arts industriels et transforme le style de la tapisserie qui abandonne la manière décorative pour se rapprocher de la peinture. Les sujets religieux sont moins fréquents, les artistes traitent de préférence les épisodes de l'histoire ancienne ou de l'histoire contemporaine, les scènes de la mythologie, les allégories, les portraits, les paysages et animaux.

Jusqu'au XVIe siècle, les tapisseries offrent des renseignements intéressants sur le costume, les armures et les ameublements du temps; à la Renaissance, sous prétexte de vérité historique et de couleur locale, tout est composé à la grecque et à la romaine. Le rôle de la bordure, presque nul au Moyen Age, devint un accessoire important dont le décor complète l'effet général.

Les maîtres peintres de cette époque Van Eyck, Albert Durer, Van der Weyden, dit de la Pasture, Thierry Bouts, fournissent les cartons.

Les peintres de l'école italienne, Raphaël et J. Romain en tête, vinrent ensuite; répétons ce que disait M. Darcel à ce sujet: Ce ne sont pas des tableaux que le grand maître de la Renaissance donna à copier mais des cartons composés exprès et qui ne montrent point dans la coloration sommaire le fini de la peinture à l'huile et les tons sombres de certaines peintures poussées à l'effet.

Un élève de Raphaël, Thomas Vincidore de Bologne, avait été envoyé en Flandre pour surveiller la confection des tapisseries tissées d'après les cartons de Raphaël.

On cite encore le nom d'un autre disciple de Raphaël,

Van Orley (Bernard), peintre officiel de Marguerite d'Autriche, puis de Marie de Hongrie, gouvernante des Pays-Bas, comme s'étant adonné à la composition des cartons de tapisseries. Il peignit pour Charles-Quint de belles chasses, où était retracé, au naturel, le portrait de ce prince et des seigneurs les plus considérables de sa cour ; il faisait exécuter toutes les tapisseries que les papes, empereurs et rois faisaient tisser en Flandre d'après des cartons italiens.

Mais les Flandres qui, à partir du XIIe siècle jusqu'au XVIe siècle, avaient le monopole de la fabrication des tapisseries, virent disparaître cet art industriel. La célèbre fabrique d'Arras fut la première à fermer ses ateliers, à la suite de la conquête de Louis XI. Au XVIIe siècle, on ne tisse plus que des tapisseries communes représentant des paysages ou des scènes empruntées aux tableaux de Teniers, ce qui fit donner à ces tapisseries le nom de verdures de Flandre ou de Tenières. On appelait ainsi les tapisseries à paysages de dernier ordre comme art, où ne figuraient que des personnages ou des animaux de très-petites dimensions, sans modelé ou dégradation de couleur, autrement que par teintes plates.

La France devait continuer les grandes traditions artistiques de l'école flamande ; les principaux peintres de tapisseries antérieurs à l'établissement des Gobelins furent : Le Primatice, Nicolas Poussin, H. Lerambert, Lucas Romain, Caron, Ch. Carmoy, Cachenemis, Baignequeval, C. Baudoyn, Toussaint Dubreuil, Dumée, Guyot, qui touchaient en moyenne 25 livres par mois, pour composer les cartons. Les maîtres tapissiers recevaient de 10 à 15 livres.

Au commencement du XVIIe siècle, la fabrique française tissait des tapisseries à armoiries, à devises, haulmes, timbres, toisons, colliers avec supports et entrelacs, qui étaient de véritables étendards destinés à l'intérieur des habitations.

Le cabinet des estampes de la Bibliothèque Nationale possède un recueil d'aquarelles provenant de la collection de Gaignères, représentant les armoiries et devises de rois et de seigneurs français, relevées sur des peintures murales, des vitraux et des tapisseries; il y a soixante dessins de tapisseries des XVe, XVIe et XVIIe siècles, ornées d'armoiries, de devises avec supports, d'entrelacs, etc. On remarque une tapisserie de François Ier à fond bleu avec entrelacs jaunes remplis alternativement de salamandres, de fleurs de lys, d'F couronnés; de place en place, l'écu de France orné du cordon Saint-Michel.

Une autre tapisserie mérite de fixer l'attention d'une manière toute particulière, en ce qu'elle peut contribuer à affirmer l'origine des fameuses faïences de Henri II; cette tapisserie provient du château d'Oiron et en voici la description: le fond se compose de losanges tricolores bleus, blancs, rouges; au sommet, l'épée de connétable avec ceinturon en velours bleu fleurdelysé, aux quatre coins, un arbre supportant un écusson armorié, au centre un arbre plus grand supportant deux écussons et portant en tête une banderole avec la devise, entre les arbres, des D entrelacés:

la bordure est formée par des quarrés portant, au centre, une lettre des mots qui composent la devise. Les losanges et les quarrés portent des dessins vermiculés bleus sur fond blanc, bruns sur rouge, blancs sur bleu.

Le dessin colorié est suivi de la description suivante :

« Le premier des escussons des quatre coins de cette tapisserie est party de Gouffier et d'Amboise pour Guillaume Gouffier, seigneur de Boisy, baron de Rouanois, chambellan des rois Charles VII et Louis XI, depuis gouverneur du roy Charles VIII, et pour Louise d'Amboise, sœur du cardinal, sa première femme, mariée en 1450.

« Le deuxième escusson est party de Gouffier et de Montmorency pour le même Guillaume Gouffier et Philipe de Montmorency, sa deuxiesme femme.

« Le troisième escusson est party de Gouffier et de Haugest pour Artus Gouffier, seigneur de Boisy, Oiron, comte d'Estampes et de Caravas, chevalier de l'ordre du roy, gouverneur du Dauphiné, mort en 1519, fils du susdit Guillaume et de Philipe de Montmorency et pour Hélène de Haugest-Genlis, femme du même Artus, mariée en 1499.

« Le quatriesme escusson est party de Gouffier et de la Tremoille pour Claude Gouffier, marquis de Boisy, depuis duc de Rouanois, grand escuier de France et pour Jacqueline de la Tremoille, sa première femme, mariée le 23 janvier 1526 ; il estoit fils d'Artus Gouffier et de Hélène de Haugest.

« Les deux escussons du milieu sont, le premier, de

Gouffier, avec le collier de l'ordre de Saint-Michel autour, le deusiesme de Brosse-Bretagne une cordelière autour, pour Claude Gouffier, marquis de Boisy, seigneur d'Oiron, depuis duc de Rouanois, grand escuier de France, chevalier de l'ordre de Saint-Michel, capitaine de cent gentilshommes de la maison du roy, mort fort âgé à Villers Cotrets l'an 1570, d'autres disent à Compiègne en 1536, et pour Françoise de Brosse dite de Bretagne, sa première femme, il en espousa depuis trois autres, ce sont eux qui ont fait faire cette tapisserie ; la devise qui est au-dessus aussi bien qu'à la bordure est celle de ce Claude Gouffier, « hic terminus hœret, — c'est à cecy que je me borne, » surmontée d'une espèce de grand escuier, cette mesme devise est en plusieurs endroits au chasteau d'Oiron qu'il avait fait bastir, elle est aussi sur la couverture de quelques livres qu'il avait fait relier mais autour d'un terme. »

Il résulte de ce qui précède que la tapisserie en question provient du château d'Oiron, qu'elle a appartenu à la famille Gouffier et qu'elle date des premières années du XVIe siècle. D'autre part les armoiries des Montmorency, des Gouffier, les D entrelacés, les dessins vermiculés, la forme de l'écu et du cordon Saint-Michel offrent des analogies frappantes avec les mêmes décors figurés sur les pièces de faïence de Henri II (voir coupe du Louvre, Bassin de Kensington, gourde et chandelier Norzi).

Il y a dessin d'une tapisserie analogue faite pour Jacques de Genoillac, dit Galin, seigneur d'Acier en Quercy, senechal d'Armagnac, mort en 1546.

Frans, Floris, du Cerceau, Berain donnèrent des cartons où dominaient, dans un agencement harmonieux, les rinceaux ou rabesques, les berceaux, les pampres, les enroulements, les cartouches, au milieu desquels gambadaient des personnages, des animaux, grimpaient les feuillages et fleurs de toute espèce, jaillissaient les sources, les fontaines, etc. C'est peut-être le type de la tapisserie où le génie français s'affirme de la manière la plus complète.

Lorsque Le Brun fut chargé de la direction des Gobelins, fabrique royale fondée en 1662, il donna une grande impulsion à la fabrication, et le style décoratif prit une tournure large et noble; le premier peintre de Louis XIV s'occupait des Gobelins d'une manière toute particuculière. C'était bien l'homme qui convenait à la situation; « en effet, dit le MERCURE de 1690, il avait un génie vaste et propre à tout; il était inventif, il savait beaucoup et son goût était général, ainsi que son savoir; il taillait en une heure de temps de la besogne à un nombre infini de différents ouvriers : il donnait des dessins à tous les sculpteurs du roi : tous les orfèvres en recevaient de lui. Ces candélabres, ces torches, ces lustres et ces grands bassins ornés de bas-reliefs qui représentaient l'histoire du roi, n'étaient fabriqués que sur ses dessins et sur les modèles qu'il en faisait faire. Il donnait en même temps des dessins pour tendre des appartements entiers.

« Pendant que tant d'ouvriers travaillaient sur ses dessins, il y en avait une infinité qui n'étaient occupés que par ceux qu'il avait donnés pour des tapisseries. Il a fait ceux de la bataille et du triomphe de Constantin, ceux de l'histoire du roi et d'Alexandre, des maisons royales, des Saisons, des Éléments et de plusieurs autres, enfin on peut dire qu'il faisait tous les jours remuer des milliers de bras et que son génie était universel ; il donnait jusqu'à des dessins de serrurerie. J'en puis rendre témoignage puisque j'ai vu regarder par de très habiles étrangers des serrures et des verroux de portes et fenêtres de Versailles et de la Galerie d'Apollon et du Louvre, comme des chefs-d'œuvre dont ils ne pouvaient se lasser d'admirer la beauté. »

Dans une lettre du 10 mars 1653, où il fait la nomenclature des artistes qui travaillaient sous ses ordres, Le Brun dit: « M. Van der Meulen est un peintre fameux, selon moy, que le roi a appelé de Flandres pour travailler à de grands tableaux représentant les vues de toutes les maisons royales; il a déjà fait celles de la plupart des villes de Flandres, avec les environs, qui sont d'une délicatesse merveilleuse. On travaille à mettre ces beaux dessins en tapisseries dont il a gravé plusieurs en taille douce. Les Sieurs Jans et Lefèvre font de la haute lisse mêlée d'or et d'argent ; ils travaillent sur mes dessins à l'histoire du roy, à celle d'Alexandre, aux Actes des Apôtres, aux Saisons, aux Neuf Muses : leurs ouvrages sont des chefs-d'œuvre au dire des amateurs. Les sieurs Lacroix et Mousin sont pour la basse lisse dont ils s'aquittent très bien. »

Tout ce qui concernait les tapisseries se faisait avec un soin particulier, « con amore. » Les devises explicatives des tapisseries étaient soumises à l'examen de la petite

Académie, fondée par Colbert en 1663, composée de quatre hommes de lettres, Chapelain, Ch. Perrault, l'abbé de Bourseix, l'abbé de Cassagne, qui donna naissance à l'Académie des Inscriptions et Belles Lettres et qui était chargée de composer les sujets et les légendes des médailles, les sujets et les inscriptions des tapisseries exécutées à la manufacture des Gobelins, les sujets et devises des jetons et des inscriptions pour les bâtiments; Ch. Perrault, dans ses mémoires, se fait honneur d'avoir composé une grande partie des inscriptions pour les tapisseries.

Louis XIV, voulant donner aux Gobelins et à son directeur une marque particulière d'intérêt et de protection, fut visiter la manufacture, en compagnie de Colbert. Une tapisserie, exécutée sur les cartons de Le Brun et de Van der Meulen, conserva le souvenir de cette visite. Sous la direction de Le Brun (1663 à 1690), les Gobelins fabriquèrent 19 tentures de haute lisse d'une surface totale de 4,110 aunes carrées et 34 tentures de basse lisse d'une surface de 4,299 aunes qui furent payées près de 6,700,000 francs, soit 10 millions, valeur actuelle, plus les cartons estimés le même prix.

Tous les peintres se disputèrent l'honneur de donner des cartons aux Gobelins: P. de Champagne, Simon Vouet, Fouquières, Michel Corneille le père, Poussin fils, Van der Meulen, B. Monnoyer, Nicasius Bernaert, Berain, Gillot, Audran, Neilson, Vien, Blain de Fontenay, Alexandre de Saint-André, Boullongne jeune, Lemoyne dit le Troyen, de Sève, Verdier, Boëls, Anguier, Fancart, de Troy, Nattier, Antoine Coypel, Van Loo,

Mignard, Jouvenet, Nattoire, Lépicié, Jollain, Jacques, Pierre, Doyen, Brenet, Boucher, Audry, Lagrenée, Jeaurat, Fragonard, firent reproduire, en tapisserie, une partie de leurs chefs-d'œuvre. Il est curieux de connaître le jugement porté par les maîtres jurés de la communauté des tapissiers sur les peintres qui ont fourni des cartons; voici comment ils s'expriment dans la préface du recueil de 1718 :

« Raphaël était dans son dessin le peintre le plus correct; il imitait la nature de si près que l'art n'y était presque pas reconnaissable, et quoique Jules Romain fût un peintre accompli, il y excellait cependant surtout dans l'ordonnance et y avait un goût si particulier, que dans les tapisseries on distingue facilement ses dessins de ceux des autres. C'est lui qui a trouvé la manière de détacher et de débrouiller ces groupes de figures dont les anciens chargeaient leurs pièces avec tant de confusion. Les coups de pinceau de ce fameux peintre sont si hardis, que non seulement ils avantagent beaucoup les ouvriers en tapisserie, mais aussi qu'ils sont merveilleux pour y être representez. Les autres peintres qui ont suivi ce grand homme se sont appliquez à attraper son goût et sa belle ordonnance, et de ceux qui ont le plus approché sont : Michel-Ange, Le Titien, Albert Durer, Lucas, Messer Nicolo, Fouquieres, Rubens, Van-Dick, Le Brun, Mignard, P. D. Martin de la Porte, Wette, les Boulongue, de la Fosse et tant d'autres. Tous ces fameux génies se sont fait gloire d'épuiser, pour ainsi dire, tout ce qu'ils avaient de capacités dans l'art de peindre en faveur de la tapisserie, qui par ce moyen a été poussée à un si haut degré de perfection, qu'elle est aujourd'hui, non seulement un des plus grands ornements de la France, mais aussi qu'elle cause l'admiration des rois et monarques étrangers. »

Le style artistique suivit la marche de l'école française et du goût. Les peintres et les tapissiers n'étaient pas souvent d'accord, les premiers voulant la reproduction exacte et détaillée de leurs toiles, les seconds objectant avec raison que la tapisserie n'était pas un tableau, mais une tenture décorative aux effets tout à la fois harmonieux et brillants. La tapisserie, nous le répétons après M. Guichard, n'a nullement à contrefaire la grande peinture, qui a une autre fin que la récréation de l'œil. Son office est de servir de fond et de lien ; elle ne doit pas ambitionner les premiers plans qui appartiennent aux personnages vivants, objet principal, centre obligé, dont l'importance ne saurait recevoir aucune atteinte.

Un maître dans l'art de la critique, Charles Blanc, a dit excellemment à l'occasion de l'exposition faite par l'Union centrale des Beaux-Arts au Palais de l'Industrie en 1876 :

« Combien ils étaient plus artistes, plus intelligents et mieux avisés les tapissiers du XVe et du XVIe siècles ! On n'avait garde en ce temps-là de copier des tableaux, c'est-à-dire de faire mal dans un art ce qui est bien fait dans un autre. Les maîtres tapissiers, s'ils ne savaient pas dessiner eux-mêmes leurs ouvrages, ne demandaient aux peintres et n'acceptaient d'eux que des modèles en grisailles, ou, tout au plus, légèrement teintés, qu'ils se réservaient de traduire librement en choisissant leurs couleurs, en les montant, en les baissant à leur gré, en prenant les dessins-modèles qu'on leur avait fournis, comme un simple prétexte pour composer, à leur manière, une décoration magnifique, un beau concert de couleurs.

« Mais du jour où des maîtres tels que Raphaël furent chargés de composer des modèles pour la tapisserie, les tapissiers perdirent naturellement une grande partie de la liberté qui leur était si chère, si précieuse. Les cartons de Raphaël étaient coloriés légèrement, il est vrai, comme de vastes aquarelles ; mais, en somme, c'étaient de véritables peintures en détrempe, et l'on comprend que le tapissier se crût obligé à suivre de plus près des modèles d'une beauté aussi imposante, des modèles signés d'un aussi grand nom. Il fallut s'astreindre à une imitation plus respectueuse, partant plus serrée, rendre la fierté du trait, autant qu'il était possible avec des contours en dent de scie, conserver avec l'ampleur du style le sentiment que l'artiste avait mis dans ses airs de tête et dans ses expressions, fines ou fortes. Il fallut modeler ces figures d'un relief si énergique : Ananias frappé de mort, Elymas frappé d'aveuglement et le serviteur effaré qui le regarde, le paralytique et l'estropié à la porte du temple de Jérusalem, les apôtres qui tirent les filets dans la Pêche miraculeuse, et le sacrificateur qui abat le taureau d'un coup de hache dans le Saint Paul a Lystre, et la figure si grandiose et si enlevée de Saint Paul prêchant à Athènes.

« Alors commencèrent à changer les conditions de la

vraie tapisserie. Alors ce qui ne devait être qu'une libre décoration devint l'imitation impossible d'un tableau d'histoire. Alors enfin, en voulant s'élever à une hauteur qu'il ne lui était pas permis d'atteindre, l'art du tapissier perdit son caractère. Il entra dans une voie qui n'était pas la sienne et où il devait infailliblement s'égarer. J'ose dire que, dans une industrie qui n'était faite que pour l'enchantement des yeux, l'intervention d'un maître aussi grand que Raphaël fut un malheur. Les CARTONS n'avaient pas besoin d'être tissés avec de la laine pour rester ce qu'ils sont, des ouvrages d'une souveraine beauté. Ce n'est pas PARCE QUE ils ont été traduits en tapisserie, c'est quoiqu'ils aient éprouvé ce dommage, que les cartons demeurent les chefs-d'œuvre de Raphaël.

« J'observe, entre autres choses, que les ciels produisent le plus mauvais effet dans les tapisseries qui sont des imitations de tableaux. Pourquoi? Justement parce que le ciel y forme un grand vide clair qui perce la muraille et qui fait tache dans une tenture, à moins qu'elle ne soit exempte d'ombres décidées et de teintes profondes, deux choses qui ne peuvent guère être absentes d'un tableau. Quand tout est clair dans une composition, quand le terrain est d'une couleur tendre, quand les personnages sont peints légèrement, avec une certaine VAGUESSE, comme l'on dit, le ciel peut convenir à merveille, mais cela ne peut guère se trouver que dans une peinture de convention.

« Au contraire, toutes les fois qu'une composition est remplie de figures vigoureuses et surmontée d'un ciel clair la tenture, dont l'objet est de couvrir le mur, paraît incomplète, le trumeau semble troué ; l'ouvrage chavire et l'équilibre optique est rompu.

« Voilà pourquoi, dans les belles tapisseries anciennes, le ciel est toujours supprimé. On a choisi un point de vue assez élevé pour faire monter jusqu'au bord supérieur du tissu, paysages, montagnes, rochers, maisons, châteaux, figures. Alors la décoration se tient de bas en haut; elle est véritablement une muraille ornée. »

Cette théorie fut comprise par Le Brun, qui employa le procédé des XVe et XVIe siècles, c'est-à-dire les couleurs de grands traits, nuançant les demi-teintes par l'interposition de laines de teintes franches à l'aide de hachures. Ses tapisseries sont remarquables par la fermeté de coloris, le fondu des nuances, la netteté et la franchise du dessin, la hardiesse et la chaleur de la composition. Le Brun employa fréquemment les rehauts d'or.

Au rude coloris du premier peintre de Louis XIV, dit la notice des Gobelins, aux rouges imitations que Noël Coypel faisait de Rubens, aux grandes compositions décoratives de Jouvenet, aux machines vides et boursouflées de de Troy, il s'était substitué une peinture agréable, efféminée, harmonieuse dans les tons intermédiaires. F. Boucher fut un maître dans cet art faux et charmant et pour traduire en tapisseries les chairs nacrées et les tons gris qui dominent dans ses tableaux, il fallut abandonner l'ancienne palette, il fallut demander à la teinture d'autres nuances et appliquer celles-ci d'après des principes nouveaux.

Les directeurs des Gobelins dignes d'une mention furent : Le Brun, Mignard, Soufflot, Pierre.

Le travail du tissage était réparti entre cinq catégories d'artistes : les uns, les officiers de tête, faisaient les figures, les autres les fleurs, les troisièmes les paysages, les quatrièmes les natures mortes, les cinquièmes les remplissages. Les noms de ces artistes sont généralement inconnus ; c'est un oubli fort injuste, on ne peut l'expliquer, jusqu'à un certain point, que par l'infériorité des arts secondaires qui n'ont pas pour eux l'initiative, la création, et cependant les graveurs sont aussi connus que les peintres. Rendons justice à qui de droit et citons les noms des principaux artistes tapissiers du XVIIe et du XVIIIe siècle : Maurice Dubous, Girard Laurent, Pierre Dupont, dans son genre un digne pendant de Bernard Palissy, Simon Lourdet, Jean Lefèvre, L. Dupont, Macé, Dulaurent, Cressi, Ferot, Enguerrar, Huldebourg, Lejeune, Rougeot, Rousseau.

Un catalogue général de toutes les tapisseries historiées présenterait un grand intérêt et permettrait de compléter l'œuvre de Raphaël, J. Romain et d'autres peintres illustres qui firent un grand nombre de cartons ; ces cartons ont disparu, les tapisseries ont suivi le même sort et il ne reste plus que les descriptions que l'on retrouve dans les inventaires, descriptions d'une exactitude minutieuse, comme il convient quand il s'agit d'objets destinés à figurer dans les trésors.

Les tapis de la Savonnerie, fabrique royale fondée en 1627 par Dupont et Lourdet, fermée en 1825, diffèrent essentiellement par la destination, les procédés et les résultats, des tapisseries des Gobelins ; ils ressemblent à une étoffe veloutée et ne présentent pas une surface plane et rase. Ces tapis servaient généralement de tapis de pied, ou de couvertures de meubles, c'est ce qui explique l'extrême rareté des anciens produits de cette fabrique. On cite parmi ces chefs-d'œuvre un tapis de 92 pièces, commencé sous Henri IV, qui garnissait le sol de la galerie du Louvre ; des armoiries, des trophées allégoriques, se détachant sur des fonds de divers coloris, en faisaient le principal ornement. Sous Louis XV on exécuta un paysage et plusieurs portraits, notamment celui du roi, mais ce genre fut abandonné. Les principaux peintres qui fournirent des cartons à la Savonnerie furent : J. B. Monnoyer, Trancard, Blain de Fontenay et Lemoine.

Les tapisseries de Beauvais, fabrique royale fondée en 1664 par Hinart, généralement à la basse lisse, étaient employées de préférence à couvrir les meubles ; aussi leur décor consiste le plus souvent en fleurs, ornements ou paysages ; néanmoins, dès avant 1718, les ateliers de Beauvais avaient donné les « Conquêtes de Louis-le-Grand, » les « Aventures de Télémaque, » les « Actes des Apôtres. » Le peintre directeur Oudry fit exécuter les « Fables de La Fontaine » d'après ses dessins, les « Amours des Dieux, » « l'Illiade » d'Homère d'après Deshais, les « Délassements chinois » d'après Dumont, les « Fêtes russes » d'après Casanova ; mais les compositions de la manufacture de Beauvais sont toujours moins grandes, comme style et comme dimension, que les compositions des Gobelins, dont elles paraissent être la réduction, la tapisserie des Gobelins, dit après nous le rapport de M. Denuelle, est à la tapisserie de Beauvais ce que la peinture d'histoire est à la peinture de genre.

Les tapisseries des Gobelins et de Beauvais étaient souvent données en cadeau par le Roi aux autres Monarques, à ses favoris ou à des églises privilégiées ; c'est ainsi que Louis XIV et Louis XV envoyaient des tapisseries au roi de Siam, au roi d'Angleterre, au roi de Prusse, à l'empereur de Russie ; il était d'usage de donner des tapisseries allégoriques aux Chanceliers de France à l'époque de leur installation.

La fabrique d'Aubusson, Felletin et Bellegarde, peut-être la plus ancienne de France, donnait des produits moins brillants que ceux des ateliers des Gobelins et de Beauvais mais qui étaient beaucoup plus répandus, en raison même de leur infériorité comme valeur et comme prix. Cette fabrique est particulièrement intéressante car elle représente l'industrie privée livrée à elle-même, luttant énergiquement contre des entraves de toute sorte, contre la concurrence étrangère et l'industrie officielle.

A la fin du XVIIIe siècle et d'après la statistique rédigée en 1793 par le bureau consultatif des arts et manufactures, les villes de France qui possédaient des manufactures de tapisseries étaient : Aubusson, Autun, Beauvais, Cambrai, Douai, Felletin, Nancy, Nantua, Nîmes, Paris et Tournay.

Jusqu'au XVIIe siècle, les Flandres eurent la vogue pour le commerce des belles tapisseries historiées ; au XIVe siècle, Tournai, Bruxelles, Enghien et Gand, au XVe siècle, Audenarde, Lille, Douai, Bruges, Louvain,

Valenciennes, Malines, Mons, Lannois, Orchies, Roubaix, Tourcoing, comptaient de nombreux ateliers en pleine activité ; sous Charles-Quint, il y avait des fabriques dans toutes les localités un peu importantes de l'Artois, de la Flandre, du Hainaut, du Tournaisis et du Brabant, telles que Bois-le-Buc, Bréda, Diest, Saint-Trond, Alost, Ath, Béthune, Binhe, Blandin, Camphin, Courtrai, Estainbourg, Grammont, Hal, Lambeke, Marquain, Termonde, Tirlemont et Ypres. A cette époque, Anvers était le grand entrepôt de commerce pour les tapisseries où les maîtres tapissiers de Flandres exposaient, dans des galeries disposées à cet effet, des tapisseries de tout genre à vendre aux amateurs et marchands étrangers.

En Italie, l'art de la tapisserie fut introduit par les Flamands dès le XVe siècle ; les villes de Ferrare, Sienne, Florence, Pérouse, Corrège, Gênes, Turin, Venise, Urbin, Mantoue, Naples et Rome, renfermaient des ateliers qui produisirent des œuvres remarquables.

En Angleterre, on fait remonter l'origine de la tapisserie au XIVe siècle ; les ateliers les plus célèbres furent ceux de Morlake fondés en 1619 et soutenus par la protection toute spéciale de Charles Ier. (*)

(*) *Notes d'un Curieux sur les tapisseries italiennes et les tapisseries anglaises.*
Notes d'un Curieux sur les tapisseries françaises.
Notes d'un Curieux sur les tapisseries flamandes et d'origines diverses.
3 fascicules in-8° carré. — Imprimerie de Monaco, 1876-1878.

L'Espagne, dont les relations politiques et commerciales avec les Flandres furent constantes pendant des siècles, possède les plus beaux spécimens de la tapisserie flamande, notamment au palais de l'Escurial.

Les inventaires du XVIe siècle citent des tapis velus de « l'ouvrage d'Espaigne ; » les ateliers de Santa Isabel dataient du XVIIe siècle, ceux de Santa-Barbara furent fondés à Madrid, en 1720, par Philippe II et les fameux peintres espagnols Maella, les deux frères Bayeu et Goya travaillaient pour eux.

En 1716, une colonie d'artistes français émigra à Saint-Pétersbourg sous la conduite d'Alexandre Le Blond, architecte-dessinateur de jardins, qui devint premier architecte de Pierre le Grand ; quatre hautelissiers et cinq basselissiers des Gobelins de Paris fondèrent des ateliers qui prirent le nom des Gobelins ; entretenus à grands frais par la Couronne, ils tissèrent des tapis de soie et d'assez beaux portraits.

En Allemagne, on tissait des tapisseries dès le XVIe siècle ; un atelier organisé à Stuttgard en 1566 fabriquait des pièces d'après les cartons et sous la surveillance de Jean de Velte et de Nicolas Van Orley. Ces tentures existent encore.

Après la révocation de l'Édit de Nantes, plusieurs tapissiers français émigrèrent en Allemagne ; Pierre Mercier, originaire d'Aubusson, obtint la patente de tapissier de l'électeur de Brandebourg.

A Copenhague, dans le Palais de Rosenborg, on voit douze grandes tapisseries de haute lisse que les frères Van der Eicken ont exécutées à Kïoge d'après les ordres du roi Christiern V.

Au XVIe siècle la fabrique de Middelbourg dans les Pays-Bas, dirigée par Jean de Maegt, avait une grande réputation.

En Orient, le tapis est un objet de première nécessité puisqu'il sert de tenture, d'oratoire, de siège et de lit. Sa fabrication remonte à la plus haute antiquité; depuis des siècles, la Perse fabrique de magnifiques tapis à Ferhan, près d'Ispahan, et de plus ordinaires à Mesched; la Turquie, les Indes, la Chine, marchent sur les traces de la Perse.

Pierre Koeck, d'Alost, élève de Van Orley, peintre et architecte (1500-1553), fut envoyé par la maison des marchands de tapisseries de Bruxelles Van der Moyen, à Constantinople, pour faire des tapisseries destinées au grand Seigneur, mais comme le Coran ne permet point la représentation d'hommes ni d'animaux, Koeck, après une année d'attente, revint de Constantinople sans avoir obtenu aucune commission.

Le dessin des cartons, la matière employée, le temps nécessaire au tissage, la main d'œuvre confiée à des artistes, rendent la fabrication des tapisseries historiées très dispendieuse.

Sous Louis XIV, le mètre carré de la tapisserie des Gobelins était payé sur le pied de 2,000 francs; les deux tentures des « Mois », rehaussées d'or, d'après les dessins de Le Brun et de Van der Meulen, en douze pièces et huit entrefenestres de 83 aunes de cours sur 3 aunes et demie de hauteur, coutèrent plus de 160,000 livres, soit près de 500,000 francs de notre monnaie actuelle.

Un artiste des Gobelins tisse en moyenne un mètre

trente centimètres de tapisserie par an ; le mètre carré revient à 2,500 francs ; il ne faut donc pas s'étonner du prix élevé des tapisseries artistiques anciennes qui ne sont pas encore estimées à leur véritable valeur.

Terminons par un rapide aperçu de la fabrication actuelle.

Les tapisseries de pied n'ont pas subi le triste sort des tapisseries de tenture, et, leur bon marché les mettant à la portée de tous, leur fabrication a toujours été en augmentant. Aujourd'hui les villes de Paris, Roubaix, Tourcoing, Aubusson, Felletin, Bellegarde, Abbeville, Amiens, Neuilly, Nîmes, Tours, comptent plusieurs fabriques de tapis qui emploient quatre à cinq mille ouvriers et produisent pour dix millions de tapis ; Aubusson tient la tête de l'industrie privée pour les tapisseries fines. L'Algérie a environ une vingtaine de fabricants indigènes. A l'exposition universelle de 1867, l'Angleterre, l'Allemagne, la Belgique (manufacture royale à Tournay), les Pays-Bas (manufacture royale de Dewenter), la Grèce, les Indes Anglaises, la Perse, les principautés Roumaines, la Russie, la régence de Tunis, la Turquie ont envoyé des tapisseries et des tapis plus ou moins remarquables par la vivacité et l'harmonie des couleurs, mais qui étaient loin d'atteindre le dessin, le style artistique des produits français, au-dessus desquels planent toujours les chefs-d'œuvre de la manufacture des Gobelins. La Turquie seule avait envoyé deux cent soixante-treize exposants.

En résumé, nous sommes les fournisseurs du monde entier et de l'Angleterre, pour les tapisseries artistiques, pour les tapis riches et les belles qualités, dit un juge compétent, M. Chocqueel, fabricant à Roubaix, dans son « Essai sur l'industrie des tapisseries. » Les Anglais, de leur côté, occupent le marché extérieur pour la vente des tapis imprimés et des genres à bas prix.

LETTRES INÉDITES

DE

Charles NODIER a Jean De BRY

De Bry (Jean, Antoine, Joseph), né à Vervins, département de l'Aisne, en 1760, était avocat à l'époque de la Révolution ; partisan des idées nouvelles, il débuta par publier quelques écrits contre les privilégiés et dans le sens de la cause populaire. Son département, dont il fut administrateur en 1790 et 1791, le nomma député à l'Assemblée législative.

Jean De Bry, ainsi désigné, pour le distinguer d'un autre député du même nom, vota le plus souvent dans cette assemblée avec le parti de la Gironde. Il fit décréter l'érection d'un monument à la mémoire de Henri Simonneau, maire d'Etampes, assassiné à son poste en faisant exécuter la loi. Il demanda et obtint des réparations pour les familles de Théobald Dillon et Berthois, tués près de Lille dans une émeute militaire. Comme membre de la Commission extraordinaire des 21, il fit en son nom le rapport et présenta le projet de décret, qui, dans le cas de péril imminent, soit du dedans, soit du dehors, armait le Corps législatif du droit exclusif et indépendant de la sanction royale de DÉCLARER LA PATRIE EN DANGER. L'idée de renouveler la formule antique lui appartient, et parmi les mesures d'exécution qu'il fit adopter, il insista principalement sur la responsabilité collective des ministres.

Le 8 août, organe de la même commission, à qui toutes les pièces avaient été renvoyées, il demanda le décret d'accusation contre le général Lafayette, pour être venu, au nom de son armée, présenter à l'Assemblée une pétition ayant pour objet de faire punir les auteurs des excès commis le 20 juin dans le domicile et contre la personne du roi.

C'est après la journée du 10 août et la reddition des villes de Longwy et de Verdun, que J. De Bry fit la motion de créer un corps de 1,200 hommes, qui serait spécialement chargé de combattre les chefs des armées ennemies : proposition odieuse et absurde, due sans doute à l'effervescence de l'époque; mais que, ni ce motif, ni même les menaces imprudentes contenues dans le trop fameux manifeste du Duc de Brunswick ne sauraient excuser. Au reste, il est juste d'ajouter que ni l'Assemblée qui la renvoya à la Commission, ni son auteur ne donnèrent aucune suite à cette étrange motion.

J. De Bry fut réélu à la Convention nationale par le département de l'Aisne ; pendant la discussion relative au jugement du Roi, il publia une opinion dans laquelle il proposait la formation hors de l'Assemblée d'un grand tribunal d'Etat, destiné à juger les conspirateurs, quel que fût leur rang. Cette proposition n'ayant pas été relevée, il eut le tort de rester juge au procès, il vota la mort sans appel et sans sursis.

Au mois de mars 1793, porté à la présidence, il reçut la députation des 48 sections de Paris, envoyée pour demander à l'Assemblée, suivant l'idiôme du jour, si elle se croyait en état de sauver la patrie : il lui répondit avec fermeté que le courage de la Convention était au-dessus de ses dangers quels qu'ils fussent.

Uni de principes et d'amitié avec Vergniaud, Guadet, les principaux Girondins, et surtout avec Condorcet, son collègue de députation, peu s'en fallut qu'il ne partageât leur sort après la désastreuse journée du 31 mars, contre laquelle il avait protesté dans une adresse à ses commettants. A la suite d'un rapport spécial (30 juin) le comité de sûreté générale proposa à l'Assemblée de traduire les signataires de l'adresse et nommément J. De Bry, au tribunal révolutionnaire ; le procès fut renvoyé au comité de Salut Public pour faire un nouveau rapport, rapport sous l'attente duquel les députés inculpés restèrent jusqu'à la chute de Robespierre.

Pendant toute la durée du règne de la Terreur, il se

montra rarement : on lit dans le rapport de Courtois sur les événements des 9 et 10 thermidor, que lors de l'arrestation de Danton et quand la salle retentissait des cris : « A bas la Dictature ! à bas les tyrans ! » J. de Bry fut un de ceux qui se firent le plus remarquer.

Après le procès de l'horrible Carrier, envoyé en mission dans les départements de la Drôme, de l'Ardèche et de Vaucluse, J. de Bry y laissa d'honorables souvenirs. Il courut risque de la vie, en comprimant énergiquement les restes de la faction du terrorisme sous laquelle ces contrées tremblaient encore. La Convention ordonna la réimpression et l'envoi dans toutes les communes de la République de la proclamation qu'il publia contre eux. Il y fit arrêter et juger les membres de la commission sanguinaire d'Orange, restaurer la petite ville de Bedouin, incendiée un an auparavant, il parvint, aidé par une réunion de négociants intelligents et probes, à approvisionner ces trois départements que menaçait la disette. De retour à Paris, il entra au Comité de Salut Public et prit part aux discussions de l'acte constitutionnel et notamment présenta et fit placer dans la déclaration des droits un article dont tant d'exemples ont si bien justifié l'importance : « tout traitement qui aggrave la peine déterminée par la loi est un crime. » C'est à lui que la veuve et les enfants Diétrick durent la remise des biens confisqués à leur père, et l'ex-ministre Descorches de Sainte-Croix, la levée du séquestre apposé sur les siens.

Après la session conventionnelle, De Bry fut nommé trois fois membre du Conseil des Cinq Cents dont il fut deux fois président. Ses discours et ses rapports sont insérés au Moniteur. Nous nous contenterons de citer ceux sur la contrainte par corps, sur la conspiration Brostric et La Villeurnois, sur le serment à prêter par les électeurs, sur l'établissement d'écoles guerrières qui devinrent l'école Polytechnique et l'institution d'une fête de la souveraineté du Peuple. On y reconnaît, en général, le langage d'un homme violent, passionné, souvent dupe de son imagination ardente, mais sincèrement attaché à la gloire de son pays et complétement désintéressé. L'adresse du Corps Législatif aux Français sur la journée du 18 fructidor est de lui ; elle fut accueillie avec enthousiasme par le parti dominant dont elle justifiait les opinions et les mesures. Il fit partie de la commission qui osa proposer l'expulsion de tous les nobles du territoire de la République. Tant il est vrai, que dans les époques de troubles, l'intérêt du moment présent absorbe tout et qu'il est peu d'hommes assez prévoyants pour se préserver, par les considérations du passé, des chances de l'avenir.

J. De Bry a plusieurs fois payé le tribut de la reconnaissance nationale à nos armées, et célébré leurs triomphes à la tribune. C'est sur sa motion que les drapeaux pris à l'ennemi par les généraux Bonaparte et Augereau leur furent accordés et que des obsèques publiques accompagnées de jeux funèbres au Champ de Mars, furent décrétées à la mémoire du général Hoche.

En l'an VI, J. De Bry fut nommé ministre plénipotentiaire au congrès de Rastadt, en remplacement de Treilhard appelé au Directoire. Les témoignages d'intérêt aussi honorables que spontanés de tout le corps diplomatique après la catastrophe du 9 floréal et spécialement des ministres de Prusse, attestent qu'il sut y conquérir l'estime de ceux avec lesquels il était chargé de traiter. Les détails de cet événement ont été publiés tant en Allemagne qu'en France. On sait que J. De Bry attaqué le premier, arraché de sa voiture, fut taillé de coups de sabre sous les yeux de sa femme et de ses deux filles. Il dut son salut à sa présence d'esprit et surtout à la précipitation des ennemis qui craignaient de laisser échapper les deux autres victimes, les ministres Bonnier et Roberjot.

Cet assassinat fut commis le 9 floréal an VII, à quatre heures du soir, dans le lieu même et presque aux portes du Congrès, constamment respecté par les troupes françaises; les meurtriers étaient des Secklers autrichiens commandés pendant l'exécution par un de leurs officiers et après le refus de leur commandant, le capitaine Burkardt, de donner une escorte aux ministres français.

L'esprit de parti et la haine qu'inspirait un gouvernement méprisé ont vainement tenté d'obscurcir cette odieuse affaire. Les rapports de J. De Bry et de la veuve de Roberjot, la déclaration du ministre génois et les dépositions des témoins oculaires soit allemands, soit français, dont plusieurs ont été recueillies judiciairement et qui toutes ont été publiées, n'ont été et n'ont pu être ni infirmées ni démenties.

J. De Bry, à sa rentrée au Conseil dont il fut nommé sur le champ président, assista en cette qualité à la cérémonie funèbre célébrée au Champ de Mars pour honorer la mémoire des victimes de l'attentat du 9 floréal ; il disculpa solennellement, à la tribune du Conseil, les émigrés de l'imputation qui leur fut faite alors par la cour de Vienne d'en avoir été les auteurs.

Après le 18 brumaire il entra au Tribunat. Il y défendit le projet de l'établissement des tribunaux spéciaux. C'est sur sa motion que ce corps exprima son premier vœu constitutionnel adressé au chef du gouvernement prêt à partir pour la campagne que termina la victoire de Marengo et la paix de Lunéville: « Que le premier consul revienne vainqueur et pacificateur. »

Le 9 floréal de l'an IX, J. De Bry fut nommé à la Préfecture du département du Doubs. Son caractère loyal, muri par l'expérience, et la parfaite justice de sa conduite lui méritèrent dans ce poste la réputation d'un administrateur distingué, également intègre et éclairé. Il y resta jusqu'au mois de mars 1814, époque à laquelle il fut destitué par la Restauration ; il occupa la Préfecture du Bas-Rhin pendant les Cent Jours.

Dès le mois de septembre 1815, il quitta la France et pendant son exil, habita la Belgique jusqu'à la révolution de 1830 ; il mourut à Paris trois ans plus tard.

J. De Bry, dont on doit blâmer la violence dans le début de sa carrière politique, est demeuré intact sous le rapport de la bonne foi et de la plus austère probité. Il était convaincu de la rectitude de ses opinions et n'en suivit aucune par calcul d'intérêt personnel, il est sorti des fonctions qu'il a remplies pendant trente ans, plus pauvre qu'il ne l'était en y entrant. Il aima la patrie d'un amour sans bornes, disposé à lui sacrifier sa fortune et sa vie ; que les fautes et les erreurs de sa jeunesse lui soient pardonnées !

J. De Bry pratiquait avec succès les sciences et les lettres ; cet homme politique qui avait pris une part si active aux événements contemporains s'absorbait dans les études astronomiques et dans le commerce des classiques de l'antiquité ; il fut un des membres les plus assidus, les plus laborieux, de l'Académie de Besançon où il prononçait des discours fort goûtés. « J'ai lu avec bien du plaisir, dit Charles Nodier, les fragments trop courts du beau et charmant discours de M. De Bry, quoiqu'il y fasse la guerre à ma « Corinne » et mon « Schlegel. » En vérité, je ne connais personne qui possède mieux que lui les ressources du style et qui les varie plus heureusement. »

Ce fut vers 1807, à l'époque où il remplissait les fonctions de préfet du Doubs, que J. De Bry fit la connaissance de Charles Nodier ; ce dernier était né à Besançon, le 29 avril 1780 ; son père, ancien avocat, professeur à l'Oratoire avait été nommé, en 1790, maire de Besançon et plus tard accusateur public. Ancien élève de l'école Centrale à Besançon où il eut pour professeur Droz, Charles Nodier montra une grande précocité intellectuelle et à douze ans il prononçait des discours politiques à la Société des Amis de la Constitution. Au sortir de l'école, il fut nommé bibliothécaire adjoint à la bibliothèque de la ville et publia un petit opuscule intitulé : « de l'usage des antennes des insectes, » bientôt suivi d'une bibliographie entomologique. Ayant quitté

Besançon pour Paris, il se posa en ennemi déclaré du premier Consul et publia en 1802 une violente diatribe intitulée : « Napoleone, » qui lui valut les honneurs de la persécution ; il fut mis en prison pendant quelque temps et relâché par les ordres de Fouché à la condition de rester interné à Besançon.

Il dut se présenter devant le Préfet J. De Bry qui lui fit un accueil bienveillant et dès cette époque ces deux hommes « sensibles » furent liés par l'amitié la plus sincère et la plus constante, tour à tour protecteur ou protégé, suivant les caprices de la politique. La correspondance que nous publions en fait foi.

Nommé par J. De Bry, titulaire d'une chaire du collége de Dôle en 1808, Nodier épousa Mlle Charve (Liberté, Constitution, Devoir), puis, après un an de séjour à Dôle, il se rendit à Amiens, appelé par le Chevalier Croft, qui voulait l'associer à sa fortune littéraire.

Ce Chevalier Herbert Croft, qui avait quitté l'Angleterre en 1802, accompagné de Lady Mary Hamilton, était venu se fixer à Amiens où il publia un petit livre bizarre intitulé : « Horace éclairci par la ponctuation, » imprimé à Amiens, chez Ledieu Canda, et édité par Renouard en 1810; dans sa préface, annonçant une nouvelle édition de Télémaque, il explique son projet d'éclaircir les classiques par les signes de la ponctuation qui étaient inconnus aux anciens et qui ont si souvent dépendu du caprice ou de l'ignorance des copistes et des imprimeurs.

Dans les notes qui accompagnent cet ouvrage, le

Chevalier Croft, fidèle à la loyale maxime CUIQUE SUUM, indique ainsi la collaboration de Charles Nodier : (*)

« Un ami de l'auteur, M. Charles Nodier, auteur du « Dictionnaire des Onomatopées, » s'occupe d'une édition de Rabelais avec un index très ample. M. Charles Nodier imprimera, dans quelques mois, une édition de La Fontaine, qui nous paroit plus utile et plus soignée qu'aucune de celles que nous connoissons de ce fameux fablier. C'est sur le zèle et les talents de ce jeune, mais savant ami, que l'auteur compte pour le seconder dans ses éditions du Télémaque, de Montaigne, etc. » (Horace éclairci par la ponctuation, par le Chevalier Croft, p. 201.)

L'emploi du secrétaire du Chevalier Croft n'était pas une sinécure, à juger par les doléances de Ch. Nodier :

. . . .

Je vais ne rien exagérer. Depuis que je suis à Amiens, voici les comptes bien exacts de ma besogne.

1° Copier le premier livre de *Télémaque* avec les variantes de 47 éditions et une centaine de pages de notes, — faire imprimer, — corriger les épreuves sept fois.

(*) *Commentaires sur les meilleurs ouvrages de la langue française*, pour accompagner toutes les éditions, tome I. Commentaire sur le *Petit Carême* de Massillon. Paris. Didot, 1815, in-8°.

On attribue à Lady Mary Hamilton :

La famille du Duc Pepoli. Mémoires de M. de Cantelmo, son frère, 1812.

Le village de Munster, traduction libre de l'anglais. Paris, A. Renouard, 1811. 2 vol. in-12.

Ces deux nouvelles ont été revues et corrigées par Ch. Nodier.

2° Copier deux fois un ouvrage politique du Chevalier sur le ministère anglais, une sous dictée, une pour la mise au net, — le faire imprimer à 108 pages in-8°, petit texte, — corriger les épreuves sept fois.

3° Traduire, sous dictée, le premier volume des *Vies des Poètes* de Johnson, environ 400 pages, — mettre au net.

4° Ecrire deux fois, une sous dictée, une pour la mise au net, *Horace éclairé par la ponctuation*, environ 300 pages, — faire imprimer, — corriger les épreuves, seize fois les cinq premières, sept fois les autres.

5° Ecrire sous dictée un poëme du Chevalier, environ 1,500 vers anglais, et traduire interlinéairement, — mettre au net.

6° Copier ou faire un roman de Milady, dont on tire la dernière feuille, et que tu recevras dans huit jours, 2 volumes in-12, — lire tous les soirs et discuter l'ouvrage du jour ou de la nuit, — corriger les épreuves trois fois.

7° Copier ou faire une suite du roman de Milady, au second volume duquel je viens d'arriver, lire comme du précédent, etc.

Je ne me souviens pas de tout ; mais voilà, en comptant les doubles copies, au moins dix-huit volumes in-12 que j'écris en sept mois, sans parler d'à peu près deux cent cinquante lettres sous dictée, et de plus quatre cents articles pour Prudhomme. (*)

Le Chevalier Croft mourut à Paris, en 1816.

Après huit mois de séjour à Amiens, et à la suite des incidents relatés dans la lettre du 31 mai 1810, Ch. Nodier revint en Franche-Comté et se fixa dans un petit

---

(*) Correspondance inédite de Charles Nodier à Charles Weiss, 1796-1844, publiée par A. Estignart. Paris, 1876, 1 vol. in-8°. — Nous emprunterons différents passages de cette correspondance qui serviront de commentaires aux lettres adressées à J. de Bry.

village du Jura, à Quintigny, où il travailla dans le silence et le recueillement.

Fort de ses nouvelles études, Ch. Nodier revint en 1812 à Paris où M. de Chabrol, intendant des provinces Illyriennes, lui offrit la place de bibliothécaire à Laybach, qu'il occupa jusqu'en 1814.

Nodier, qui avait joué le rôle de victime sous l'Empire et avait fini par croire à la réalité de ce que son imagination avait inventé, fut un des favoris de la Restauration qui le nomma bibliothécaire de l'Arsenal, le 3 janvier 1824.

Ch. Nodier fit d'ailleurs un noble usage de son influence et l'offre qu'il adressa à J. De Bry, après une séparation de plus de dix ans, de faire lever les mesures de proscription dont il était l'objet, témoigne de la persistance de ses sentiments affectueux et reconnaissants; la reconnaissance, ce sentiment si doux et si léger pour les âmes bien nées, si amer et si pesant pour les natures grossières!

Le salon du bibliothécaire de l'Arsenal, devint le rendez-vous de tous les hommes de lettres et de tous les artistes :

« Là vivait Nodier dans le somptueux appartement qui avait abrité M. de Sully lui-même; là, dit J. Janin, il recevait tous ceux qui tenaient honorablement une plume, un burin, une palette, un ébauchoir. En cette capitale du bel esprit, de l'agréable causerie et des amusements littéraires venaient, chaque dimanche, les poètes tout brillants de leur fortune naissante; il était l'ami de M. de Lamartine ; il était le confident de M.

Victor Hugo, jeune homme ; il encourageait le jeune Alexandre Dumas, le jeune Frédéric Soulié. »

L'ancien préfet du Doubs rentré à Paris, après la révolution de 1830, était un des familiers de l'Arsenal ; « J'ai vu ce matin Jean De Bry, écrit Ch. Nodier, c'est le seul homme de l'époque avec qui j'aime à causer, parce qu'il est sage comme l'expérience ; Desmaillots l'aurait appelé la raison en chausses et en pourpoint. C'est le Las Casas de la révolution de 1830. »

Ch. Nodier fut reçu à l'Académie Française, le 24 octobre 1833, en remplacement de Laya ; J. De Bry n'eut garde de manquer l'occasion d'applaudir au triomphe de son ami et ce fut à la suite de la séance académique où il éprouva un refroidissement qu'il fut atteint d'une fluxion de poitrine qui l'emporta à l'âge de soixante-quinze ans.

Quant à Ch. Nodier, il mourut à l'Arsenal, où il avait été maintenu par la monarchie de Juillet, le 25 janvier 1844.

Esprit souple, gracieux, aimable, styliste correct, simple et limpide, tour à tour spirituel et ému, Ch. Nodier était doué d'une imagination vagabonde, désordonnée, qu'il savait cependant emprisonner dans les études philologiques et entomologiques mais qu'il ne sut jamais asservir aux nécessités de la vie pratique ; il fut toujours besogneux, quémandeur, exagéré jusqu'au mensonge, inconscient de sa dignité et cependant il commanda toujours l'indulgence car il fut bon et aimant.

Finissons par la note spéciale chère aux curieux :

Charles Nodier, malade imaginaire, qui se voyait toujours un pied dans la tombe et dont la vie fut une longue agonie sans danger, mais qui se consolait de tout avec la passion des livres, écrivait à son ami Weiss: « J'ai connu en vingt jours de maladie que ce qu'il y a de plus doux au monde c'est de mourir lentement sur un bon lit où l'on est embrassé de temps en temps et où l'on s'appuie à droite et à gauche sur deux piles de livres. » Le grand mérite de Ch. Nodier, suivant M. de Loménie, a été de faire pénétrer le goût des livres rares, des belles éditions, parmi les gens du monde, qui jusqu'à lui ne s'en étaient guère préoccupés.

Il ne s'agit pas ici de donner une nouvelle biographie de Ch. Nodier ni une critique de ses œuvres, mais il fallait encadrer cette correspondance de manière à faire voir leurs auteurs dans leur milieu et sous leur véritable jour; pour juger les hommes avec impartialité il faut tenir compte des passions et des événements de leur époque en même temps que des circonstances particulières de leur vie privée.

Cette correspondance comprend vingt-deux lettres, de 1809 à 1831, datées de Dôle, Amiens, Quintigny, Lons-le-Saulnier et Paris; les lettres ont été reproduites avec une fidélité scrupuleuse et sans aucune correction en respectant même les caprices ou les « lapsi calami » de l'auteur.

I

Monsieur,

Je n'oserais publier, sans vous l'avoir lu, un ouvrage auquel vous avez daigné me permettre d'attacher votre nom. La matière que je traite se rattache d'ailleurs à des questions un peu délicates sur lesquelles je ne hazarderai point mon opinion sans votre aveu. Enfin, je sens que pour prendre intérêt à sa publication et à son succès il faut que je le sache assuré de votre suffrage, le seul succès que je désire sincèrement pour lui, du moins de mon vivant.

Je profiterai donc de l'authorisation que vous me donnez d'aller vous voir à certaines heures, aussitôt que les fêtes du mardi-gras interrompront mon cours par quelques jours de férie. Je ne croyais pas retourner si promptement dans une ville où la mort m'a fait un si grand vuide, mais je vous y verrai, et je puis croire encore que je vais auprès de mon père.

Il aurait été, sans doute, plus facile de vous envoyer mon manuscrit; mais mes manuscrits en général, et celui-ci en particulier, sont tellement chargés de renvois, de ratures, d'abbréviations, de caractères étrangers ou anciens, ils sont d'ailleurs écrits en lignes si menues et si pressées que je doute que le Sphinx y eut pu démêler quelque chose. La copie que j'enverrai à l'impression sera plus intelligible et plus correcte, mais j'entends trop bien mes intérêts pour copier un ouvrage que je dois vous communiquer, avant d'avoir fait mon profit de vos observations, qui peuvent apporter dans toute sa contexture un changement considérable, si, toutesfois, elles ne me décident pas à l'abandonner tout à fait.

Vous avez eu la bonté de me présenter à l'académie. Je ne m'attendais pas à l'honneur d'y être admis. Je croyais même devoir à quelques-uns de mes souvenirs de ne jamais y prétendre. Il y a dans cette société des personnes qui doivent bien me haïr, car elles m'ont fait beaucoup de mal, et j'étais assez fermement résolu à éviter toute espèce de relations avec elles ; mais toutes mes résolutions sont subordonnées à une résolution unique, celle d'agir comme vous l'aurez désiré. Il m'en couterait trop d'ailleurs de me refuser à une distinction qui me procurera un rapport de plus avec vous.

Je suis ravi que vous attachiez quelque prix à mon Pythagore. Mais je ne voudrais pas que ce prix fût du genre de ceux qu'on aquitte avec de l'argent. Je n'ai pas non plus la folle prétention de vouloir vous avoir pour redevable, car je suis trop arriéré pour y jamais parvenir. Mon hommage est le denier de la veuve. Je souhaite que vous l'aimiez et que vous ne le payiez pas.

J'ai l'honneur d'être,
Monsieur,
avec les sentiments du plus profond respect
et du plus parfait dévouement,
Votre très humble et très obéissant serviteur,

Charles Nodier.

Dôle, 10 janvier 1809.

II

Monsieur le Préfet,

J'avais osé vous demander la permission de vous porter mon manuscrit, et d'aller solliciter vos conseils sur un ouvrage qui est doublement la grande affaire de ma vie, premièrement, en ce que je le regarde comme celui de mes écrits possibles où je me serai élevé le plus haut, rélativement à la portée de mes facultés; secondement, en ce que je vous en destine l'hommage, et que je serais bien aise que le monument d'une reconnaissance aussi bien fondée vécut longtemps.

Une incommodité de peu de conséquence m'a retenu, et aujourd'hui, j'apprends que vous partez pour paris Dimanche. Il faut donc que je renonce à vous voir de longtemps, et je n'ai jamais été assez heureux, pour m'accoutumer à prendre si facilement mon parti sur les grandes privations.

Cependant, vous passez à Dôle, et j'y suis, et je pourrais vous y voir. Je vous dois tout, la liberté, le repos, la faculté d'exercer de faibles talens dont l'emploi m'assure l'aisance et presque le bonheur. Mon petit ménage vous bénit; ma femme chérit mon bienfaiteur et voudrait le connaître, en un mot, vous passez à Dôle et vous vous rappelez que les dieux ont souvent visité les bergers.

Je n'ose pas insister sur cette prière. Il faut bien qu'elle soit trop difficile à exaucer, puisqu'il me semble que je ne tiendrais pas à la joye que votre aveu me causerait. Eh bien, quelque fier que je fûsse de vous recevoir, je sens que mon cœur serait encore plus satisfait que mon amour propre.

Daignez agréer, etc.

CHARLES NODIER.

Dôle, 15 février.

III

Monsieur le Préfet,

Vous avez eu pour moi des bontés si assidues que je n'ai plus rien à solliciter de vous. Quelle prière oserais-je former que vous n'ayez exaucée d'avance ?

Mais il ne tient qu'à vous de m'obliger encore quelquefois dans ceux que j'aime, et je ne crains pas de vous en prier, moi qui sais que vous fournir les moyens d'être bon, généreux et utile, c'est plutôt vous servir que vous importuner.

Le jeune Rossigneux, un de mes plus chers élèves, va

solliciter à Besançon de la bienveillance de monsieur de Raimond à qui il est vivement recommandé, son appui auprès de monsieur le Conseiller d'état Lavalette, dont il essaye d'obtenir un emploi dans l'administration des postes, à laquelle sa famille est attachée avec distinction depuis un temps immémorial.

Il a pensé, et je partage son opinion, qu'une intercession puissante, soit directe, soit indirecte, auprès de monsieur le Conseiller d'état, déterminerait probablement sa nomination dans le service intérieur de cette administration. Il m'a communiqué cette idée, et j'en ai profité avec empressement. Je ne connais qu'un homme puissant, lui ai-je dit, mais cet homme puissant est obligeant et sensible.

Jugez d'après cela de son attente. Il vous a entendu nommer souvent dans le cours de nos leçons, car on ne parle guères d'éloquence et de littérature sans avoir à parler de vous. Je conviens même que quand j'ai parlé de vous, je ne m'en suis pas tenu à des notices courtes et sèches, comme celles que je crois devoir à hypéride et lysias. J'ai tant de raisons pour ne pas oublier votre cœur, même quand il n'est question que de votre esprit.

C'est vous dire assez que vous êtes chéri et respecté d'avance sur la parole du maître. Je m'en rapporte à vous pour prouver à mon élève par le service précieux que j'ose vous demander en sa faveur, qu'il y a des cas où l'hyperbole la plus exagérée en apparence, est encore loin de la vérité.

Pardonnez-moi d'abuser si longtemps de la complaisance que vous mettez à m'entendre. Quand je vous écris, je crois vous entretenir, et c'est un bonheur dont je jouis si rarement que je m'y livre avec yvresse.

Daignez agréer, Monsieur le Préfet, l'assurance, etc.

CHARLES NODIER.

Dole, 30 avril.

IV

Dôle, dimanche, — mai 1809.

Monsieur le Préfet,

Il y a bien des gens qui, à ma place, croiraient avoir lassé la bonté. Est-ce en moi l'effet de la témérité ou d'une certaine intelligence du cœur? Je ne me suis jamais crû plus sûr de votre amitié.

Le séquestre momentané, mais funeste, sous lequel le gouvernement retient ma faible fortune, m'a réduit à un état qui approcherait de la misère, si votre protection ne m'avait pas assuré le moyen d'exister. Je vous dois plus que vous ne croyez, car mon cours de littérature m'a valu des succès que je n'espérais pas. On m'appelle à Dijon, où la gloire d'un mauvais pédagogue ne vaut guères mieux qu'ailleurs, mais où elle est plus lucrative.

Vous me disiez alors « qu'à défaut de quatre cents francs je ne perdrais point mon état, » et j'ai besoin de quatre cents francs pour le conserver.

Je vous avais tous les genres d'obligations ; je devais vous avoir encore celui-là ; dans trois mois la dette sera acquittée, et la reconnaissance ne le sera jamais.

Monsieur De Bry, je ne vous supplie pas ; mon généreux ami, je me recommande à vous, je m'y recommande en tremblant !... Ce service n'est pas de ceux que je devais demander, mais il fallait le demander ou mourir, et on n'hésite plus quand on est époux et presque père.

Je suis, avec la considération la plus profonde, votre très humble et très obéissant serviteur.

CHARLES NODIER.

NOTE MARGINALE :

Charles ! vous avez acquitté et au-delà, *en deux vers*, le petit service que j'ay eu le bonheur de vous rendre ; c'est moi qui suis votre redevable

JEAN DE BRY.

Mons, 14 juillet 1827.

V

Monsieur le Préfet,

Les formes de remerciemens sont épuisées. Mais j'en sais une de nouvelle espèce qui vous conviendra mieux que les autres. Vous m'avez sauvé et je m'y attendais.

Je charge Mr. fénier de recevoir de vous la somme de quatre cent francs que vous voulez bien me prêter pour quelques mois, et je vous prie de considérer cette lettre comme mon billet et comme mon « récépisse. »

Je vous prie encore d'une chose, et je suis sûr que vous ne me refuserez pas ; c'est de me dispenser des protestations, qui ne signifient plus rien au point où j'en suis envers vous ; en mourant pour vous, je ne m'acquitterais pas.

J'ai tort ; il y a une chance encore, et je commence à la croire possible, qui m'acquitterait d'une manière propre à flatter votre cœur. C'est le bonheur de ma femme, c'est le mien que j'aimerai tant à vous devoir !

Daignez agréer, Monsieur le Préfet, etc.

CHARLES NODIER.

Dole, mercredi 19 mai 1809.

VI

Dole, 24 mai.

Monsieur le Préfet,

Vous aviez daigné me faire écrire par Mr. Lagrenée que vous teniez à ma disposition quatre cent livres que j'avais osé vous demander à emprunter pour trois mois ; j'ai prié Monsieur Fénier, employé du payeur, de les recevoir chez vous, et de vous en remettre mon acquit ; Mr. Fénier me répond que sur la présentation de ma lettre, vous vous êtes expliqué négativement ; je ne sais à quoi a pu tenir ce changement de disposition à mon égard dans votre cœur, mais quelque funeste que soit pour moi, il ne peut rien diminuer de ma reconnaissance ; vous ne pouvez pas avoir conçu une seule intention qui ne me soit chère et respectable.

Cependant, je vous l'avoue, je m'accoutumerai difficilement à croire que la réponse de Mr. Fénier ne soit pas un mal-entendu, et c'est pour m'en éclaircir que je prends encore la liberté de recourir à vous.

Il n'y a point de malheur, au reste, qui puisse maintenant m'ébranler, si ce n'est celui que me fait redouter ce que je viens d'apprendre ; mon cours inutilement annoncé à Dijon, mes frais d'établissement perdus, tout mon avenir détruit, ma vie même compromise, n'ont rien en cela qui m'épouvante, mais aurais-je perdu votre amitié, qui était désormais ma seule fortune et mon seul bonheur.

Veuillez, etc.

CHARLES NODIER.

VII

Dôle, 27 juillet.

Monsieur le Préfet,

Son Excellence le ministre de la police générale vient de notifier à M. le Préfet du Jura la levée de ma surveillance. C'est à vous que je dois ma liberté. C'est à vous que je consacre tout l'usage que j'en ferai à l'avenir.

Si j'ai jamais regretté de ne pas me sentir appelé à jouir de quelque gloire, c'est maintenant qu'il me serait si doux d'attacher le sceau de ma reconnaissance à tous mes succès, et que je me trouve si malheureux de n'avoir que ma vie à vous offrir.

Permettez-moi d'espérer, Monsieur le Préfet, que la sincérité de mon dévouement pourra vous engager à en excuser l'impuissance.

J'ai l'honneur d'être avec les sentiments les plus respectueux, Monsieur le Préfet, votre très humble et très obéissant serviteur.

Charles Nodier.

VIII

Lons-le-Saulnier, 16 aoust.

Monsieur le Préfet,

Je m'étais engagé avec moi-même à ne jamais rien faire sans votre aveu. Cependant, j'ai agi autrement parce que les circonstances pressaient. J'aime à espérer que vous ne me desapprouverez pas.

Un très riche et très savant anglais, nommé sir herbert Croft, qui réside actuellement à amiens, y travaille à une édition correcte et commentée du « Télémaque, » avec toutes les variantes. Instruit que j'avais un dessein, et du moins, des occupations assez analogues, il m'a proposé d'une manière très libérale, et ce qui m'en plait mieux, très affectueuse, d'aller me rejoindre à lui. Tout me plaisait dans ce projet, jusqu'au lieu que j'allais habiter, et qui a eu je crois, l'avantage de produire un homme auquel je suis lié pour toute la vie par la plus vive reconnaissance.

Je vais donc à amiens, Monsieur le préfet; je vais, grâces à la liberté que je vous dois, me livrer à des travaux doux et faciles auxquels je ne puis devoir jamais ni « une réputation, » ni « une fortune, » mais qui m'assurent l'aisance d'une heureuse médiocrité, et les succès d'un travail qui n'est pas sans avantage quoiqu'il soit sans éclat.

Daignez m'accorder quelques-unes de vos nouvelles. Daignez croire que le désir de vous témoigner un jour tout ce que je vous dois de dévouement, est le seul stimulant qui m'engage à sortir de ma solitude. Ne me refusez pas, si vous pensez le pouvoir, une attestation qui me sera bien précieuse dans ma nouvelle patrie, et permettez-moi de la compter d'avance au nombre des bienfaits dont je vous serai redevable.

J'ai l'honneur d'être, etc.

CHARLES NODIER.

A amiens, rue gloriette.

— Il y a un mois environ que j'eus occasion de parler à M. Boissonade, professeur de littérature grecque et rédacteur des articles signés M dans le *Journal de l'Empire*, du commentaire de La Fontaine que je venais d'achever. Comme je savais de M. Arnould que ce travail était attendu, et que la priorité pourrait m'être favorable, je m'empressai de m'inscrire pour obtenir qu'il fût mis à l'usage de l'instruction; c'est ce qui m'est à peu près promis — mais il ne s'agit point de cela.

Au moment où j'écrivais cela et où je finissais par dire que je pensais de loin à en faire autant pour *Télémaque*, sir Robert Croft, Anglais de la plus vaste érudition, et de la plus grande fortune, puisqu'il a, dit-on, près d'un million de rente, mandait la même chose à M. Boissonade, sauf une petite interversion. Il en était au neuvième chant de *Télémaque* et pensait à La Fontaine pour l'avenir. Il ajoutait qu'il lui manquait un secrétaire intelligent; un peu grammairien, un peu bibliographe, et que si le secrétaire qu'on lui trouverait était, par hasard, un homme de lettres malheureux, il le traiterait de la manière la plus libérale.

M. Boissonade fut frappé du rapprochement et il en profita pour me servir; il répondit donc, même sans m'avoir prévenu, au chevalier Croft que j'allais lui être indispensable, qu'il fallait à quelque prix que ce fût, qu'il m'attachât à lui, et mille choses aussi pressantes. Mais ici les hasards s'entassent d'une manière qui tient du miracle. Quoique le chevalier Croft soit fort âgé, il a encore l'âme d'un jeune homme. Il est sensible et enthousiaste, et lady Hamilton, qui habite avec lui, petite-fille d'un homme de lettres célèbre, et célèbre elle-même en Angleterre par ses ouvrages, ne le cède point au chevalier en exaltation. De là leur goût pour de très faibles écrits, très justement oubliés, qui n'avaient d'autre mérite qu'un peu de chaleur. Quoiqu'il en soit des romans, dont je n'ose pas te rappeler le titre, faisaient la lecture favorite de mes Anglais. Quand mon nom parvient à eux, une lettre surprenante de M. Croft vient me chercher dans mon village. Tout ce que la bonté a d'expansif, tout ce que la générosité a de noble et de libéral, s'y rassemble avec profusion. Cependant il ne détermine rien, mais il offre tout, et il attend mon aveu comme un service signalé.

Ma réplique ne se fait pas longtemps attendre, et je fais tous mes efforts pour la rendre de la lettre qui l'a sollicitée. Une troisième lettre termine tout, et quand celle que je t'écris sera finie, je monterai dans la voiture qui me conduit à Amiens.

Voici les conditions que M. Croft m'a fait tenir par un intermédiaire, de crainte que leur modicité ne me rebutât, mais sauf à moi d'y ajouter ce que je trouverai convenable.

Nous aurons, ma femme et moi, un appartement meublé par sir Croft, indépendant du sien, et dans lequel, outre toutes les choses nécessaires de la vie, outre nos repas que nous prendrons en commun avec lui et milady Hamilton, il mettra à notre disposition un ou deux domestiques, plus un cheval et une voiture. Je toucherai 400 francs par mois; et, quand nos éditions seront achevées aux frais de sir Croft, j'entrerai en moitié dans le bénéfice. Enfin, il m'adresse 600 livres sur Lons-le-Saulnier et m'annonce 600 livres à Paris pour les frais de mon voyage. Ce qu'il y a de mieux, c'est que mon état n'aura rien de précaire, rien d'instantané. C'est pour tout le cours de sa vie que M. Croft, deux fois marié, deux fois père et deux fois privé de femme et d'enfants, m'offre de partager sa maison et toute son existence sans restriction. Tu vois que cet état peut paraître assez avantageux, et que mes dettes vont se payer bon train, si mes créanciers ne me gênent.

(XXVe lettre à Weiss.)

IX

Monsieur le Préfet,

J'ai pris la liberté de vous annoncer, il y a près d'un mois, un événement qui changeoit tout l'ordre de ma vie. Le hazard le plus extraordinaire m'a placé auprès d'un homme, distingué par ses lumières, et qui m'a fait l'honneur de croire que le concours de mes travaux ne seroit pas inutile au succès des siens. Les bontés du

Chevalier Croft ont infiniment passé mon attente; je jouïs d'une existence pleinement heureuse, et je dois trop à votre amitié et à vos conseils, je compte avec trop de certitude sur l'intérêt que vous voulez bien prendre à moi, pour être heureux quelque part sans vous en instruire. Il semble même que depuis l'instant où vous avez daigné m'honorer de votre protection, toute mon existence s'est renouvellée, et que ce bonheur a influé sur tous mes bonheurs. J'ai appris à paris que ma surveillance étoit définitivement levée sans restriction; j'ai appris à amiens que j'étois nommé à la chaire de rhétorique de poligny, et je n'ai pas reçu de la Providence un bienfait, où je n'aie reconnu votre généreuse médiation. Je n'ai point profité de celui-ci, parce que j'étois trop bien, pour desirer mieux. Je ne profiterai même point de l'offre que l'on me fait d'une place de professeur d'histoire naturelle dans une de nos premières universités, parce que ma vie et ma fortune sont désormais assurées, d'une manière plus brillante, et non moins solide. Le Chevalier Croft, que son caractère d'ecclesiastique, sa considération d'homme de lettres, et son attachement zélé pour le gouvernement françois, ont fait distinguer très honorablement parmi ses compatriotes actuellement en france, a obtenu l'authorisation de réaliser chez nous son immense fortune; et se propose d'établir à paris, dès le cours de cette année, une imprimerie classique, d'où sortiront des éditions somptueuses et strictement correctes de tous les maîtres de notre langue. Comme il est en état de faire pour cette entreprise des avances considérables, et que ses connoissances universelles le rendent capable de porter au plus haut degré de perfection tous les projets qu'il embrassera, je ne doute pas plus que lui que ses presses ne soutiennent bientôt la concurrence avec celles de Didot et d'Ibarra. Il a voulu que cet établissement s'entreprît sous notre nom commun ; et maintenant, ce qui est plus extraordinaire, mais ce qui n'est pas moins vrai, il exige de moi que je vous fasse part du dessein où il est de m'adopter pour me transmettre ses biens. Cette nouvelle fortune me trouveroit mal disposé à profiter d'elle ; j'ai besoin du repos et de la médiocrité sans laquelle il n'y a point de repos. Aussi, je vous jure, Monsieur le Préfet, que je suis bien disposé à faire tout ce qui sera en moi, pour me dispenser d'être trop riche ; mais ces circonstances me touchoient de trop près, et elles sont d'ailleurs trop propres à vous donner une idée précise de ma situation actuelle, pour que je néglige de vous en faire part.

Le Chevalier Croft a l'honneur de connoitre fort particulièrement Monsieur Quinette, préfet de la Somme, et votre ami ; je crois que le Chevalier lui a dit que j'étois assez heureux pour être connu de vous, et c'est, sans doute, à cette recommandation que je dois quelques marques d'intérêt et de bienveillance que j'en ai reçues.

Daignez, etc.

CHARLES NODIER.

Amiens, rue Gloriette, 28 septembre.

— As-tu jamais cherché à te faire une idée distincte de Sterne ? Eh bien ! tu connais presque le chevalier ; la comparaison sera d'autant plus exacte qu'il est, comme Sterne, ecclésiastique et homme de lettres ; reste à savoir si Sterne était bon comme lui.

Voilà notre maison. Le chevalier sexagénaire, vif et très bien portant, simple, ouvert, loyal, comme M. Friport ; un esprit aigu, pénétrant, toujours occupé, toujours plein de découvertes et de projets ; des connaissances illimitées ; une mémoire effrayante ; une activité infatigable ; une application continuelle, exagérée, incroyable, qui s'attache aux détails les plus fugitifs, qui saisit les aperçus les plus minutieux ; un tact unique des délicatesses du langage, instinct malheureux qui ne laisse rien échapper, qui voit partout des fautes et qui les prouve ; au total, un homme rare, excellent, distingué sur tous les rapports, que personne ne pourrait refuser comme professeur, et que tout le monde voudrait pour ami.

Lady Mary Hamilton, petite-fille de l'homme de lettres de ce nom, nièce de lord Hope, parente du duc de Cumberland, alliée à la maison royale, auteur de douze volumes sur l'éducation, publiés en Angleterre, et pillés en France ; plus que septuagénaire, mais propre, fraîche et presque jolie ; un ange incarné sous la forme d'une femme, ce qui est encore plus extraordinaire ; l'âme la plus noble, la plus élevée, la plus généreuse, et en même temps la plus simple, la plus modeste, la plus naturelle ; un esprit riche, cultivé, ingénieux, fécond, et peut-être trop fécond ; mais qui impatiente en quelque sorte, à force de se défier de lui-même.
— Que te dirai-je ? On peut donner une mesure plus ou moins satisfaisante des qualités du Chevalier, mais pour lady Mary cela est au dessus des forces humaines.

Lady Bell Hamilton, fille de lady Mary, épouse du général de Jony, auteur de la *Vestale*, est un de nos aimables chansonniers. Excellente femme, digne d'avoir lady Mary pour mère.

(XXIXe lettre à Weiss, Amiens, 10 septembre.)

X

Amiens, rue Gloriette, huit octobre.

Monsieur le Préfet,

Vous ne savez rien faire qui ne porte le sceau de votre excessive bonté. Vos lettres mêmes sont des bienfaits, et c'est de ceux-là que je suis le plus fier, et, peut-être, le plus reconnaissant. Celle que je viens de recevoir de vous a porté le plaisir et l'enthousiasme dans toute notre petite famille. Nous l'avons relue souvent avec de nouvelles larmes de joye et d'attendrissement, et il n'y a point en cela d'hyperbole. Mes expressions sont plutôt en défaut par l'excès contraire. Graces au ciel, je vis au milieu de gens qui comprennent mon cœur, et qui vous aiment déjà comme moi, s'il est possible. Monsieur le chevalier Croft qui a l'ame non moins élevée que l'esprit et qui sait aussi bien apprécier le beau en moral qu'en littérature, vous supplie d'agréer l'assurance de sa considération et de son dévouement. Cet hommage peut plaire à votre sensibilité, Monsieur le Préfet, car il est, sans doute, bien agréable d'inspirer, partout où l'on est connu, de semblables sentimens. Vous l'accueillerez avec d'autant plus de bienveillance qu'il vient, non seulement d'un homme recommandable par une érudition immense et par d'importans travaux, mais encore d'un excellent françois. Monsieur le chevalier Croft est connu par des écrits pleins de chaleur à l'honneur du gouvernement de notre patrie. La question du « consulat à vie » lui a fourni l'occasion d'exprimer d'une manière très vive sa vénération pour le chef de l'état, et il a attaqué l'infame système de « guerre perpétuelle » dans un écrit qui réunit la logique pressante et la piquante ironie de pascal. Vous voyez que ce n'est pas le cas de lui appliquer le « timeo danaos, » et qu'il est plus juste de dire de lui ce que disoit d'un homme célebre, un historien ancien : qu'il excella dans tout ce qu'il entreprit, et qu'il n'eut d'autre tort aux yeux des Romains que d'être né à Carthage.

Votre touchante lettre a été montrée avant-hier à Monsieur le Préfet de la Somme ; dès le même jour, il a eu la bonté de me faire engager à l'aller voir, et j'ai passé hier, auprès de lui, une partie de la matinée. Je n'ai pas besoin de vous dire de quelle manière j'en ai été reçu ; j'avois dans votre recommandation un garant certain de sa bienveillance, et il m'en a donné les plus grands témoignages. Il a fait plus. Il m'a promis que je vous retrouverois tout à fait en lui, et c'est la seule chose qu'il m'ait dite dont j'aie cru pouvoir douter. Mais, en tout, il m'a paru digne d'être aimé de vous, et c'est le plus bel éloge que je connoisse. Aussi emploirai-je tout le reste de ma vie à le mériter.

Ainsi, vous ne vous contentez pas d'avoir été tout pour moi, à Besançon. Vous me donnez encore un autre « vous-même » à amiens, et votre protection a cela de commun avec celle de la providence. On la retrouve partout. Eh bien, je ne sais qu'une manière de vous témoigner combien je suis sensible à cette bonté attentive, dont les soins m'accompagnent dans tous les endroits où je vais, pour y faire mon bonheur, presque sans que je m'en mêle. C'est de vous donner un « moi-même » aussi. Je prens la liberté de vous recommander ce pauvre Weis qui joint beaucoup de science à beaucoup de modestie, et qui a, par dessus tout cela, le mérite plus vrai d'être le meilleur des hommes. Il y a dix ans qu'on employe sa plume à copier des règlemens de police, et Dieu sait si la plume de Weis est capable d'autre chose !

Daignez agréer, etc.

CHARLES NODIER.

— J'ai réfléchi sur tes lettres, sur ta situation, qui me paraît précaire, ennuyeuse, insuffisante ; mais tu n'as pas de grandes passions, tu n'as même pas de grands besoins. Une place de quinze à dix-huit cents francs te suffirait jusqu'à nouvel ordre ; le nouvel ordre, c'est quand je serai riche, et ce sera bientôt. J'ai écrit à M. De Bry de faire cela pour toi. Je suis sûr qu'il le fera, s'il le peut ; s'il ne le peut pas, je le ferai, moi, soit à Paris, soit ici. Rassure-toi donc : avant peu j'aurai assez, et quand j'aurai assez, tu auras trop.

(Lettre à Weiss, Amiens, 9 octobre.)

XI

Amiens, 31 mai 1810.

Monsieur le Préfet,

Des circonstances toutes nouvelles vont me forcer à quitter Amiens où je suis arrivé sous les auspices de votre amitié. J'ai fait du moins ce que j'ai pu pour m'y rendre digne de mon protecteur, et pour n'y pas démentir sa bienveillance. Tout obscur que je suis et que j'aime à être, j'ai même obtenu des marques d'estime dont je suis fier de vous faire part, puisqu'elles justifient un peu l'attachement trop flatteur dont vous m'avez donné tant de témoignages. J'étois membre de la Société d'émulation d'Amiens, depuis l'époque de mon arrivée. Celle d'Abbeville m'a associé, il y a deux mois ; et plus récemment, j'ai été appelé à l'Académie, où je ne connaissois personne, et où je n'avais de titres que ceux que votre généreuse protection m'a prêtés. « Voilà bien de la gloire », et si cela vous fait quelque plaisir, voilà certainement « bien du bonheur ».

Au reste, c'est là le beau! (on peut citer l'Intimé dans la patrie de Petit-Jean.) Le reste de mes affaires a moins prospéré, et sauf mes gloires académiques, il me reste peu de chose de mon voyage en Picardie et de toutes ses espérances. Je dois vous expliquer cela.

Milady Hamilton et le chevalier Croft m'aiment à peu près comme leur fils ; et, moi, qui ne suis pas en arrière, en affection, toutes les fois que je le peux (Dieu me permette de vous le prouver !), je les aime beaucoup aussi. Or, comme il arrive rarement que les circonstances tournent aussi bien qu'elles devroient pour ceux que j'aime beaucoup, il est arrivé qu'elles ont fort mal tourné pour ceux-ci. La difficulté de communications avec l'Angleterre les avait mis mal à leur aise. Une banqueroute de dix neuf cent louis les a sérieusement gênés. En pareil cas, j'étais de trop dans une maison déjà très embarrassée de ses charges particulières ; on ne me l'aurait pas dit, mais je l'ai dit et je m'en flatte ; plus heureux d'être pauvre dans mon village, que de jouir ailleurs des privations des autres. Je ne fais pas le modeste sur cette « belle et bonne action » parce que ce n'est pas à Besançon qu'on lui donnera cette couleur, et que je ne veux pas qu'elle soit dénaturée « pour vous ». Une lettre du chevalier Croft confirmera d'ailleurs la mienne, et caractérisera, peut-être, encore mieux ma conduite. Pardonnez-moi d'être si fier : je suis assez malheureux pour cela ; et le pire de mes malheurs, ce serait d'être avili à vos yeux.

Après tout ceci, je dois vous dire que j'ai refusé deux places pour demeurer avec milady et le chevalier ; qu'ils le savent très bien ; et que le dérangement de leur bien être n'est qu'un malheur momentané. Je ne suis donc pas « sans ressources prochaines », et j'en manquerais de ce côté qu'il me resterait encore mes manuscrits très perfectionnés, mes études portées plus loin depuis un an que pendant tout le reste de ma vie, une grande facilité de travail, une grande simplicité de goûts ; et une conviction profonde et sure de ce que je puis à l'avenir.

Voilà mon histoire. Il y aurait bien quelque chose à y ajouter. C'est que votre pauvre pupille n'est pas assez riche aujourd'hui pour s'affranchir des obligations qu'il a contractées envers vous, il y a déjà bien longtemps, et qu'il en a grande honte. Daignez me rassurer, mon noble patron ! Je suis homme à me consoler tout de suite de ma misère, si elle ne vous indispose pas contre moi, et si vous voulez, comme moi, la prendre un peu en patience.

Croyez, je vous en prie, au sincère dévouement et à la respectueuse affection de votre fidèle

CHARLES NODIER.

XII

Monsieur le Préfet,

Je prends la liberté de vous soumettre le prospectus d'une curiosité bibliographique assez intéressante dont j'aurai l'honneur de vous offrir le premier exemplaire à votre retour.

Je crois que ce monument unique de la typographie franc-comtoise, convient assez bien à une bibliothèque publique, et il dépend de vôtre bonté de l'y faire placer.

Je suis plus sur encore qu'un seul mot de recommandation de vôtre bouche encouragerait plus d'une des personnes qui ont le bonheur d'approcher de vous à augmenter le nombre de mes souscripteurs, et à seconder les efforts que je fais pour le progrès et la gloire des arts dans mon pays.

Je ne m'adresse jamais à vous que pour vous demander des grâces. Mais il ne m'en coûte pas de tout vous devoir. Je sens que la reconnaissance est un plaisir, tout aussi bien qu'une obligation.

J'ai, etc.

Charles Nodier.

21 septembre.

XIII

Quintigny, mercredi.

Monsieur le Préfet,

Vos bienfaits sont venus me chercher dans mon hameau ; je m'étais retiré ici avec ma femme dans l'intention d'y terminer enfin un ouvrage qui m'est devenu bien cher depuis que vous en avez accepté l'hommage ; aujourd'hui, je vous dois la possibilité de vivre ailleurs, et je manquerais à vos intentions si je n'en profitais pas ; mais je ne puis vous dissimuler que je trouve à ma retraite un charme qui m'empêche de m'en séparer si vite, et que je doute d'ailleurs que je puisse achever autre part tous mes travaux commencés, avec la liberté d'esprit qu'ils exigent ; le terme de l'année scholaire est enfin trop voisin, pour que je puisse ouvrir un cours avec avantage, et je n'ai presque pas hésité à reculer mon voyage à Dijon jusqu'au delà des prochaines vacances, quoique ce retard doive prolonger de trois mois, peut-être, la créance que vous avez eu la bonté de me laisser contracter envers vous. Quant à cette créance en elle-même, c'est, je crois, la seule qui ne m'ait pas pesé, parceque je trouve du bonheur à vous être obligé de toutes façons. Au reste, si on peut s'acquitter à la longue, à force d'affection et de dévouement, je ne serai pas trop en arrière.

Berthaud m'a fait part de vos intentions au sujet de mon manuscrit. J'avais déjà senti que certaines idées, échappées à la fougue de la composition ; certaines vues de perfectibilité, incompatibles avec l'état actuel de la société, et peut-être même avec son état possible ; certaines théories ouvertement opposées à des principes reçus en philosophie politique, et surtout en religion, pouvaient vous rendre la dédicace de cet écrit plus facheuse qu'agréable ; j'ai modifié en conséquence dans mes nouvelles copies ce que j'ai cru trop hazardé ; je vous soumettrai incessamment la dernière, et je vous conjure de ne pas épargner ce qui m'échappe, et de biffer impitoyablement ce que vous n'approuverez point ; non que je sois dans l'intention de subordonner absolument ma pensée aux pensées convenues, mais parce que j'ai ici le ferme dessein de la subordonner aux vôtres en particulier, et que je regarde plutôt ma « Théorie de l'Alphabet naturel » comme un monument du repos que je vous dois, et de la reconnaissance que je vous consacre, que comme un ouvrage « ex professo ». J'ai été peu timide, cependant, sur ce qui concerne les systèmes théogoniques, et les religions anciennes ou modernes, parce qu'il me semble qu'on accorde en ce genre une assez grande carrière aux opinions de toute espèce, et qu'il entrait d'ailleurs essentiellement dans mon plan de dire la « vérité tout entière » sur ce que j'ai cru remarquer « de l'influence réciproque des cultes et du langage ». La manière dont cette question est traitée, soit particulièrement, soit dans ses rapports avec les autres, est toutes fois peu choquante pour les esprits « croyants ». La matière est trop abstraite pour exciter l'attention, ou ébranler la foi d'un homme médiocre ; la critique est trop décente pour déplaire à un esprit élevé. Je ne serai donc condamné que par ceux qui ne m'auront pas lu, au moins sous ce rapport ; et c'est une consolation.

Pardonnez-moi de vous écrire de si longues lettres ; je crains d'avoir été privé de quelqu'une des vôtres; mon isolement m'y expose. Au reste, si vous daignez m'accorder encore de temps en temps, et dans vos moments perdus, ces témoignages d'une affection qui fait mon orgueil et mon bonheur, oserai-je vous supplier de les mettre sous le couvert de M. le Secrétaire Général du Jura, qui reçoit pour moi mes lettres à Lons le Saulnier? Vous voyez bien que je pousse la confiance en vous, jusqu'à une indiscrétion importune; mais de tous les services que j'ai reçus de vous, de toutes les marques de tendre protection que vous m'avez accordées, je n'en recevrai jamais de plus chères que vos lettres, puisque je leur dois le plaisir de penser quelques fois que je vous vois, et que je vous entens encore (*).

J'ai l'honneur, etc.

Charles Nodier.

XIV

Quintigny, 5 novembre 1811.

Mon noble ami,

C'est trop peu d'une longue et dangereuse maladie pour me justifier auprès de vous d'un silence qui peut avoir l'apparence de l'ingratitude. Il faut avouer qu'il s'est mêlé quelque honte à ce motif et que le regret de

---

(*) C'est sans doute à cette lettre qu'il faut rattacher le Mémoire que nous publions à la suite de la correspondance.

si mal répondre à vos bontés m'en a rendu plus indigne encore. C'est peut-être à vous qu'il faut s'en prendre enfin, si, après avoir épuisé toutes les expressions que la langue peut fournir à la reconnaissance, je me trouve si arriéré avec votre bienveillante amitié; et si je suis réduit à craindre en vous écrivant que mes termes ne fassent tort à mes sentiments.

Je prens la liberté de vous adresser cette lettre par un de mes amis d'enfance, Mr. l'Avocat Goy de Lons-le-Saulnier. Je ne crois pas qu'il ait l'occasion de solliciter votre protection, mais il désire vivement de vous voir, et je vous jure qu'il en est digne. Il y a plus. C'est moi qui lui ai spontanément offert de le présenter à vous. Un des jeunes gens les plus estimables, et selon moi, l'homme le plus instruit de l'ancienne province, vous appartenoit de droit.

Mon cœur est connu de lui, et je suis sûr qu'il l'interprètera mieux que ma plume ne le feroit. Il vous dira, Monsieur le Préfet, avec quel zèle toutes mes facultés vous sont dévouées, et combien je serois fier de pouvoir vous prouver au prix même de ma vie le fidèle et respectueux attachement avec lequel j'ai l'honneur d'être,

Monsieur le Préfet,

CHARLES NODIER

XV.

Mon noble et généreux ami,

Je me hazarde rarement à troubler vos utiles travaux, et vos loisirs non moins utiles; mais je ne m'y hazarde jamais sans recevoir de nouvelles preuves de vos bontés. — Comme le bonheur encourage, je recommence toujours.

Un des grands élémens de mon bonheur, c'est le bonheur de mes amis. Voilà pourquoi je ne recours presque jamais à vous sans avoir une nouvelle recommandation à vous faire. De mon côté, je sais que ces instances ne vous déplaisent pas, et que votre excellent cœur y prend autant de plaisir que moi. Cette idée m'enhardit encore.

Depuis que je suis éloigné de vous, j'ai contracté peu d'attachemens. Mon cœur en conservoit qui rendent très difficile, et quand on n'est pas bien heureux, on a rarement le choix. Il y a cependant dans ce pays-ci un homme à qui j'aurois été lié par penchant, si je ne lui avois été dévoué par reconnoissance, un savant homme et qui plus est un estimable homme; votre collègue à l'Académie de Besançon, ce qui est un titre puisque vous en êtes; Béchet, Secrétaire Général de la Préfecture du Jura.

Béchet, qui ne se doute point que je vous écris cette lettre, est sur le point de quitter sa place pour aller s'établir à Besançon, où trois circonstances fort impérieuses pour lui le décident à y finir sa vie. Il y est propriétaire, et c'est la moindre considération de toutes ; mais sa femme y est née, y est rappelée par le souvenir de ses premières affections ; et là seulement l'éducation d'un fils unique qui occupe toute sa pensée peut être terminée d'une manière conforme à ses désirs.

Béchet jouit d'une existence fort indépendante, et la place qu'il exerce actuellement n'ajoute rien d'essentiel à son bien être. Il peut donc se promettre à Besançon une vie fort douce, et il y compteroit sans doute, si l'habitude du travail n'étoit pas devenue pour lui une des nécessités de la vie.

Il y a vingt-deux ans qu'il est employé dans les administrations, et vous le savez, sans doute, d'une manière très honorable. Continuellement attaché pendant le cours de la Révolution aux principes sages, mais trop généralement mal-entendus, qui l'avoient déterminée, il ne s'est pas fait moins remarquer depuis le dix-huit brumaire par son dévouement à son souverain. Il auroit peut-être lieu de compter, après une si longue et si utile activité, à une de ces justes récompenses qui couronnent, dans tous les bons gouvernemens, les travaux d'un vieil administrateur, et dont je vous ai entendu vous-même, Monsieur le Préfet, remarquer très judicieusement la nécessité ; je veux dire à une place plus distinguée que lucrative, plus riche d'estime que d'appointemens ; à un emploi de retraite qui puisse exercer encore avantageusement son intelligence et son zèle.

Il a souvent laissé pénétrer ce désir à ses amis, sans le révéler jamais tout à fait. Nous l'avons recueilli, parce que nous savons que son accomplissement peut contribuer beaucoup au bonheur d'un des hommes les plus honnêtes que nous connoissions, et que le bonheur d'un honnête homme est le plus digne soin qui puisse occuper de bons cœurs.

On assure que Mr. Bruand, conseiller de Préfecture, est dans l'intention de se démettre de sa place ; et que cette place, inférieure à celle de Béchet par les appointemens, et je crois aussi par l'ordre hiérarchique de l'Administration, n'est pas de nature à exciter des sollicitations bien actives. Il n'y a pas de doute qu'elle ne doive se donner sur votre avis, et peut-être que vous n'en disposiez tout à fait. Que je serois heureux si je pouvois obtenir de vous que vous indiquassiez Béchet pour la remplir, et quel avantage pour lui de vous connoître de plus près et de vous voir tous les jours ?

Il y a sans doute bien de la présomption à vous adresser de semblables prières ; mais je porte cette présomption bien plus loin, car j'espère qu'elles seront exaucées, et même que vous me saurez quelque gré de vous les avoir faites. Béchet est digne de vous.

Pardonnez-moi encore cette fois, mon cher Protecteur, et daignez recevoir l'assurance des sentimens d'éternelle reconnoissance et d'affection respectueuse avec lesquels,

J'ai l'honneur, etc.

CHARLES NODIER.

Quintigny, près Lons-le-Saulnier, 1ᵉʳ mars.

XVI

Mon noble ami,

Je ne vous écris pas aujourd'hui « pour vous écrire »; je vous écris pour vous remercier.

Quel homme vous êtes et quel prix cette aménité de cœur, cette familiarité douce et touchante à laquelle vous savez descendre donne à vos autres qualités! et que vous avez le don de me rendre heureux!

Pourquoi ne puis-je pas lire à Béchet ce que vous m'avez écrit? Il serait heureux aussi lui qui sait vous aimer et qui est fait pour cela. Je le lui lirai un jour.

Oui je vous écrirai « pour vous écrire »; mais il faut pour cela que je ne sois pas trop occupé d'un sentiment qui me presse et aujourd'hui je ne suis occupé que de ma reconnaissance.

Croyez, mon noble ami, qu'il y a une pauvre chaumière dans le Jura où l'on vous connait à peine et où l'on vous aime comme dans les endroits où l'on vous connait le plus.

Comptez sur le dévouement sans réserve du plus sincère et du plus affectueux de tous ceux qui vous aiment.

CHARLES NODIER.

Quintigny, 14 mars 1812.

XVII

Mon noble ami,

J'ose rarement vous écrire parce que ma « destinée » est coupable envers vous. Pardonnez moi les torts que j'expierai bien vite quand la fortune m'aidera.

Elle me sourit enfin, cette fortune que je ne caresserois point si elle ne portoit dans ses mains qu'une coupe d'or; mais à laquelle il faut bien arracher un morceau de pain pour mes enfants.

Trois ans de retraite absolue dans un hameau, et presque sans communication avec le monde, m'ont convaincu que je saurois supporter la prospérité, car je ne l'ai pas désiré une fois.

Celle qui me tire de ma solitude est purement relative. Mes « questions de littérature légale » dont il a été rendu un compte trop honorable dans le « Journal de l'Empire » du 23 août ont attiré je ne sais comment une espèce d'attention. Elles vont se réimprimer, et les ouvrages qui s'annoncent à la fin de l'article me sont demandés avec quelque empressement par les libraires.

Mes « Commentaires de La Fontaine » avaient eu à subir une facheuse concurrence, celle d'un écrivain beaucoup plus connu et beaucoup mieux connu que moi. Cette concurrence m'est devenue avantageuse, car je profiterai de ce qu'il y avait d'utile dans mon compétiteur tombé, et je profiterai bien autrement de ses fautes.

Le chevalier Croft est établi à Paris où nous devions nous réunir et où son amitié m'appelle.

Etienne m'attache à la rédaction des journaux. Tout le monde me répète que je dois à ma famille d'aller aux dépens du seul bonheur que je connoisse, le repos et la liberté, chercher des ressources pour l'avenir dans un pays où l'on m'assure le présent. J'irai.

J'ai besoin de votre amitié, de vos conseils, de vos recommandations. Ne les épargnez pas, car je les justifierai toutes. Donnez-moi des protections et surtout des amis. On ne peut se passer de protections à Paris et d'amis nulle part.

J'aimerai ceux que vous aimez et je m'en ferai aimer peut-être. O ! j'aurai à cœur de me montrer digne de vous.

Pardonnez moi encore de ne vous écrire jamais que pour des grâces. J'ai besoin de tant de choses et vous en pouvez tant ! mais il n'y a point de grâce qui me soit aussi précieuse que votre attachement. Conservez-moi celle là au prix de toutes les autres.

Daignez agréer,
  Monsieur le Préfet, etc.
        CHARLES NODIER.

Quintigny près de Lons le Saulnier, Jura.
15 septembre 1812.

XVIII

Paris 24 janvier 1828.

Mon cher et Illustre Protecteur,

Vous attachez trop de prix à la faible et imparfaite expression des sentiments que vous m'avez inspirés, et que partagent avec moi tous ceux qui vous ont connu. J'espère leur attacher un jour un sceau plus durable, plus digne de vos bienfaits, plus digne de ma reconnaissance, plus honorable pour mon cœur qui ne s'est acquitté et qui ne s'acquittera jamais. Ce n'est pas avec de l'encre qu'on peut reconnaître tant de touchantes bontés auxquelles j'ai dû le terme de mes malheurs et qui en embellissent le souvenir. Mais croyez, noble De Bry, que cette obligation ne me pèse pas, et que je n'ai à cœur d'en racheter quelque chose, à force de tendresse et de dévouement, que pour vous prouver que j'étais digne de la contracter, et que je n'ai jamais trompé votre estime, même quand l'ardeur de quelques opinions mal raisonnées, ou la poignante de quelques blessures encore saignantes (la destitution et la mort de mon pauvre père!) m'égaraient dans une folle polémique. Aujourd'hui je n'ai reconquis aucun des avantages de position qui commençaient pour moi en Illyrie et que la restauration m'a fait perdre; je suis heureux seulement de ce bonheur inappréciable de l'intérieur que vous sentez si bien et que vous peignez si éloquemment. Je suis heureux d'une modération qui me fait trouver le contentement dans ma petite sphère ou plus-tôt d'une antipathie pour le monde qui me fait craindre tout ce qui m'est pas intime, tout ce qui ne s'est pas « identifié » avec moi. Je suis heureux surtout de votre estime, « de votre amitié », vous l'avez dit ! je compte ces sentimens au nombre des élémens les plus essentiels de mon bonheur.

Je n'ai pas eu le plaisir de recevoir Mr. Lagrenée. Un événement inattendu m'avait forcé à sortir un jour par « exception », et c'est celui où il est venu. Quelques lignes de sa main me promettent que je le verrai; je ne négligerai rien pour cela : vous l'aimez, et vous n'avez pas une affection sur la terre qui ne me prescrive un devoir.

Muller est mon ancien ami. C'est un excellent homme que son attachement religieux pour vous, que l'espèce de culte qu'il professe pour votre nom et pour votre caractère, me ferait aimer, si je ne l'avais aimé d'avance. Il est adopté de toute mon âme. Je n'aspire qu'à lui être utile.

Quelques autres personnes ici peuvent s'associer plus ou moins aux sentiments que nous avons pour vous. Ce bon chevalier de Roujoux, qui était S. Préfet à Dôle, me quitte bien rarement. Il a appris à vivre aux frais d'une plume élégante et spirituelle, et voila sa fortune. Il exige que je le rappelle à votre mémoire.

Nous serions bien heureux tous, si vous preniez sur vos belles études astronomiques, le temps de nous écrire que vous nous aimez encore, et que vous vous entretenez aussi quelquefois de nous dans votre famille. Cela ne viendrait jamais trop souvent et trop ouvertement. Je quitterais demain un pays où je ne pourrais pas me glorifier de votre estime.

Ce qui m'embarasse, ce n'est pas mon commencement, comme cela arriva, je crois, à votre compatriote Petit-Jean. C'est la fin de ma lettre. — Suis-je devenu assez vain — ou assez heureux — pour oser vous dire

tout à vous, noble et cher De Bry,

votre ami, CHARLES NODIER

à l'Arsenal.

XIX

Cher et noble ami,

Je serois bien coupable d'avoir été si longtemps sans vous écrire, si les travaux dont je suis accablé ne me justifioient pas. En effet, j'ai onze volumes sous presse chez sept différens imprimeurs, c'est-à-dire au moins sept feuilles d'impression à revoir par jour, ce qui en suppose à près deux ou trois à faire, mes manuscrits ayant été cédés avant d'avoir été revus. Cela me coûte journellement seize heures de travail et ma santé est fort mauvaise. Jugez s'il me reste quelques momens pour mes plaisirs.

Votre aimable et charmante lettre à notre ami commun me rappelle que je ne vous avois point parlé de ma famille ; je le devois cependant, car il ne m'est pas permis de vous voler des amis, et tout ce qui vit près de moi est accoutumé de vieille date à vous aimer. Ma femme a eu le bonheur de vous voir. Nous parlons souvent de vous. De trois enfants que Dieu m'avoit donnés, il ne me reste qu'une fille de dix-sept ans, grande, forte, assez belle, pleine d'heureuses qualités, et à qui il ne manque qu'une dot. Heureusement, elle n'a pas l'humeur tournée au mariage, et contente du bonheur pur qu'elle goûte entre ses deux amis les plus sûrs, elle ne désire jusqu'ici rien autre chose. Ma sœur qui a eu aussi l'honneur d'être connue de vous est, sinon avec moi, du moins près de moi. Elle a épousé un docteur en médecine, homme d'un beau caractère, et d'un mérite distingué dans sa profession, qui est attaché à ce titre à l'état major de la Garde. Mr. Gaume, ancien secrétaire de la Mairie de Besançon, et qui professe pour vous un inviolable attachement, est établi à Paris et dans mon voisinage avec une fonction publique. Il a une famille nombreuse que nous voyons beaucoup, et où vous êtes aimé et honoré comme dans la mienne. Enfin, mes nouveaux amis qui ne sont pas nombreux, et qui appartiennent à diverses nuances d'opinion, n'en ont qu'une sur votre compte. Vous voyez que vous vivez à Paris dans un cercle assez étendu. Que n'y êtes-vous dès aujourd'hui en personne?

Ces derniers mots vont me servir de transition pour vous entretenir d'une pensée qui est depuis longtemps le plus doux de mes rêves, et que j'ai à cœur de ne pas laisser sans accomplissement, si elle vous est aussi agréable qu'à moi. Je n'ai pas tiré grand parti de ce qu'un autre auroit pu appeler ses droits, et on n'a réellement fait en ma faveur que ce qu'il étoit impossible de ne pas faire. Je n'ai d'ailleurs rien demandé ; et je suis vierge de sollicitations. Cependant l'occasion ne m'a pas manqué, car depuis 1813, presque tous mes amis ont passé au pouvoir, y compris le duc d'Otrante avec qui je m'étois trouvé en Illyrié, et le duc de Vicence qui avoit pour moi plus que de la bienveillance. Aujourd'hui, Mr. de Martignac m'accorde un sentiment non moins tendre, non moins susceptible de devenir efficace. Je n'ai qu'une chose à solliciter et je crois pouvoir me faire fort de l'obtenir si elle vous convient. « Voulez-vous venir à Paris? »

Faites-moi la grâce, cher et noble ami, de me rappeler au souvenir de Madame la Baronne, et de ne jamais douter du tendre et sincère attachement avec lequel je suis votre fidèle et dévoué

Charles Nodier.

Paris, 12 mai 1828.

— Tu deviens vieux, mon pauvre frère, et c'est trop d'avoir donné une partie de ta vie à la fortune des autres. Il est au moins temps de t'occuper de toi. C'est ce que m'écrivait encore l'autre jour un de nos amis qui me charge de le rappeler à ton souvenir, et que tu ne devinerais certainement pas, — De Bry, qui s'est avisé dans ses vieilles années d'un sentiment qui nous avait toujours portés l'un vers l'autre, et qui, après l'innocent plaisir de lire dans les astres, science qu'il possède éminemment, n'a plus, dit-il, d'autre plaisir que de lire mes lettres et de m'en écrire. Infortuné ! quel homme excellent un seul moment d'aberration a perdu ! et juge du bonheur de l'exilé de 1803, je peux lui rendre une patrie.

(Lettre à Weiss, 1828.)

RÉPONSE DE J. DE BRY

Mons, le 18 may 1828.

Mon cher ami,

J'ay eu besoin de vingt-quatre heures pour me remettre de l'émotion que m'a causée votre lettre. Après treize années de proscription, voir la barrière s'abaisser ! Recevéz, bon et sensible Nodier, recevéz avec mes remerciemens les plus vrais ceux de ma femme et de mes enfans. Votre offre généreuse, et cette noble simplicité d'expression qui caractérise si bien l'habitude des actions élevées, nous ont pénétrés de reconnoissance ;

mais ne soyez pas surpris, si je vous prie de ne pas aller au-delà.

Un jour peut-être, l'acte « ab irato » qui nous a frappés, sera couvert par l'article de la charte qui devoit nous protéger ; alors je pourrai sans contrainte et sans prévision ultérieure, suivre l'impulsion de mes penchans et de mes devoirs sacrés ; porter à l'amitié et à la patrie le tribut d'un vieillard fidèle à leur culte. Jusqueslà, j'en fais le serment, je ne servirai point de prétexte aux interprétations calomnieuses des incorrigibles ennemis de nos libertés ; de mon aveu du moins, mon nom, ou ma présence, ne leur fourniront pas l'occasion d'inculper un ministre qui ne marche pas dans leurs voies, ni d'offenser dans mon ami l'un des talens les plus indépendans de notre littérature actuelle. Pendant toute la durée de mon exil, la France, la belle France n'a pas été un instant absente de mes yeux : Votre lettre, Charles, a achevé de me la rendre, puisqu'en effet elle me donne la facilité d'y rentrer ; mais, vous le sentez, la privation que je m'impose est une dette d'honneur que j'acquitte. Aucun sacrifice ne me couteroit pour elle : « peream dum floreat. »

C'est avec une bien douce satisfaction, qu'en lisant votre lettre, je me suis senti transporté au milieu de votre chère famille et de votre société. Veuillez être mon interprète auprès de toutes les personnes à qui votre attachement communique l'intérêt que vous nous portez ; mais surtout dittes spécialement à madame Nodier combien ma femme et moi mettrons de prix, si l'époque en arrive, à cultiver sa connoissance et mériter son amitié ; joignez, je vous prie, à ce sentiment l'hommage de mon respect. La grande et forte fille qui est restée avec nous, est, je crois, à peu près de l'âge de Mlle Nodier ; elle nous est née à Besançon le 9 décembre 1810. Ce lui seroit une bonne fortune que de puiser près de votre chère enfant, et d'après son exemple, ce que notre position et peut-être un peu l'excessive indulgence ont laissé d'incomplet dans son éducation. Lagrénée chéz qui elle a été passer deux mois l'année dernière peut vous en parler : au surplus c'est une excellente enfant qui fait bien tout ce qu'elle veut ; seulement, il faut qu'elle le veuille.

Je prends une part réelle au bonheur de Mme votre sœur je la prie d'en aggréer l'assurance respectueuse. Je remercie M. Gaume de son bon souvenir ; et je lui en demande la continuation. Bien qu'il y ait ici une L∴, je n'ai ni vu, ni tenté de voir la V∴L∴ depuis mon départ de Besançon. Si je ne me trompe le papa de Raimond n'a point fini son pélérinage il y a au plus un an qu'un M. Montarsolo m'en a donné des nouvelles.

Puisque Muller vous a fait lecture de mon billet, vous avéz vu mon ami que je lui disois « je vis longtemps sur une bonne lettre. » Ainsi maintenant, ne vous généz en aucune manière, j'ay ma provision faite et pour longtems. Ce n'est pas que j'en trouverois jamais de trop, tout au contraire, mais il faut être économe du tems de ceux qui l'employent et de la santé de ses amis. Ne prenéz pas la peine d'affranchir vos lettres, elles arrivent plus vite ici, étant taxées, c'est je crois l'inverse chéz vous.

Muller s'est trompé lorsqu'il a cru qu'en lui parlant

des étranges omissions d'un écrivain aussi recommandable que M. Thiers, j'attribuois le crime de l'assassinat de Rastadt à des émigrés français déguisés en Secklers. C'est une atroce imposture que l'on s'est efforcé de répandre à Vienne lors de l'évènement, et pour en secouer l'infamie sur autrui. Je l'ai formellement démentie à la tribune; on n'a droit à la justice pour soi que lorsqu'on l'observe pour les autres, fussent-ils vos ennemis. (Voy. la table du Moniteur, floréal et prairial an VII.)

A revoir, Charles, ménagéz votre santé, vous la devéz à ceux qui vous aiment, jouisséz du bien que vous m'avéz fait; et croyéz qu'un des bonheurs de ma vie, seroit, qu'avant « ma seconde édition », je pusse vous le rendre.

Tout à vous, et sans réserve,

JEAN DE BRY.

P.-S. Ne m'oubliéz pas près M. le Ch[ier] de Roujoux.

XX

, 19 décembre 1829.

Mon cher et noble ami,

J'ai reçu seulement il y a quatre ou cinq jours la lettre que vous m'avez adressée par M. Lagrenée, et j'ai été si malade depuis ce temps-là qu'il m'a été impossible de tenir une plume. J'étois cependant bien pressé de vous exprimer le plaisir que j'éprouve à vous lire, et à m'assurer que la distance et le temps ne m'ont point effacé du souvenir d'un des hommes que j'aime et que je révère le plus. La dernière ligne seule de cette dernière lettre m'a laissé une douloureuse impression. Pourquoi cet « adieu » que rien ne presse, au moins de votre part, et qui dans la perpétuelle incertitude de ma vie sans lendemain, me paroit à moi-même trop prématuré ? Soixante-dix ans ne sont pas un grand âge, et Lagrenée m'affirme qu'il ne s'est pas fait en vous le plus petit changement depuis que nous ne vous avons vu. Cette fâcheuse pronostication que vous avez jetée entre nous n'a pas quitté mon chevet depuis l'autre jour, et je crois qu'elle y seroit encore si je n'avois pris le parti de la chasser avec une forte résolution. Si je suis en état de me mouvoir au mois d'avril ou de mai prochain, j'irai passer deux jours avec vous à Mons. Il est vrai qu'aujourd'hui rien ne promet que je puisse être alors si ingambe, mais d'un plaisir incertain, l'espérance au moins en est bonne, et je vais vivre trois mois là-dessus.

Je suis bien aise que vous n'ayiez pas été trop mécontent de mes « Esquisses de la Révolution, » et, à dire vrai, c'est en grande partie pour vous que je les écris. Depuis longtemps j'ai adopté une méthode de composition qui ne prête aucune garantie au talent, mais qui me semble très bien trouvée pour maintenir l'esprit dans une assiète ferme et consciencieuse. Je m'imagine que je lis tout ce que j'ai fait, à mesure que j'y mets la dernière main, dans un petit cercle de quatre personnes qui exercent sur moi une influence presque égale par la supériorité de leurs lumières et la sûreté de leur goût, mais que des circonstances diverses ont placé dans la société de manière à leur faire envisager toutes les parties de mon travail sous les aspects les plus différens qu'elles puissent offrir. Cette épreuve décisive pour moi n'est pas sans solennité. Je fais ma lecture à haute-voix dans un salon bien éclairé devant quatre fauteuils où mon imagination n'a pas de peine à voir mes quatre auditeurs. Ils ont été si présens à toute ma vie par leurs excellentes leçons ou par leurs bienfaits ! Vous y siégez en première ligne à côté de mon père que vous avez à peine vu, mais qui, je vous jure, m'étoit aussi supérieur par l'étendue de ses connoissances et l'élévation de son esprit que par la perfection de ses mœurs et de son caractère. Mes deux autres arbitres suprêmes ne sont pas moins dignes de vous être associés dans ce jury intime et familier.

Vous pouvez bien juger qu'ils ont tout droit de m'interrompre, mais vous n'imagineriez pas avec quelle sévère autorité ils en usent, avec quelle docile résignation je me soumets à leurs critiques, bien souvent en dépit de mes petites vanités d'auteur, et de mes petites préventions d'homme du monde. Il est vrai qu'ils sont fort indulgens sur la forme, et que tout en exigeant le mieux quand ils m'en croyent capables, ils ne vont pas jusqu'à me demander ce qui passe la portée de mon foible talent ; mais sur le fond des idées et des sentimens, je vous les garantis inexorables. Ainsi ce n'est pas ma faute si j'écris quelquefois depuis deux ou trois ans des choses qui n'ont pas votre approbation, car vous étiez parfaitement maître de me la refuser. Plaisanterie à part, vous me feriez un vrai chagrin de me retirer cette illusion. C'est, en vérité, le seul charme et le seul prix de mon travail, et je regrette seulement de m'y être livré trop tard, car elle m'auroit épargné bien des sottises. Au reste je n'ai point de regrets. La vie d'un homme qui s'est condamné à communiquer journellement avec les autres par la manifestation de sa pensée, a d'étranges conditions. Il faut bien des erreurs successives pour composer ce qu'on appelle la Sagesse et bien des faux pas pour apprendre à marcher. Le principal n'est pas l'infaillibilité, ce seroit folie d'y prétendre. Le principal, c'est la bonne foi. Sous ce rapport, je suis très content de mon lot, quoiqu'en disent mes amis qui prétendent que j'ai manqué ma vie. Ma vie a été tout ce qu'elle devoit être. Si elle avoit tourné autrement, ce seroit aux dépens de ma loyauté.

On finit d'imprimer un livre de moi dont vous entendrez avant peu dire beaucoup de mal, et qui mérite qu'on en dise tout le mal possible. Celui-là, « je ne vous l'ai pas lu, » et je vous saurai quelque gré de ne pas le lire, quoique bien convaincu qu'un mauvais ouvrage de plus ne m'expose pas à perdre la place que j'occupe dans votre amitié. Voici, entre nous, toute mon excuse pour cette aberration, mais c'est un nouveau bavardage qu'il faut vous décider à subir.

Il y a longtemps que je vous parle de mon état de maladie, sans vous dire en quoi il consiste, et c'est ici un secret pour tout le monde, sauf le médecin philosophe qui m'a jugé assez bien pour ne pas m'en faire mystère. L'infirmité nerveuse qui me tourmentoit dans ma jeunesse, a fini par se calmer avec l'âge, mais cette habitude prolongée de convulsions « héroïques et sacrées », comme il plaisoit aux historiens d'Hercule de les appeler, n'est jamais sans résultats. Elle a produit en moi une lésion grâve du premier orgâne de la vie, c'est à dire une espèce d'agonie permanente dont le dénouement est « partout et nulle part », comme le héros de je ne sais quel roman poétique de M. d'Arlincourt. Dans ce malheureux « statu quo », on m'a interdit toute espèce de travail qui pourroit exciter en moi « la vie d'émotions », et donner lieu à des ébranlemens trop fatigans ; mais, comme je ne puis vivre sans travailler, et « vivre » s'entend ici dans toutes les acceptions du mot, on m'a autorisé à faire « ce qui m'amuseroit », c'est à dire « des riens », genre d'occupation pour lequel j'ai eu de tout temps une singulière aptitude. Par malheur, je ne me suis pas avisé d'abord des histoires fantastiques et des contes de fées qui font maintenant mes délices, et je me suis jeté dans un de ces plans à bâtons rompus, où il n'est pas permis d'être médiocre. Aujourd'hui que le livre est fait, et qui pis est imprimé, je sens à merveille qu'il est aussi mauvais que possible. C'est une suite de rêveries, « ægri somnia, » au milieu desquelles je m'égare en trois personnes, c'est à dire, sous les trois figures principales que tous les hommes cultivés peuvent distinguer dans le phénomène de leur intelligence, l'imagination, la mémoire et le jugement. Dans ma spécialité, cette trinité mal assortie se compose d'un fou bizarre et capricieux, d'un pédant frotté d'érudition et de nomenclatures, et d'un honnête garçon foible et sensible dont toutes les impressions sont modifiées par l'un et par l'autre. Cette idée toute métaphysique est certainement la meilleure, pour ne pas dire la seule du livre, mais elle est si mal exprimée, si confuse, et perdue dans un canevas si décousu, que j'ai hâte d'être le premier à en faire justice. Ajoutez à cela qu'avec un fil pareil dans la main, je ne pouvois que m'égarer dans un labirynthe extrêmement périlleux où mon indépendance universelle et mon « indifférentisme » systématique ne sauroient faire un pas sans heurter plus ou moins quelques idées reçues, quelques institutions et quelques personnes, de sorte que c'est miracle si cette rapsodie ne me cause pas plus de soucis que sa composition ne m'en a fait oublier. Je vous dis tout cela, mon cher ami, parceque vous êtes une des quinze ou vingt personnes, tout au plus, que je crois capables de lire jusqu'au bout, je ne dis pas sans un mortel ennui, mais sans le secours d'un glossaire, cet énorme fatras polyglotte et polytechnique. Quant à nos journalistes qui le jugeront « de haut », selon leur usage, je vous suis caution qu'ils n'y verront pas plus clair que dans un livre iroquois.

Il est donc bien entendu, et c'est à ne vous le pas céler, le but de cette longue précaution oratoire, que si « l'Histoire du Roi de Bohême et de ses 7 châteaux » tombe par hazard entre vos mains, vous ne m'en parlerez pas dans vos lettres. Des trois bêtes qui vivent en moi, la bête qui fait des livres est sans comparaison celle dont le sort m'occupe le moins, mais j'ai besoin d'elle, et je crois que je lui tordrois le cou si elle me mettoit mal dans votre esprit. D'ailleurs, toutes vos lettres sont lues ici, où l'on sait à peu près que je suis auteur, comme on sait que je suis malade, mais où l'on ne connoit, grâce au ciel, ni le nom de mes ouvrages, ni le nom de ma maladie.

Les « Esquisses de la Révolution » sont presque faites, mais j'ai dû n'en laisser paroitre que ce qui pouvoit voir le jour de mon vivant sans inconvénient pour ma position. Ce qui reste inédit sera beaucoup plus curieux, car ce rôle d'entremetteur politique entre les partis, que ma jeunesse et mes formes liantes m'avoient fait conférer au commencement de l'Empire, et que vous caractérisiez d'une manière si heureuse dans mon interrogatoire, en m'appelant « le trait d'union des jacobins et des royalistes », m'a mis à portée de voir bien des caractères et bien des intrigues à nud ; le bonheur de mon organisation, qui, dans ce temps-là même, me faisoit prendre toute intrigue et toute fausseté en horreur, m'a permis aussi de voir les hommes et les choses sous leur véritable côté, à ce point que je ne pense pas qu'il y ait un seul de mes contemporains qui puisse à bon droit se croire aussi impartial et aussi désintéressé que moi dans ses jugemens. Je dirai plus : Je ne suis pas de ceux qui réclament le bénéfice de cette prière évangélique : « Pardonnez-leur, Seigneur, car ils ne savent ce qu'ils font. » Je connoissois à merveille la témérité et la folie de mes démarches. Mon excuse sera dans cet autre passage des Saintes Écritures : « Il lui sera beaucoup pardonné, parce qu'il a beaucoup aimé. » Mon activité, si obscure, et cependant mille fois plus occupée que vous n'avez jamais pu le craindre, n'étoit qu'une fatalité d'affection. Vingt-deux coups de lance m'avoient tout-à-fait affranchi de ce « séidisme » sans réserve, le jour de la bataille de Wagram (*), et la suite m'auroit trouvé aussi impassible que je le suis maintenant, si une ignoble et atroce vengeance de police à laquelle je sais combien vous fûtes étranger, n'avoit pris ce temps-là pour assassiner mon père. Je sens que dans tout ceci, il n'y a encore qu'une énigme pour vous, mais je suis sûr que cette énigme ne sera pas sans attrait pour votre curiosité, et je m'engage à la débrouiller au moins à vos yeux, avant d'aller chercher le mot d'une autre énigme plus importante pour tous les hommes. Je vous étonnerai sur beaucoup de faits dont quelques-uns vous ont touché de très-près, et dont plusieurs passages de vos lettres me donnent à penser que vous n'avez jamais trouvé la solution. Cependant, telle a été mon invisibilité dans les affaires que les récits que je laisserai manqueront à tout jamais de l'autorité qu'on attribue je ne sais pourquoi à des compilations sans conscience et sans critique. On a peine à concevoir que les personnages les plus remarquables d'une époque se rendent un compte si imparfait des évènemens dont ils ont été les acteurs et quelquefois les artisans. Il n'y a toutefois rien de plus naturel, et c'est une chose qui marque bien l'incertitude et l'insuffisance de l'histoire.

(*) Mort du colonel Oudet, son ami, qu'il suppose avoir été assassiné à Wagram par ordre de la police impériale.

Pour bien voir les scènes d'un drame aussi intrigué, aussi compliqué que la révolution, il faut peut-être n'en avoir pas été distrait par son action personnelle. Les comparses qui figurent dans une tragédie se rendent cent fois mieux raison de l'effet général de la pièce que les auteurs essentiels, dont l'attention a été absorbée depuis le commencement à la fin, par l'intérêt beaucoup plus intime de leur rôle, et qui ne savent, à vrai dire, s'ils veulent être sincères, que ce qu'ils ont fait et que ce qu'ils ont dit, pendant que tout agissoit autour d'eux. Ceux-ci sont indispensables à consulter sur la part individuelle qu'ils ont prise à la représentation, car personne ne peut en juger avec plus de certitude; mais, hors de cette individualité, il ne faut rien leur demander de positif, parce qu'il n'ont eu ni le temps ni le moyen de s'en informer. Il n'y a pas un spectateur qui ne le sache plus distinctement qu'eux. Ce qui est vrai pour une action théâtrale dont toutes les circonstances sont irrévocablement prévues, est nécessairement bien plus vrai encore pour un évènement historique dont l'ensemble a pu être soumis d'avance à quelques calculs, mais dont la marche et les développemens ne dépendoient que du hazard.

Vous savez mille fois mieux que je ne pourrois le dire qu'il n'y a pas une de ces journées toutes faites de la veille dont la révolution est remplie qui se soit accomplie comme elle avoit été préparée, pas un coup d'état qui se soit entièrement exécuté comme il avoit été conçu, pas une conspiration qui ait réussi par les moyens sur lesquels on comptoit, ou qui ait échoué devant les obstacles qu'on avait pressentis. Voilà pourquoi il reste à dire sur la révolution tant de choses vraies qui auront cependant le mérite d'être absolument nouvelles ; mais c'est là un grand œuvre qui exige la rencontre de deux conditions très-rares, une grande probité, et un grand talent, c'est à dire un grand homme. Si quelque chose de pareil peut nous être donné, c'est à vous qu'on le devra, et je vous le dis sans flatterie, vous pouvez en être sûr. Quand vous étiez tout-puissant pour me perdre ou pour me sauver, je vous ai lassé par mon inflexibilité fanatique. Aujourd'hui que je ne vois en vous qu'un ami rebuté et méconnu, vous ne devez me supposer aucun motif de vous tromper. Alors, je dois le dire, vous m'imposâtes cependant du premier regard, parce que je vous mesurai ; mais le sentiment même que j'emportai de vous contribua beaucoup à me fortifier, parce que je savois qu'en me punissant, vous ne pourriez vous empêcher de m'estimer, et c'est ce qui est arrivé. Vous êtes aussi le seul homme de ce temps-là qui m'ait inspiré un respect profond et un attachement qui ne finira qu'avec ma vie. Pendant toute la durée de mes justes malheurs, il n'y a pas un jour où je ne me fusse battu pour vous, et vous me rendrez cependant cette justice que je me suis livré à vous avec une entière soumission de cœur que depuis que les votres ont commencé. Rapportez-vous en donc à moi, mon cher De Bry. Je crois qu'il est impossible que vous n'ayez pas songé à écrire vos « Mémoires ». Si cela n'est pas fait, faites-le. Vous devez à votre famille, à vos amis, de ne pas abandonner votre nom aux témérités de l'histoire.

Ceux de Levasseur de la Sarthe ont eu du succès, quoique Levasseur n'ait pu s'y montrer que ce qu'il étoit sur la crête de la montagne, que ce qu'il est resté dans le monde, c'est à dire qu'un patriote de bonne foi, mais qu'un sophiste hargneux, entêté et bavard, aux vues étroites, à l'âme sèche, préoccupé par obstination plus que par sentiment des théories extravagantes et déplorables qui ont tué sa république. (Je suppose ici que vous le jugez comme moi; si cela n'est pas, j'ai tort.) Il faut une autre portée de regard pour contempler un monde qui se renouvelle. Soyez certain que vous vous prépariez involontairement à écrire l'histoire de la Convention, quand, vous, le plus disert comme le plus éclairé de ses membres, vous vous contentiez, témoin silencieux, de la suivre de quelque triste pensée dans le vague où elle essayoit ses créations imparfaites. C'est que le génie est comme la nature. Il abhorre le vide. C'est à vous, je le repète, à saisir cette matière avec votre puissance d'âme et de talent, à nous montrer vos amis et vous, tels que la révolution vous avoit faits, avec vos pures intentions, avec votre dévouement digne de l'antiquité, avec vos erreurs, vos fautes, vos excès, qui ont été en grande partie le malheur d'une époque, et que nul n'a plus de droit d'avouer, parce que nul ne les a rachetés par de plus grandes vertus. C'est à vous à faire admirer, à faire aimer le républicain, même de ses ennemis les plus prévenus. Si je m'en rapporte à mon cœur qui ne m'a jamais trompé, cela ne vous sera pas difficile.

C'est tout au plus s'il me reste assez d'espace pour

vous parler de ma situation intérieure, à laquelle vous conservez, je n'en doute pas, un tendre et vif intérêt. Elle est tout ce qu'elle peut être aujourd'hui, c'est à dire, bonne sous le rapport des affections, et pire que jamais sous celui de la fortune. Ce n'est pas que la littérature soit devenue un mauvais métier, tant s'en faut, mais elle ne fait prospérer que les intrigans de toute couleur qui savent exploiter la reconnoissance ou la crainte des hommes puissans, et je n'ai pas plus envie d'exciter l'une que l'autre. J'adore l'écho et le foyer, et ce n'est guères là qu'on va prendre mesure d'un habit brodé aux conseillers d'état et aux académiciens. Tout considéré, je préfère mon sort au leur, quoiqu'il fasse peu d'envie. J'ai fait à mon amour pour la retraite et l'oubli le sacrifice de la plus jolie bibliothèque qui ait jamais orné le cabinet d'un homme de lettres, sans en excepter celles de Mirabeau et de Chénier, et j'ai été tout étonné de me trouver en cette occasion une espèce de philosophe, comme Valincour qui se flattoit d'avoir assez profité de ses livres pour savoir s'en passer.

Heureusement, le caractère et l'éducation de ma chère fille Marie peuvent lui tenir lieu de dot, aux yeux d'un honnête homme. Ce n'est même plus là l'illusion d'un pauvre père qui cherche à s'aveugler sur son infortune. Elle a été demandée en mariage par un jeune homme peu riche, mais d'une famille honorable, d'une excellente éducation, d'une aptitude infatigable au travail, et, pour comble de bonheur, il lui a beaucoup plu, ce qui étoit, comme vous pouvez croire, la condition essentielle de son établissement, qui aura lieu dans le courant de janvier. Voilà donc ma vie complette, et je suis assuré de la finir avec douceur, puisqu'ils ne me quitteront pas. Maintenant, je me soucie fort peu qu'elle se prolonge plus ou moins pour moi, et je ne vois pas trop de quel intérêt cela seroit pour les autres. Mon nouveau fils (les autres sont morts) s'appelle Jules Ménessier. Il faut bien que vous sachiez le nom d'un ami de plus qui vous arrive, et l'homme qui n'accepteroit pas cette portion de mon héritage n'épouseroit pas ma fille.

Puisque vous aimez encore mes lettres, mon cher et noble ami, vous ne vous plaindrez pas de celle-ci. Elle comptera pour plus d'une, car je désespère que vous puissiez la lire en moins d'une semaine; mais vous à qui l'injustice du sort a fait trop de loisirs, pourquoi ne m'écrivez-vous pas plus souvent et plus longuement? J'ai toujours un peu de temps en réserve pour mes plaisirs, et je ne saurois trop vous répéter que je n'en préfère aucun à celui de converser avec vous. Je vous remercie de vos excellens fragmens, mais ce ne sont que des fragmens. Vous me devez davantage.

Et puis, rappelez-moi au souvenir de Madame la baronne De Bry, dont je me rappelle avec une vive reconnoissance les parfaites bontés, et à celui de tous vos enfans par qui j'aime à me croire connu. Songez que je veux vivre un peu dans tout ce que vous aimez; et croyez-moi, sans formule, votre tendre et dévoué

CHARLES NODIER
à l'Arsenal.

XXI

29 septembre 1830.

Mon cher et noble ami,

Votre lettre m'est d'autant plus agréable que je craignois que vous n'eussiez imputé à la froideur les torts de mon accident. Ce seroit là une grande injustice! On vous dira ici que ma première parole a été, quand on me fit pressentir jusqu'à la necessité d'une opération, si l'os était fracassé comme je le pensois : Au moins, j'ai revu M. De Bry avant de mourir.

Mon état s'est depuis singulièrement amélioré. Les médecins pensent qu'il ne me reste pas plus de 15 jours ou 3 semaines à être alité, s'il ne se developpe aucun nouveau symptôme facheux, quoique je ne manque pas de sujets d'inquiétude, leur influence morale n'altère pas assez mon esprit pour influer sur ma santé. La résignation est une vertu facile à qui s'y exerce tous les jours, depuis qu'il se connoit. J'ai perdu ma pension littéraire par le fait de M. M. de Montbel et Peyronnet et on n'a pas jugé à propos de me la rendre, mais suis-je un homme de lettres? J'en serois, ma foi, bien faché. Quant à ma place, qui n'a encore été demandée que par

42 personnes, il est fort douteux qu'on me l'enlève. La position du Gal Pajol qui est, comme vous savez, mon plus proche parent, et mon frère d'adoption, me tiendra lieu de toute autre garantie. Au pis-aller, je recommencerai la misère. Je sais ce que c'est.

Si quelque chose troublait sérieusement la douce apathie de ma convalescence, ce seroit le regret de voir le fruit d'une révolution si nécessaire, tomber en partage, ainsi que je m'y attendois, à l'intrigue et à la lâcheté, tandis que vous, mon ami, vous venez retrouver dans ce foyer de petites machinations et d'ambitions ridicules, une nouvelle espèce d'exil plus amère et plus revoltante que l'autre. Je compte pour vous consoler sur la haute et inflexible philosophie qui vous a soutenu jusqu'ici, mais qui nous consolera de voir notre pays abandonné à de si honteuses déceptions?

Jouissez, mon cher De Bry, du doux repos que vous offre la maison de votre excellent Lagrenée, et du plaisir de goûter dans l'épanchement de quelques cœurs reconnoissans la plus digne récompense de vos vertus. Cette joie n'est pas donnée à tout le monde, je le sais par expérience. Parmi les hommes persécutés, sous le dernier règne, pour leurs opinions politiques, il y en a peu pour qui je n'aie pas prodigué le faible crédit qu'attachoient à mon nom quelques aventureuses folies qu'on appeloit des services, et dont j'ai eu la pudeur de ne jamais tirer parti dans mon propre intérêt. Presque tous sont en dignité aujourd'hui, et je n'en ai pas vu un seul, mais je sais que plusieurs sollicitent mon emploi. Grand bien leur fasse, quiconque oblige les hommes pour eux ne connoit pas encore les hommes. Je suis un peu plus savant, et leur ingratitude ne m'a rien appris.

Je vous embrasse de cœur et sans formule

CHARLES NODIER.

XXII

Paris, 19 juin 31.

Mon cher De Bry,

Si vous êtes engagé à dîner pour mercredi 22, « dégagez-vous ». Vous dinez chez moi de brouët noir ou de quelque chose de tout aussi austère, mais vous dinez avec gens qui vous aiment, « nous » d'abord, et j'ai droit quand il s'agit d'amitié, de respect et de dévouement pour vous, de me permettre l'égoïsme latin. Les autres sont Jouy, Alexandre Duval, David le statuaire et Taylor. Je vous dis cela parceque les convives sont la première pièce d'un festin d'amis, et c'est pour cela qu'on appelle le reste le « menu ». Il sera très menu.

Mercredi donc à cinq heures et demie.

Votre fidèle et dévoué

CHARLES NODIER.

ANNEXE DE LA LETTRE XIII

PRÉCIS DE L'INTRODUCTION A LA CONNAISSANCE DES LANGUES, PAR LE MOYEN D'UNE ORTHOGRAPHE MONUMENTALE.

J'ai rassemblé quelques mémoires sur « les progrès réciproques du langage et de la civilisation ». Ce sujet m'a fourni un ouvrage que je n'ai pas encore eu le temps d'abréger et qui occupera probablement le reste des études de ma vie. J'ose espérer du moins, qu'il jettera quelque lumière sur l'histoire philosophique de la société, et qu'il en sortira des résultats assez précieux. Les vérités sont sœurs, et se tiennent par la main comme les muses de Jules Romain.

En attendant, j'ai vû se détacher de mon plan un très grand nombre d'élémens que j'y avais compris dans la ferveur de la première conception, et que la méthode que j'ai crù devoir suivre en a sucessivement isolés. Ces parties mêmes n'étaient pas selon moi, d'un faible intérêt, et comme elles composaient entr'elles tout l'ensemble d'un sistème particulier, j'ai commencé par les recueillir, et je les publierai avant le reste, parceque relatives au seul méchanisme des langues, elles exigeaient moins de maturité de recherches et de réflexions.

Telle est l'origine de l'ouvrage que j'ose soumettre à Monsieur le Préfet.

Buffon avait dit que le stile était tout l'homme. Un écrivain de notre temps avait dit ou plutôt répété d'une manière assez élégante que la littérature était l'expression de la société, et il y avait ajouté d'après Condillac qu'une science n'était qu'une langue bien faite. J'avais vû ce mot profond se vérifier dans toutes les applications dont il était susceptible. J'avais remarqué que les grands progrès des sciences mathématiques étaient dus à la langue algébrique, et que la chimie ne s'était élevée aux plus belles découvertes que depuis l'heureuse invention de sa savante nomenclature. Je me rappellais que Bacon avait souvent regretté de ne pas trouver à sa disposition une langue vraiment philosophique, que Léibnitz avait exprimé le même sentiment, que le génie de Condillac avait tenté d'y pourvoir, et que Voltaire dans une de ces expansions flatteuses auxquelles il était, peut-être, trop sujet, écrivait qu'il n'appartenait qu'à Monsieur Dumarsais de réformer nôtre alphabet, et de jetter les bases d'une langue européenne. Je sentais enfin assez profondément que si l'art poétique s'était élevé plus rapidement et plus haut vers sa perfection qu'aucune des autres sciences, c'est que la langue primitive étant éminemment poétique, la poésie avait rencontré une langue toute faite, ou plutôt que le langage et la poésie n'avaient été d'abord que la même chose.

De ces principes à des inductions un peu hiperboliques, il n'y a pas loin dans une jeune imagination. Je commençai par éprouver le regret de ne pas voir chaque science s'enrichir de son algébre. Je me persuadai que toutes les facultés de l'homme gagneraient à l'amélioration des instrumens dont elles se servent, que de cette masse de connaissances portées à leur apogée possible résulterait le plus beau sistème social auquel l'organisation de l'homme puisse arriver ; et si la morale, la législation, la philosophie, applications diverses d'un principe unique, sont aussi des sciences fondées sur une langue bien faite, je n'ai pas douté que le genre humain n'ait dû l'age d'or, à la simplicité de sa langue première, langue, sans doute, naïve et sublime, comme toutes les conceptions de l'homme naturel, abandonné à son génie.

L'extrême influence du langage sur les progrès de la civilisation m'était démontrée par un assez grand nombre d'exemples. Je n'hésitais point à croire que l'imperfection de l'écriture radicale des Chinois, fût la cause essentielle de la longue immutabilité de leurs institutions, et de la constante identité de mœurs que ce peuple présente à toutes les époques de sa durée. Je m'en assurais mieux, en suivant les révolutions du langage dans leur rapport perpétuel avec les révolutions morales de la société, et j'en concluais que si l'absence de signe indique toujours l'absence de la civilisation ; que si, à défaut du signe, il n'y a plus qu'un instinct natif, imperfectible ; que si l'invention du signe a été le véritable lien du pacte social ; que si ses modifications ont influé sur toutes les modifications de l'homme, il était évident que le secret du perfectionnement du genre humain, c'était le perfectionnement du signe ; et qu'on pouvait dire qu'une bonne société était une langue bien faite, comme on l'avait dit de toute science prise indéfiniment, car la société est aussi une science ou une méthode qui repose sur les mêmes bâses, et se sert des mêmes instrumens que le reste de nos conceptions.

Pour ébranler le monde, il ne manque à Archimède qu'un point d'appui, et à l'homme de génie qu'une langue bien faite.

Descartes s'écriait : Donnez-moi de la matière et du mouvement, et je ferai un monde. Donnez au législateur un bon alphabet et une bonne langue, et il fera une bonne société.

La création d'une langue parfaite n'est, peut-être, pas aussi difficile qu'on le pense d'abord. Toutes les conditions de cette langue sont données. Mais si elle pouvait être proposée, ce ne serait point à une nation. Les nations n'improvisent point leur langage. C'est l'aveugle usage qui le compose lentement, sans réfléxion et sans règles, ou d'après des règles mobiles et capricieuses ; mais elle conviendrait aux savans de tous les pays, elle embrasserait toutes les nations, et tous les genres de connaissances. Toutes les pensées de l'homme lui seraient soumises, et cette algèbre philosophique porterait bientôt dans toutes les idées auxquelles l'intelligence humaine est capable d'atteindre, l'exactitude et la clarté des sciences positives. Considérée sous le seul rapport de son utilité dans les relations commerciales et diplomatiques, elle serait encore un des plus beaux présents que l'imagination eût fait au monde.

J'ai dit que la création d'une langue parfaite n'offrirait pas un grand nombre de difficultés, et je m'oblige à le prouver, non par des données générales, par des apperçus sistématiques, par des hipothèses susceptibles d'essuyer quelque contradiction, mais par la confection même de cette langue exécutée dans toutes les conditions requises, propre à exprimer toutes les idées de l'homme, de la plus simple à la plus composée, et reposant cependant sur des principes si clairs et des modes si faciles, qu'une étude de huit jours la rendra familière aux intelligences les moins heureuses.

D'où vient donc qu'on a échoué tant de fois dans la même entreprise?

Qui le croirait? De ce qu'on a oublié, ou peut être, dédaigné l'instrument le plus indispensable à la formation d'une langue; de ce qu'on n'a pas remarqué que les nations si avancées dans leur civilisation apparente, n'avaient pas encore porté à sa perfection possible le premier don de la civilisation; de ce que le génie de l'homme qui a tout soumis à ses calculs et à ses méthodes, a négligé de mettre un ordre simple et facile dans la série des signes qui représentent ses pensées; en un mot, nous n'avons point de langue bien faite, parceque nous n'avons point de bon alphabet.

J'ai cherché dans toutes les langues les sons que la voix humaine peut produire. J'ai à peine rejetté de cette collection de sons quelques articulations sauvages, quelques clappemens grossiers qui s'adoucissent peu à peu dans l'alphabet des peuples policés, et qui paraissent plus ou moins étrangers à l'organe vocal. J'ai classé les autres suivant l'ordre de leur formation, suivant le degré de force de leur touche, et suivant les modifications que les différents accidents de leur émission peuvent leur faire éprouver. J'ai analisé chaque lettre prise à part, et j'ai cherché à donner une idée juste de sa valeur, soit en expliquant le méchanisme qui la produit, soit en remontant aux bruits élémentaires, animaux ou artificiels dont il semble que les langues l'ont empruntée, soit en la rapportant aux sons équivalents des alphabets anciens que la tradition a conservés. J'ai exprimé tous les sons simples par une figure simple, soit tirée d'un alphabet connu, soit construite par moi même, quand les alphabets ne m'ont rien fourni ; j'ai écarté toutes les figures qui exprimaient des sons doubles, derniers monuments de la barbarie des écritures radicales ; j'ai employé d'anciens accens prosodiques, j'en ai inventé de nouveaux, pour déterminer d'une manière parfaitement juste la mélodie des mots ; enfin, je crois être parvenu à peindre le son, et à notter la parole, de manière à faire passer à la dernière postérité tout le nombre et toute l'harmonie des langues qui auront cessé.

J'ai appellé cette orthographe, « monumentale », parceque je ne crois pas à la possibilité de rendre incessamment usuelle, une innovation aussi vaste et aussi simultanée ; mais parceque je crois à la facilité de la rendre classique.

S'il est vrai que j'ai exécuté pour l'europe, ce que Monsieur de Volney a proposé pour quelques langues d'orient; si je demontre qu'il n'y a peut être pas un siècle, de l'universalité d'un alphabet philosophique à l'universalité d'un alphabet populaire; si je conclus de l'identité d'alphabet, l'immédiate identité de langage, et par conséquent le moyen le plus sur d'une parfaite harmonie sociale; s'il est incontestable, du moins, que l'admission de mon projet pourvoira au plus grand nombre des difficultés qu'offre l'étude des langues, j'ai sans doute quelque droit à éveiller un instant l'attention de ceux qui s'intéressent aux progrès des lettres, et de ceux qui doivent les protéger.

Sans cet appel à la puissance et au talent, sans la certitude d'être appuyé par ceux qui gouvernent, et éclairé par ceux qui savent, il aurait fallu renoncer à une entreprise que mon isolement rendrait téméraire, et mon incapacité stérile. Trop heureux, toutefois, si elle obtient le suffrage de l'homme supérieur à qui j'ose la communiquer. Il lui appartient de sentir et d'approuver de grandes pensées.

Quant à ceux que la hardiesse d'une pareille conception pourrait effrayer, je leur rappellerais qu'un architecte macédonien nommé Dinocrate, ayant offert à Alexandre de tailler le mont athos en statue, ce prince n'approuva point son projet, mais qu'il fût frappé de sa grandeur, et qu'il employa l'artiste à la construction d'Alexandrie.

DERNIÈRE LETTRE

DU

GÉNÉRAL A. DE BEAUHARNAIS

L E Vicomte Alexandre-François-Marie de Beauharnais, né le 28 mai 1760, à la Martinique, capitaine d'infanterie au régiment de la Fère, fut, en 1789, nommé député de la noblesse aux États Généraux; il se prononça pour le parti populaire, présida plusieurs fois l'Assemblée Nationale et en, 1792, obtint le commandement en chef de l'armée du Rhin.

Mais son origine aristocratique et son attitude modérée firent bientôt classer le Général de Beauharnais parmi les suspects ; contraint de donner sa démission, il s'était réfugié à la Ferté-Beauharnais (Loir-et-Cher) résolu à se tenir complètement à l'écart des affaires publiques; mais le tribunal révolutionnaire vint l'arracher à sa retraite et le condamna à mort le 4 thermidor an II (22 juillet 1794); l'exécution eut lieu le lendemain.

Au moment de monter sur l'échafaud, le général écrivit à sa femme Marie-Rose-Josephe de Tascher La Pagerie, née à la Martinique le 24 juin 1763 et qu'il avait épousée le 13 décembre 1779.

Sa lettre, dernier cri d'un mourant, suffirait à caractériser cette époque héroïque et lugubre, où les martyrs du patriotisme mouraient avec tant de résignation et de courage.

La veuve du Général de Beauharnais désirant témoigner sa reconnaissance au conventionnel J. De Bry, qui avait cherché à sauver la tête de son mari, lui envoya copie de cette lettre, et, par un sentiment de délicatesse toute féminine, elle voulut que son billet d'envoi fut signé d'elle et de ses deux enfants Eugène et Hortense (*).

Mme de Beauharnais fut elle-même jetée en prison ; pendant quelques mois, elle languit à Sainte-Pélagie, aux Carmes; elle tomba malade, ses jours furent en danger, son médecin et J. De Bry obtinrent enfin de Tallien qu'elle fut mise en liberté ; elle alla se cacher sous un nom supposé dans le village de Champigny, près Paris, où on montre encore le petit pavillon qu'occupait cette

---

(*) Ces deux autographes nous ont été dérobés en 1873.

famille si cruellement éprouvée et à laquelle étaient réservées dans un avenir prochain de si hautes destinées.

Le 19 ventôse an IV (8 mars 1796), la veuve du Général de Beauharnais épousa, à l'âge de 33 ans, le Général en chef Bonaparte, qui n'avait que 26 ans. Couronnée Impératrice en 1804, son divorce fut prononcé le 10 décembre 1809; elle mourut à la Malmaison le 20 mai 1814.

Eugène-Rose de Beauharnais, né à Paris le 3 septembre 1781, successivement prince, vice-roi d'Italie, duc de Leuchtenberg, gendre du roi de Bavière, mourut à Munich en 1824.

Hortense-Eugénie de Beauharnais, née à Paris le 10 avril 1783, reine de Hollande, mère de Napoléon III, mourut à Arenberg en 1837.

Paris ce 15 fructidor l'an second de la République Française une et indivisible.

LIBERTÉ. ÉGALITÉ.

La Veuve et les Enfans d'Alex. Beauharnais à Jean de Brie.

Le premier soulagement que nous ayons éprouvé dans notre infortune, citoyen, a été d'apprendre qu'au sein de la Convention, tu as rendu justice à un Républicain vertueux, qui a péri, victime de l'aristocratie. Ton cœur est fait pour apprécier la reconnaissance de sa veuve et de ses enfans. Nous t'en présentons l'hommage et pour éclairer de plus en plus ton opinion sur le compte de celui que nous regrettons, nous t'adressons une copie de sa dernière lettre. Tu verras qu'en approchant du terme de sa vie, entièrement consacré à la révolution, et dans un moment où les hommes n'ont plus d'intérêt à cacher leur vrai sentiment, il s'est plu à développer encore, l'ardent amour de la patrie qui n'a pas cessé de l'animer.

Continue, Citoyen, de servir ton pays avec zèle et de protéger avec courage l'Innocence et la vertu.

Salut, Estime, Confiance et Fraternité.

Veuve Beauharnais.

Eugène Beauharnais.   Hortence Beauharnais.

Le 4 thermidor, l'an 2e de la République Française une et indivisible.

Alexandre Beauharnais à sa femme.

Toutes les apparences de l'espèce d'Interrogatoire qu'on a fait subir aujourd'huy à un assez grand nombre de détenus, sont que je suis la victime des scélérates calomnies de plusieurs aristocrates soi disant patriotes de cette maison. (?) Les présomptions que cette infernale machination me suivra jusqu'au tribunal révolutionnaire ne me laisse aucun espoir de te revoir, mon amie, ni d'embrasser mes chers enfans. Je ne te parlerai point de mes regrets, ma tendre affection pour eux, l'attachement fraternel qui me lie à toi, ne peuvent te laisser aucun doute sur le sentiment avec lequel je quitterai la vie sous ces rapports, je regrette également de me séparer de ma patrie que j'aime pour laquelle j'aurais voulu donner mille fois ma vie, et que non seulement, je ne pourrai plus servir mais qui me verra échapper de son sein, en me supposant un mauvais citoyen. Cette idée déchirante ne me permet pas de ne te point recommander ma mémoire. Travaillez à la réhabiliter en prouvant qu'une vie entière, consacrée à servir son pays et à faire triompher la liberté et l'Egalité, doit, aux yeux du peuple, repousser d'odieux calomniateurs, pris surtout, dans la classe des gens suspects. Ce travail doit être ajourné, car dans les orages révolutionnaires, un grand peuple qui combat pour pulvériser ses fers, doit s'environner d'une juste méfiance, et plus craindre d'oublier un coupable, que de frapper un innocent. Je mourrai avec ce calme qui permet de s'attendrir pour ses plus chères affections, mais avec ce courage qui caractérise un homme libre, une conscience pure et une âme honnête dont les vœux les plus ardents sont pour la prospérité de la République. Adieu, mon amie, consoles-toi par mes enfans, consoles-les en les éclairant et surtout en leur apprenant que c'est à force de vertus et de civisme qu'ils doivent effacer le souvenir de mon supplice et rappeler mes services et mes titres à la reconnaissance nationale.

Adieu, tu sais ceux que j'aime, sois leur consolateur et protèges par tes soins ma vie dans leurs cœurs.

Adieu, je te presse ainsi que mes chers enfans, pour la dernière fois de ma vie sur mon sein.

Beauharnais.

TABLE DES MATIÈRES

Lettre à un Curieux de Curiosités...................... 5
Les Acteurs et le Théâtre chez les Romains............ 53
Inventaire du Cardinal Mazarin....................... 87
Les Administrateurs sous l'ancien régime.............. 115
Les Tapisseries tissées de haute ou basse lisse.......... 239
Lettres inédites de Charles Nodier à Jean De Bry...... 339
Dernière lettre du général A. de Beauharnais.......... 419

OUVRAGES DU MÊME AUTEUR

Les opérations préliminaires de l'Appel.
Observations sur le système de Recrutement.
Le Tirage au sort et la Révision. — 6 éditions.
Le Recrutement d'après la nouvelle législation.
Les projets de loi sur le Recrutement.
Etude critique de la loi du 27 juillet 1872 sur le Recrutement.
Le Volontariat.
Traité du Recrutement militaire, 1873.
La première année de l'administration des Intendants en Picardie.
L'Administration sous l'ancien régime. — *Les Intendants de la Généralité d'Amiens,* in-8° de 612 pages.
La vérité sur la décentralisation.
Annuaire administratif et historique de l'arrondissement de Sceaux.
Les Actualités administratives, 1872.
Le Code départemental, 1871.
Le Cérémonial officiel.
Etude historique et numismatique. XIVe et XVe siècles.
Notes d'un Curieux sur les Tapisseries tissées de haute et basse lisse, anglaises, italiennes, françaises et flamandes, 1877.

www.ingramcontent.com/pod-product-compliance
Lightning Source LLC
Chambersburg PA
CBHW071105230426
43666CB00009B/1831